화가 날 때 읽는 책

-화를 내지 않고 사는 방법-

알버트 엘리스 저
홍경자 · 김선남 편역

학지사
www.hakjisa.co.kr

3

■

역자서문

알버트 엘리스(Albert Ellis)의 상담이론이 역자를 통하여 약 20년 전에 한국에 소개된 것을 시작으로 하여 이제는 그의 사상이 교육학, 심리학, 정신치료학 등의 분야에 광범위하게 알려졌다.

《이성을 통한 자기성장》과 《정신건강적 사고(A New Guide to Rational Living)》에 이어서 이번에 세 번째로 이 책《화가 날 때 읽는 책》을 소개할 수 있게 된 것을 기쁘게 생각한다. 인간의 행·불행은 마음가짐에 달려 있다고 보는 엘리스는 합리적 사고의 능력을 중요시하고 있다. 따라서 일상적인 생활에서 어려움에 봉착했을 때 마음의 평화와 생산적인 삶을 유지하기 위하여 난해한 정신치료와 상담의 이론보다는 엘리스 사상이 독자들에게 좀더 쉽게 이해되고 수용될 수 있다고 생각된다. 이 책이 쓰여진 목적도 전문가의 도움을 받지 않고서도 자기 스스로의 노력을 통하여 화내는 습관에서 해방되는 방법을 자세하게 제시한 데 있다. 우리 인간은 거의 모두가 좌절당할 때 화가 치밀어 오르는 것을 경험한다. 때로는 극도로 분노하여 인간관계에 상처를 주고 후회하게 되는 경우도 허다하다. 그리하여 어떻게 하면 자신의 마음을 통제하여 의연하고 담담하게 지낼 수 있는가를 고심하게 된다. 이러한 면에서 이 책이 유익하게 활용되리라고 생각한다. 엘리스가 서문에서 주장하듯이 우리가 어떠한 용어를 사용하느냐가 우리의 감정을 좌우한다. 다시 말해서 단정적인 단어를 사용하면 흑백논리로 우리의 사고를 굳혀

주는 오류를 범하는데 이것을 그는 어의학적으로 "E-prime"이라 는 공식으로 표현하였다. 이 책을 저술할 당시에 그의 이론은 합리 적 정서적 치료(RET : Rational Emotive Therapy)라고 불리웠다. 그러 다가 최근에 와서 그는 합리적 정서적 행동치료(REBT : Rational Emotive Behavior Therapy)로 변경하였다. 따라서 RET를 역자는 REBT로 고쳐서 표현하였다. 또한 각 장의 내용을 독자들이 보다 명료하게 개념화하는 데 도움이 되도록 중요한 사상을 찾아서 각 각 작은 절로 나누어 편집하였다. 합리적 정서적 행동치료에 대한 핵심적인 이해를 돕기 위해 제1장에 들어가기 전에 그의 사상에 대한 해설을 간단하게 첨가하였다.

독자들에게 먼저 "합리적 정서적 행동치료란 무엇인가?"를 꼭 읽어볼 것을 당부하고 싶다. 그리고 자기의 심리적인 문제를 스스 로의 힘으로 풀어갈 수 있도록 이 책의 뒷장에 소개된 부록도 적 극적으로 활용하여 실제적으로 많은 도움을 얻기를 기대한다. 아 울러 이 책이 출간되기까지 수고하여 주신 학지사의 김진환 사장 님께 깊은 감사의 뜻을 표한다.

1995년 4월 무등산 기슭에서
역 자

저자서문

"화내는 일"에 관한 책이 과연 또 필요한가? 지금까지 나와 있는 많은 책들이 우리들의 마음 속에 있는 울화를 어떻게 다루어야 하는가에 관하여 논의하고 있다. 그러나 분노가 일어나는 모든 상황에 대하여 효과적으로 적용할 수 있는 방법을 제시하는 책은 거의 없는 것 같다. 일반적으로 이러한 책들은 당신에게 두 가지 방법 중 하나를 선택하도록 한다. 하나는, 다른 사람들이 당신에게 좋지 않게 대하여 화가 나더라도 수동적이고 비저항적인 태도를 취하라고 충고한다. 이와 같은 태도로써는, 다른 사람들에게 당신이 자기 자신이나 상황을 매우 잘 통제한다는 인상을 줄지는 모르지만, 그때 느끼는 자기만족감도 실은 의미가 없으며 당신에게 소득이 없다. 사람들은 당신이 인색하고 불공평한 대접을 받는 것에 아무런 반대의사가 없음을 뜻하는 것으로 받아들일 수 있다. 따라서 사람들은 자신들의 태도를 바꿀 하등의 필요성을 못 느끼게 되고, 계속해서 당신에게 부당한 대접을 하게 될 것이다. 당신이 이처럼 수동적인 태도를 취하게 되면 사람들이 자기 기분 내키는 대로 당신에게 행동하도록 허용하는 결과가 된다.

많은 책들에서 권유하는 또 다른 방법은, 당신이 느끼는 격한 감정을 있는 그대로 자유롭게 표현하도록 충고하는 것이다. 그러나 이렇게 말하는 사람들은 만약 당신이 이런 식으로 사람들을 대했을 때 상대방이 당신에게 분노를 느끼게 되며 원한을 가지고 반응하게 된다는 사실을 간과하고 있다. 위에서 말한 두 가지의 접근법은 모두 약점들을 지니고 있으며, 그 중의 어느 것도 분노의 문제를 효과적으로 해결할 수 없다는 것을 우리는 쉽게 알 수 있다.

그렇다면 해결책은 존재하기는 존재하는 것인가? 뛰어난 현자이며 스토아 철학자인 에픽테투스는 벌써 2천년 전에, 사람들이 타인의 불쾌한 행동에 과잉반응을 하고 있으며, 약간만 다른 방식으로 반응하면 훨씬 현명하게 대처할 수 있다는 것을 지적한 바 있다. 합리적 정서적 행동치료(REBT)이론에서는 위대한 철학자들의 지혜를 가장 현대적인 심리치료의 기법과 결합시킴으로써, 우리가 살아가면서 부딪치지 않을 수 없는 그러한 분노의 감정들을 잘 다스리면서 생활하는 요령을 배울 수 있다는 사실을 밝혀냈다.

이러한 작업을 우리는 혼자서 해낼 수 있을까? 분명히 가능하다. 이 사실을 나는 R. 하퍼 박사와의 공저인, 《정신건강적 사고(A New Guide to Rational Living)》에서 구체적으로 밝힌 바 있다. 이 책에서 나는, 당신이 의식적 혹은 무의식적으로 절대주의적이고 명령지향적인 사고에 찬성함으로써, 어떻게 당신 스스로 분노의 철학을 형성하여 가는가 하는 점을, 또한 당신이 느끼는 분노의 밑에 깔려 있는 사고와 감정 그리고 행동들을 바꾸기만 하면 당신이 느끼는 분노가 얼마나 줄어들 수 있는가를 정확하게 설명하고자 한다. 당신이 REBT이론을 주의깊게 살펴보기만 한다면, 당신은 아주 짧은 시간 내에 당신이 느끼는 분노를 효과적으로 통제할 수 있는 방법을 터득하게 될 것이다.

우리는 REBT이론의 핵심에서, "E-prime"이라 불리어진 독특한 언어이론을 발견하게 된다. E-prime은 유명한 언어학자인 코르지브스키(Alfred Korzybski)와 그의 추종자인 볼란드(D. David Bour-land)의 저서에서 유래하는 개념이다. E-prime=E-e라는 언어학적 공식에서, E는 표준영어 언어의 모든 단어들을 나타내고, e는 모든 형태의 be동사("이다"). 즉 "is", "was", "am", "has been", "being" 등을 나타낸다. 이 이론은, 우리가 "이다"라는 be동사를 주요 술어로 사용할 때, 흑백논리를 적용함으로써 진술문의 실제 의미나 생각을 왜곡시키는 경향이 있음을 보여주는 것이다. 예를 들면, "존은 정신적으로 허약하다"("John is mentally ill")라는 문장에서, 우리는 그 문장을 주어인 "존"과 술어인 "정신적으로 허약하다"("is mentally ill")의 두 부분으로 나눌 수 있다. 그 문장의 술어부분에서 어떠한 것도 존의 상태를 제한하거나 한정시켜 주는 것은 없음을 유의해야 한다. 그렇기 때문에 그 개념을 좀더 자세히 검토해 보면, 우리는 존에 대해 다음과 같은 상호 독립적인 결론들을 한꺼번에 이끌어낼 수 있다.

1. 존은 정신적으로 허약한 행동만을 표출한다.
2. 존은 정신적으로 허약한 행동을 언제나 어떠한 상황에서든지

표출할 것이다.

3. 만약 존이 정신적으로 허약한 행동을 표출하는 것을 중단한다면, 그것은 원래의 진술문("John is mentally ill")의 참된 뜻과는 모순될 것이다.

달리 표현하면, 우리는 "존"과 "정신적으로 허약함"을 두 개의 개념으로 구분하지 못하고 연결시켜 버린다. 그리하여 두 개의 관계를 마치 동의어처럼 일반화해 버리는 오류를 범한다.

반면에, 만약 우리가 보다 조심스럽게 존의 상태에 관하여 정확한 평가를 내리고자 관심을 갖는다면, 우리는 "존은 때때로 정신적으로 허약한 행동을 나타내 보인다"와 같이 말할 수 있다. 위의 문장과 "존은 정신적으로 허약하다"는 문장을 구분하는 것이 사소하고 시시콜콜한 것으로 여겨질지 모르지만, 이처럼 어떤 동사의 의미를 분명히 제한시킴으로써 우리는 존이 순전히 병리적인 사람이라는 인상을 주는 것을 피할 수 있다. 대신에 "존이 때때로 병리적인 행동을 하리라고 예측할 수 있다"는 것으로 말한다면 정확하다.

그렇다면 이처럼 정교한 구분을 하는 것이 우리의 사고나 행동에는 어떠한 영향을 미치는가? 언어라는 것은 단지 우리가 느끼고 보는 것을 표현하는 수단에 불과한 것은 아니다. 언어란 의사소통의 중요한 수단일 뿐만 아니라, 그 언어에 의거하여 대부분의 사람들은 사고한다. 많은 연구에서 밝혀진 바에 의하면, 사고와 언어의 발달은 곧 어떤 상황에 대하여 성숙하고 합리적인 방식으로 판단하고 대응할 수 있는 능력과 직결되어 있다. REBT에서는 사람들이 흔히 저지르는 흑백논리의 경향에 대하여 충분히 이해하도록 시도하고, 그러한 경향성이 우리들의 행동과 정서생활에 얼마나 엄청난 영향을 미치는가를 분명히 보여주고자 하는 이유가 바로 여기에 있다.

이제 이 책에서 분노와 관련된 여러 가지 문제들에 대하여 REBT에서는 어떤 접근법으로 다루어가는가를 검토함으로써, 앞에서 했던 논의들이 좀더 분명하게 이해되리라 기대한다. 《화를 내지 않고 사는 방법-분노의 자기통제법》이라는 제목의 이 책을 통하여 나는 앞에 말한 E-prime의 원리를 때때로 인용할 것이며, 그리고 그때 그때마다 독자 여러분들은 E-prime, 사고, 행동, REBT 원리, 이들 상호간의 관계를 분명히 이해하게 될 것을 믿어 의심치 않는다. REBT 원리들을 배움으로써, 당신은 매일 매일의 생활에서 너무나 자주 겪게 되는 모든 곤란하고 불유쾌한 상황들을 잘 다루고 극복해나가는 요령들을 터득할 것이다.

뉴욕의 REBT 심리치료 연구소에서
알버트 엘리스(Albert Ellis, Ph. D.)

목 차

엘리스 사상 :
합리적 정서적 행동치료(REBT)란 무엇인가?

> "사람의 마음을 혼란시키는 것은
> 사건 자체가 아니라,
> 사건에 대한 그들의 판단이다."
> 에픽테투스(Epictetus), A. D. 1세기

REBT(Rational Emotive Behavior therapy)는 미국의 알버트 엘리스 (Albert Ellis) 박사에 의해 창안된 독특한 정신치료의 이론이다. REBT는 "합리적·정서적·행동적 요법"이라는 뜻이므로 "합리적 정서행동치료"라고 간주할 수도 있을 것이다. 인간의 적응문제가 합리적 사고방식의 유무에 의해 크게 좌우된다고 보는 그의 사상은 개인의 이성적인 생각 내지 인지적이고 지성적인 사고의 과정을 강조하고 있다. 그러므로 그가 말하는 합리성이란 곧 지적인 사고과정이라는 의미라고 받아들여서, REBT를 인지적 치료의 범주에 넣는 학자들이 많다.

인간의 이성을 강조한 그의 이론은 미국을 위시하여 세계 여러 나라에서 많은 호응을 얻고 있고, 뉴욕에 있는 그의 연구소와 방대한 그의 저서를 통해 각계 각층의 사람들이 심리적인 문제에 대한 도움을 받고 있다.

전통적인 정신분석적 접근에서는 과거에 일어난 어떤 사건이나 경험이 현재의 갈등과 고민의 원인이라고 보고 있다. 그리하여 치료에서는 내담자로 하여금 잊혀졌던 과거 이야기를 의식화 시키는 작업을 한다. 인본주의적인 접근에서도 어떤 사건과 관련하여 얽혀 있는 처리되지 않은 내담자의 감정을 상담자가 들어주는 데 주력하는 방향으로 치료가 진행되고 있다.

그러나 엘리스에 의하면 어떤 사건이 내담자의 정서적 혼란이나 고민의 원인이 되는 것이 아니라, 그 사건을 내담자가 어떻게 해석하고 받아들이느냐가 내담자의 감정을 좌우한다고 본다. 예를 들어서 설명해 보겠다.

어느 젊은이가 입학시험에 서너 번 실패한 후에 말할 수 없는 우울증에 빠져들어 매사에 의욕을 상실하고 자살을 기도한 적이 있다고 하자. 이 때에 흔히들 "계속해서 시험에 떨어졌다"는 사건이 우울증을 가져오게 했다고 생각하기 쉽다. 그런데 엘리스가 주장한 REBT이론에서는 연속적으로 시험에 떨어졌다는 사건이 우울증의 원인이 아니고 "연속적으로 시험에 떨어졌으니 이제 나는 끝장이다. 나는 불효자식이고, 사람들 보기에도 정말 수치스럽다. 내인생은 이제 절망이다. 나는 무가치한 인간이다!"라고 비합리적으로 생각하기 때문에 자살까지 기도하게 된 것이라고 보고 있다. 시험에 떨어진 상황을 놓고서 모든 사람이 다 이 젊은이처럼 우울증과 좌절에 빠지는 것은 아니다. 어떤 이는 "계속해서 시험에 떨어져서 기분이 몹시 좋지 않다. 그렇지만 할 수 없는 일. 다른 사람들도 여러 번 떨어지는데 나라고 그러지 말라는 법은 없지. 부모님께는 정말 죄송하지만, 좀더 열심히 해서 다음에 보답해 드리자."와 같이 대응할 수도 있다. 몇몇 사람은 이처럼 심각한 실의와 자포자기에서 헤어나오지 못하고 매일을 비관하며 소일하는가 하면, 또 어떤 사람들은 비교적 쉽사리 상심을 떨쳐버리고 재기하여 건전한 삶의 자세를 되찾을 수 있다. 무엇이 이러한 차이를 가져오는가? 엘리스에 의하면 그건 두말할 것도 없이 사고방식의 차이 때문이라는 것이다. 다시 말해서 합리적인 사람들은 시험에 실패한 경험을 대단히 불편한 사건으로 지각하고, 자신의 처지가 처량하고 서글프다는 감정을 느끼기는 하나, 그것을 가지고 자기 자신이 "무가치한 인간이어서 견딜 수 없다"고까지 자학하지는 않는다. 이러한 REBT의 사상을 엘리스는 ABCDE의 원리로 간단히 도식화하고 있다.

A(Activating Event, 선행사건)는 가령 시험에 떨어졌다든지, 실직하게 되었다든지, 반대하는 결혼을 기어코 고집하는 자녀와 크게 싸웠다든지, 여러 사람 앞에서 직장의 상사로부터 꾸지람을 들었다든지와 같은 사건이다. 즉 어떤 정서를 유발하는 사건이나 현상 또는 행위를 의미한다.

B(Belief System, 신념체제)는 어떤 사건이나 행위 등과 같은 환경적 자극에 대해서 각 개인이 갖게 되는 태도이다. 이것은 그의 신념체제 또는 사고방식이라고 볼 수 있다. 그런데 신경증 내지는 부적응적 반응으로 고통스러워 하는 사람들의 대부분은 비합리적인 신념체제를 가지고 있다고 전제한다. 여기서 비합리적인 신념체제란 위와 같은 사건이나 행위를 아주 수치스럽고 끔찍스러운 현상으로 해석하여 자기를 징벌하고 자포자기하거나 세상을 원망하는 사고방식을 의미한다.

C(Consequence, 결과)는 선행사건에 접했을 때 다분히 비합리적인 사고방식을 가지고 그 사건을 해석함으로써 발생하는 정서와 행동의 결과를 말한다. 비합리적인 사고방식을 지닌 사람들은 대개의 경우 지나친 불안, 원망, 비관, 죄책감 등과 같은 감정을 느끼게 된다. 또한 '신경성'이라고 일컬어지는 정신신체화 질환을 앓게

되기 쉬우며, 늘 방어적 태세를 취하는 경향이 있다고 한다.

D(Dispute, 논박)는 자신이 가지고 있는 비합리적인 신념이나 사고 또는 사상이 사리에 맞고 합리적인지를 다시 생각해 보도록 논박하는 것이다. 이를 위해서 치료자가 반박하는 질문을 던진다.

E(Effect, 효과)는 비합리적인 신념을 철저하게 논박함으로써 합리적인 신념을 갖게 된 다음에 느끼게 되는 결과를 지칭한다. 그것은 긍정적이고 자기수용적인 생각과 정서와 행동으로 대치된 것들이다.

이것을 도표로 표시하면 다음과 같다.

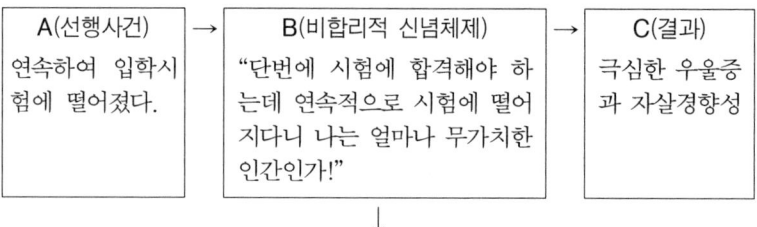

A(선행사건)	→	B(비합리적 신념체제)	→	C(결과)
연속하여 입학시험에 떨어졌다.		"단번에 시험에 합격해야 하는데 연속적으로 시험에 떨어지다니 나는 얼마나 무가치한 인간인가!"		극심한 우울증과 자살경향성

D(반박)
① 논리성 : 시험은 단번에 합격해야 한다는 법이 어디에 있는가? 그리고 연속적으로 시험에 실패한 사람은 무가치한 인간이라는 말은 사리에 알맞은가?
② 현실성 : 이 세상의 모든 사람은 시험에 단번에 합격하는가?
③ 효용성 : 시험에 연속적으로 실패한 자신을 질책하고 자포자기하여 얻는 이득은 무엇인가?

E(효과)
① 사고 : 연속적인 시험의 실패가 몹시 부끄럽고 불편한 것은 사실이지만 그렇다고 해서 내가 반드시 무가치한 사람은 아니다. 나는 이 상황을 견디고 그런대로 살아갈 수 있다.
② 정서 : 의기소침, 실망, 섭섭한 감정에 머무름
③ 행동 : 자학하지 않고 새로운 건설적인 계획을 짜게 됨

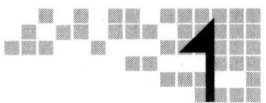

우리는 왜 분노를 느껴야만 하는가?

우리의 현실은 때때로 비정하여 우리가 인생에서 원하는 바를 얻는 것을 방해하는 상황들이 존재하고 있다는 사실을 직시하지 않을 수 없다. 그렇다고 해서 우리는 날마다 겪게 되는 이 "끔찍함" 앞에서 매번 화를 내는 것 밖에는 다른 선택의 여지가 없는가?

인간은 화를 낼 수밖에 없다고 많은 심리학자들은 말한다. 그들은 갓 태어난 신생아들이 생후 최초의 몇 시간 동안에 분노와 비슷한 감정을 표출하는 것으로 보고 있다. 어느 시대이건, 어떤 세기를 막론하고 인류는 거의 매일 자신과 많은 주변 사람들의 분노와 마주치게 된다. 오늘날 대다수의 저명한 심리학자들은 적대적인 세상에서 자신을 방어하기 위해서는 어느 정도의 분노 감정을 느낄 필요가 있다고 주장한다. 또한 이들은, 만약 당신이 경계 상태를 게을리한다면 다른 사람들이 당신을 이용하고, 지배하고, 당신의 소극성이나 착한 성품을 이용해서 자신들의 이기적인 욕심을 채우려 하고, 당신의 입장은 조금도 고려해 주지 않을 것이라고 주장한다. 이러한 심리학자들은, 당신이 원하는 것을 쟁취하기 위해서 항상 싸울 준비가 되어 있지 않은 채 다만 수동적이거나 침묵을 지키게 되면 다른 사람들이 당신을 이용하고 당신의 목표성취를 방해하도록 허용하게 될 뿐이라고 말한다.

사람들이 분노에 대처하는 일상적인 방식에는 어떤 것이 있는가?

이상에서 살펴본 바와 같이, 오늘날의 심리학자들은 우리가 분노에 대처하는 방법으로, 다음의 두 가지 방안 중 하나를 택하는 방법밖에 없다고 보는 것이다.

- 분노를 느끼되 그 감정을 감추고, 억누르고, 부인하고, 억압하라.
- 분노를 느끼고 그 감정을 자유스럽게 표현하라.

화를 내지 않고 억압하는 것은 어떤 상황에서든지 우리에게 득이 되지 않으며, 표현되지 않은 분노는 오히려 분노를 솔직하고 자유스럽게 표현하는 것보다도 훨씬 더 해롭다. 수압의 이론과 같이 분노와 같은 감정은 끓고 있는 주전자 속의 수증기처럼 압력을 받으면 더 강력해지고 확장되는 경향이 있다. 따라서 당신이 분노 감정을 무조건 억누르기만 하고 자유롭게 발산시켜 주지 않는다면 직접적인 해를 입게 될 수도 있다. 그 결과로 위암이나 고혈압 등의 신체적인 질병이나 여타의 심각한 정신신체적인 반응으로 나타나기도 한다. 뿐만 아니라, 당신이 느끼는 감정을 솔직하게 표현하지 못하고 마음 속에 가두어 놓기만 한다면, 그 분노는 전혀 사라지지 않고 오히려 그 반대의 현상이 나타난다. 대부분의 경우에 당신의 감정은 더욱 악화된다. 그것은 당신의 분노가 사라지지 않고 당신의 "내장이나 창자에" 그대로 자리잡고 있기 때문이다. 그 결과로, 이제는 당신의 권리를 지키지 못한 자신에 대하여 가혹하게 비판할 우려가 있다.

이와 반대로, 당신이 느끼는 분노를 있는 그대로 다른 사람들에게 모두 표현한다면, 위의 경우와는 또 다른 문제에 부딪치게 된다. 사람들은 당신을 지나치게 공격적이거나 적대적인 사람으로 간주할 것이다. 아마도 당신과 가까이 하려 하지 않거나 한층 더 심한 적대감으로 방어적인 대응을 할 수도 있다.

몇몇 심리치료자들은 이 문제에 대하여 시각을 달리하여 다른 방식으로 해결하려고 시도하였다. 그들은 소위 창조적 공격성(혹은 건설적 분노)의 개념을 도입하였다. 이는 당신의 분노를 약간 통제된 방식으로 표현하려고 했다는 점에서 자유로운 표현과는 다르다.

다음의 예를 들어 자세하게 설명해 가면서, 분노를 다루는 여러 이론과 REBT의 해결책을 비교해 보겠다. 만약 당신이 내가 제시하는 원리들을 주의깊게 고찰해 보기만 한다면, 당신은 분노나 다른 감정에 관련된 문제들을 REBT의 지침들을 사용하여 빠르고 효과적으로 해결할 수 있는 방법들을 발견하리라고 확신한다.

가령, 내가 절친한 친구인 당신에게 "너의 아파트에 룸메이트로 같이 지낼 용의가 있고, 집세도 함께 부담하도록 하겠다"고 약속을 했다고 하자. 나의 제안이 마음에 들었으므로, 당신은 계약조건을 이행하기 위하여 집을 수리하느라고 개인적인 경비를 지출했다. 그런데 나중에 와서 내가 당신에게 "내 계획이 변경되어 지난번에 한 약속을 지킬 수 없게 되었다"고 한다면 당신은 나에게 매우 화가 치밀 것이다. 당신은 상당한 경비를 지출했을 뿐만 아니라, 이제 와서 다시 새로운 룸메이트를 구해야 하는 불편을 겪어야 한다.

처음에 당신은 화가 나는 감정을 혼자서 삭일 것이다. 그러나 당신이 그러한 감정을 표현하지 않고 지내다 보니 나에 대한 원망이 마음 속에 쌓여 우리의 우정은 크게 금이 가게 된다. 갑자기 집의 문제가 복잡하게 되어가면서 당신 내부에서 끓어오르는 분노는 당신의 다른 활동에도 지장을 주기 때문에, 당신은 참는 방법으로는 해결책이 되지 못한다는 것을 곧 알게 될 것이다.

그래서 당신은 화가 난 감정을 나에게 솔직하게 표현해 버리자고 마음먹는다.

"이봐, 어떻게 나한테 이렇게 대할 수가 있나? 처음부터 자네가 함께 지낼 수 없다고 말했더라면 내가 이 따위 수고를 하지는 않았을 거야. 자네, 나한테 아주 형편없이 행동하는군. 어떻게 친구인 나에게 그럴 수가 있지? 내가 전에 자네에게 이처럼 치사하게 군 적이 있던가? 자네가 사람들에게 이런 식으로 형편없이 대한다면 도대체 어떤 친구와 우정을 유지할 수 있겠나?"

혹은 당신이 소위 창조적 공격성을 발휘하여, 상대방의 공격을 받아들일 능력과 마음상태를 고려한 다음에 분노의 감정을 토로할 수도 있다. 즉 당신의 감정을 이야기해도 되겠는지에 대해 먼저 양해를 구한 다음 당신의 분노를 표현하는 것이다.

당신의 입장에서 볼 때 당신의 생각이 아무리 옳다고 해도 감정을 있는 그대로 표현하게 된다면 득보다는 손실이 더 많을 것이다. 결과적으로, 그 상황에서 공격성의 표현은 당신의 목표를 성취하는 데 부정적인 영향을 끼칠 것이다. 비록 창조적 공격성의 방식이 조금 더 부드러운 방법이긴 하지만, 두 방법은 모두 상대방의 잘못을 이야기하는 데 초점이 맞추어져 있다. 그와 같은 초점으로는 결국 또 다른 문제를 야기시키는 결과를 초래한다.

당신이 나의 "몰지각한" 행동을 노골적으로 비판함으로써, 당신은 나의 자기방어를 부추기게 된다. 만일 당신이 나의 몰지각한 행동에 대해 나 스스로 비판적인 결론을 내릴 수 있도록 허용했더라면, 나는 결코 나의 행동을 비호하려고 하지는 않았을 것이다. 그렇게 되었더라면, 나는 당신과 다른 사람들에게 보다 공정하게 대할 수 있는 단계로 비약할 수 있었을 것이다. 그리하여 나의 행동에 진정한 변화가 일어났을 것이다.

대부분의 인간은 강한 자기비하의 경향을 가지고 있다는 사실을 기억하자. 만약 당신이 남의 성격에서 잘못된 점이나 마음에 들지 않는 점을 찾아 지적한다면, 그들은 당신이 의도한 것 이상으로 더 깊이 받아들인다. 따라서 당신의 비판적인 발언이 아무리 훌륭하고 창조적인 것이라 할지라도, 그들은 죄의식이나 자기비난의 고통을 경험하게 되며 "반격"을 시도하게 된다. 그러므로 분노의 표현을 장려하는 위의 두 가지 접근법에 이러한 문제점이 내재한다. 그렇지만 이러한 문제들을 깨닫는 것만으로는 당신이 지닌 문제를 해결해 주지 않는다. 당신의 분노를 해결하기 위해 당신은 무엇을 할 것인가?

분노를 효과적으로 처리하는 참신한 방법은 없는가?

앞에서 우리는 분노를 표현하지 않고 마음 속에 담고 있는 것이 좋지 않은 방법이라는 것을 충분히 알 수 있었다. 그렇다고 해서 분노를 자유롭게 표현하는 것 역시 역반응적인 문제들을 일으킨다는 것도 잘 알게 되었다. 한걸음 더 나아간 창조적 공격성의 방식도 약간은 더 효과적인 방법이긴 하지만 여전히 같은 문제점을 가지고 있다는 점을 알게 되었다. 또 하나의 대안으로, 한 쪽 뺨을 때리면 다른 쪽 뺨을 내민다는 기독교적 용서의 방법이 있을 수 있다. 그러나 우리가 살고 있는 세상은 공격적이고 적대적이다. 이러한 세상에서 그것은 너무나 비실용적인 것 같다. 사람들은 당신을 아무렇게나 대해도 좋은 사람으로 느끼고, 허울좋은 무골호인(無骨好人)으로 간주하여 당신을 더 이용하려 할 것이다. 당신의 양보적인 행동이 아름답게 보일지는 모르지만, 불행하게도 사람들은 당신처럼 양보적으로 대해 주거나 존경해 주지는 않는다.

지금까지 분노의 문제를 효과적으로 다루는 여러 가지 방법들을 고찰해 보았다. 각 접근법들이 때로는 어떤 상황에서 효과를 발휘할 경우도 있으나, 모든 상황에서 분노를 효과적으로 해결해 주지는 못하며, 때로는 파괴적이기까지 한 결점을 가지고 있다는 것을 알게 되었다. 따라서 우리가 곤란한 상황에 부딪쳤을 때 다른 사람의 분노나 적대감을 부추기지 않고, 또 우리 자신의 인격적인 통합성을 손상시키지 않으면서, 우리가 원하는 바를 달성할 수 있도록 하는 새로운 방법을 탐색해 보기로 하자.

다음 장에서는, 실제적으로 분노를 해결할 수 있으면서, 동시에 앞에 논의된 다른 방법들이 지닌 결점을 전혀 가지고 있지 않은 새로운 방법을 소개하겠다. 이 책에서 제시되는 원리들을 숙고하고 충분히 실험해 볼 수 있는 시간과 노력을 투자하기 바란다. 이 새로운 개념들을 당신의 생활에 시도해 보고, 그것을 의식적으로 일정 기간 동안 열심히 연습해 본다면, 당신은 틀림없이 "합리적 정서적 행동치료(Rational Emotive Behavior Therapy)"가 가져다 주는 새로운 변화를 발견하고 그것을 즐길 수 있을 것이다.

당신은 어떻게 화를 내는가?

　합리적 정서적 행동치료의 이론, 곧 REBT에서 제시하는 ABC
원리는 당신이 화가 날 때의 감정처리를 세련되도록 하게 하는 접
근법이라 할 수 있다. 그렇다고 해서 ABC가 무슨 마술적인 방법같
은 것은 아니며, 오히려 우리가 느끼는 모든 분노의 문제를 아주
현실적인 방법으로 해답을 찾아나가는 원리이다. 그렇기 때문에
REBT는 마술이나 어떤 신비주의적 요소같은 것은 동원하지 않고
서 다만 논리적 이론을 통하여 해결책을 보여준다. REBT이론은
공허하거나 환상적인 이론이 아니고 어디까지나 냉정한 현실에 근
거하여 발견할 수 있는 사실들에 의존한다.

REBT이론은 어떻게 해서 생겨나게 되었는가?

　REBT가 기존의 심리치료의 기법들과 어떤 차이가 있으며 어떤 점에서 더 효과적인가? REBT의 기초적인 원리들은 나의 오랜 임상경험과 연구에서 발전되었으며, 나의 동료들과 이 분야에서의 수많은 실험들에 의해 사실로 증명되어 왔다.

　심리치료자로 일해 오는 동안에 많은 환자들을 만나면서 여러 가지 다양한 치료법들을 적용해 볼 수 있었다. 오랜 기간 동안의 임상적인 경험과 연구를 통해 나와 동료들은 당시의 고전적인 분석기법은 비효과적이고 비능률적일 뿐만 아니라, 치료를 원하는 사람들의 문제를 해결하는 데 실패한다는 사실을 알게 되었다. 이 말은 오로지 나의 임상적 경험에 근거한 것이다. 나는 정신분석적 접근이 대부분의 환자나 치료자 모두가 지나치게 시간과 경비를 소비한다는 사실을 알게 되었다. 정서적인 문제들은 그 자체만으로도 엄청난 고통을 겪는 것인데, 치료를 위해 투자한 시간과 경비에 비해 긍정적인 효과를 가져다 주지 못했다.

　나는 REBT의 중요한 원리들을 현대 심리학에서 뿐만 아니라 위대한 철학자들의 지혜에서 많이 빌려온 것이다. 나는 젊은 시절에 조예깊은 철학서들을 즐겨 읽었다. 책에서 읽었던 원리들을 내가 환자들을 치료하는 데 적용해 보았더니 정신분석적 기법들을 적용했을 때보다 훨씬 짧은 시간에 치료의 효과를 거둘 수 있었다. 환자들을 상대하면서 그들의 문제에 대해 심리학적인 분석뿐만 아니라 철학적인 분석까지 제시했을 때 그들은 심리학과 철학의 두 학문의 열매를 맛볼 수 있었고, 치료의 효과도 더 지속적이었다.

　당신의 문제가 좀 심각한 정도라면 나는 REBT의 전문치료자를

찾아가 보라고 권유하겠지만, 웬만한 문제일 경우에는 치료자의
도움 없이도 REBT의 원리를 이용하여 당신 스스로를 치료하는 효
과를 볼 수 있다. 어떻게 당신이 의식적으로나 무의식적으로 절대
적 혹은 명령지향적 사고에 의존하여 당신 스스로를 분노하게 만
들어 나가는가를 철학적으로 설명해 주는 것이 내가 이 책을 쓴
목적이다. 이러한 사고체제를 당신 스스로 통제하고 조작하는 방
법을 정확하게 이해하기만 한다면, 당신은 이 책의 도움을 받아가
며 혼자의 힘만으로도 충분히 평소에 화내는 습관을 근절할 수가
있다. REBT는 당신에게 화가 치밀어 오르게 하는 상황이 어떠하
든간에 그것에 구애받지 않고서 언제나 효과를 가져올 수 있는 과
학적 해결단계의 공식을 고안하였다.

　전통적인 심리치료의 기법들을 사용하면서 깨닫게 되었던 가장
심각한 결점은, 환자들이 수년간의 치료를 받고나서도 여전히 치
료자의 지속적인 도움 없이는 자기 인생의 중요한 문제들을 혼자
해결해 나갈 능력이 길러지지 않는다는 것이다. 환자들이 그토록
많은 시간과 경비를 치료에 바쳤다면, 당연히 그들은 그에 해당하
는 유익한 결과를 얻을 수 있어야 한다는 점을 그 당시 나는 아주
심각하게 느꼈었다. 그래서 그때까지 사용해 온 비효과적인 방법
들을 파기하고, 새로운 견해에 근거한 실험적 방법들을 환자에게
적용하기 시작했다. 심리치료에서 사용된 여러 가지 접근법들에
철학적 지식들을 접목하여 나는 REBT의 기초적인 원리들을 수립
했다. 그 결과는 충분히 값진 것이었다. 치료자가 의미없는 분석이
나 해석을 해주는 데 의존하는 대신, 환자들이 이제 스스로 사고하
고 실험해 보며 현실을 보는 안목을 갖도록 했다. 그러한 방법을
사용하자, 환자들은 정신분석적인 방법을 사용했을 때보다도 빠른
시간 내에 지속적인 치료 진전을 나타내기 시작했다.

환자들을 치료하면서 정신분석적인 문제를 해결해 나가는 데 직접적인 도움을 주기 위해 사실적인 예들을 사용했다. 독자가 분명히 이해할 수 있도록, 이 책 전체를 통해 하나의 똑같은 예(이미 1장에서 제시된 예)를 가지고 설명을 해나가겠다. 나는 내 친구인 당신에게 당신의 아파트와 가구를 제공해 주기만 한다면 당신과 함께 룸메이트로 지내겠다고 약속했다. 그때부터는 소요되는 비용도 함께 나누어 지불하기로 동의했다. 그 후에 내가 충분한 설명이나 해명도 없이 그 약속을 지킬 수 없게 되었다고 통보했다. 당신은 나에게 매우 화가 났다.

당신이 화를 내는 이유는 무엇인가?

위의 예에, REBT의 방법을 사용하여 당신이 느끼는 적대감을 어떻게 극복할 수 있을까?

REBT의 ABC 가운데 먼저 결과, 곧 C(Consequence)부터 생각해 보자. C는 정서적 혹은 행동적 결과를 말하는데, 위의 경우에는 당신이 느끼는 분노가 C에 해당한다.

그 다음에 A를 보자, A는 선행사건(Activation Event), 혹은 선행경험(Activating Experience)이다. 당신과 나, 두 사람이 동의한 중요한 약속을 내가 지키지 않은 것, 이것이 A에 해당한다.

우리가 A와 C를 자세히 들여다보면, A가 C를 일으킨 원인인 것으로 보인다. 그러나 놀랍게도 REBT이론에서는, 선행사건(A)이 정서적인 결과(C)를 일으키는 데 직접적인 영향을 미쳤을지는 몰라도, A가 진짜 원인은 아니라고 가정한다. 우리는 항상 무엇이 원인이고 무엇이 결과인가에 대한 역학관계를 쉽게 파악하지 못하는 경향이 있다. A와 C의 관계를 자세히 들여다보면, A와 C 사이에 다른 요소가 끼여 있음을 발견할 수 있다. 즉 비록 내가 일방적으로 우리의 약속을 깨버린 것이 당신에게 매우 불편하고 실망스러운 일이긴 하지만(나의 행동으로 인해 당신이 원하는 바를 성취하지 못하게 되었다는 점에서), 내가 취한 행동 자체만으로 당신이 내게 느끼는 분노 감정의 원인이 되었다고는 볼 수 없다는 것이다.

만약에, 우리가 A에서 바로 C가 야기되었다고 결론을 내린다면, 우리가 어떤 특정한 상황(A)을 맞게 되었을 때는 항상 특정한 결과(C)가 오는 것으로 가정해야 할 것이다. 예를 들면, 우리는 물이 어느 지점의 온도에 이르면 끓고 또 어느 지점에 이르면 언다는 사실을 알고 있으며, 이 법칙은 물과 온도에 관한 한 어떠한 경우에도 진실이다. 그러나 사람들은 다양한 상황 속에서 상호작용하기 때문에, 그와 같은 인과의 법칙이 인간생활에서는 들어맞지 않는다. 어떤 사람이 주어진 상황에서 보통사람과는 아주 다르게 반응하는 것을 보고 놀란 경험들을 한 적이 있을 것이다. 한 예로, 우리는 잔인한 범죄의 희생이 된 사람들이 경찰이나 법원과 협력하여 그 가해자를 엄벌하려고 하는 대신에 그와 정반대의 행동을 취하는 경우를 종종 전해 듣는다. 그들은 자신에게 해를 입힌 가해자가 구속되지 않도록 돕기 위하여 백방으로 노력하는 것이다. 만일 똑같은 범죄로 해를 입은 100명의 사람들을 대상으로 조사를 해 본다면 틀림없이 사람들의 반응이 각각 다른 것을 발견하게 될 것이다. 어떤 이들은 위의 경우처럼 행동할 수도 있고, 또 다른 이들은 가해자를 고소하고 구속시키기 위해 안달을 하기도 할 것이며, 많은 사람들은 또 다른 반응을 보여줄 것이다. 그러므로 정서적인 결과는, 비록 선행사건에 의해 영향을 받는 것은 사실이나 선행사건에 의해서만 직접적으로 유일하게 결정지어지는 것은 아니다.

또 한 가지 명심해야 할 요점이 있다. 우리는 부딪치는 여러 가지 상황에 대한 반응들을 선택하고 통제할 수 있으며, 사건 당시에는 엄청나게 느껴져 압도되지만 기실은 우리의 감정이나 반응은 얼마든지 우리가 통제할 여지가 많다는 사실이다. A와 C 사이에는 사고의 과정이 중개되어 있다. 즉, 주어진 상황에 대하여 어떻게 적응할까를 결정하는 평가의 과정이 일어나는데, 이것이 사고의 과정, 곧 B이다. 우리가 중개자의 단계인 자신의 사고에 대해 잘 깨우치고 있으면 있을수록, 바람직한 방향으로 행동을 선택할 수 있는 기회가 늘어나는 것이다. 그와 같은 사색의 단계를 거치게 되면 충동적인 행동을 함으로써 스스로의 성장을 좌절시키고 혼란스럽게 할 가능성을 최소화할 수 있는 것이다.

인간의 사고와 인식이 역동적으로 정서에 주는 영향을 언어학, 철학, 심리학에서는 각각 나름대로의 전문용어를 써서 설명하고 있다. 각 분야는 설명의 관점이 약간씩 다르기 때문에 사고와 정서의 관계에 관련된 문제들이 명료해지기 보다는 오히려 모호해지는 경향이 있다. 그러나 각 학문별로 꾸준히 인간의 행동과 사고에 관한 중요한 사실들을 규명해 온 덕에 진전을 보이고 있다. 아마도 비전문적인 사람들은, 우리 내부에서 사고와 행동이 무의식적으로 그리고 자동적으로 연결되어 수행된다는 사실이 얼른 이해가 되지 않을 것이다. 우리는 보통 자신의 사고과정이 어떻게 되어 있는가에 대해 별로 생각해 보지 않는다. 따라서, 우리의 사고방식이 우리의 행동양식에 영향을 미치고 있다는 사실을 거의 느끼지 못하고 살아가고 있다.

당신은 성장해 오는 과정에서 어떤 상황이나 사람들, 아이디어, 사건들을 접할 때마다 자기 나름대로 평가하고 판단을 내리는 가치기준을 형성해 왔을 것이다. 이러한 가치기준이나 신념체제(B)에는 개인적인 것도 있지만, 또한 당신이 소속한 사회나 문화의 가치기준과 일치하는 것도 있다. 문화가 다르면 신념체제는 아주 중요한 측면에서 달라지게 된다. 한 사회의 규범과 가치는 역사적·문화적 관점에서 매우 달라진다고 사회심리학자들은 말한다. 가령 우리가 생각하기에는 아주 야만적이고 잔인한 관습이나 행동 양식이 오늘날의 문명화된 사회에서도 여전히 발견되고 있다. 우리는 수많은 신념체제들을 마음 속에 지니고 살아간다. 문화적 규범이라는 것도 개인이 살아가는 동안에 변화될 수 있다. 인간은 끊임없이 변화하는 세계에서 행복하고 성공적으로 살아남기 위해서, 여러 사물에 대한 자기의 감정이나 견해를 자기 스스로 혹은 사회의 요구에 의해 변화시키려고 한다.

모든 사회는 그 구성원들을 결속시키기 위해 그들이 지켜야 할 일련의 신념, 가치, 규범들을 제정한다. 그리고 부모, 교사, 종교적·정치적 지도자들은 우리 개개인의 신념체제를 발달시키는 데 기초가 될 가르침을 제공한다. 따라서 우리의 개인적인 신념체제가 순전히 우리 자신의 생각만으로 이루어진 것은 아니라는 것을 알 수 있다. 어떤 것이 좋다거나 나쁘다거나, 옳다거나 그르다거나 하는 우리의 생각은 성인들에게서 영향받은 바가 크다.

비록 당신의 신념체제가 환경으로부터 영향을 받는다 하여도, 신념체제에 관한 일관성 있는 기준이나 보편적 규범이 존재하는 것은 아니다. 어떤 행동이나 사람이 그 자체로 좋다거나 나쁘다고만 할 수는 없다. 모든 행동에 대한 우리의 판단기준은 변할 수 있으며, 논란의 여지가 있다. 따라서 이러한 판단은 그 사람과 행동에 단지 간접적으로만 관련되어 있을 뿐이다.

▼

사고방식 또는 신념체제에 따라서
당신의 감정(정서)이 좌우된다

　지금까지는 당신의 신념체제(B)가 C지점의 정서적 반응에 어떠한 영향을 미치는지를 설명하였다. 이제부터는 당신의 신념체제를 살펴보기로 하자. B에 대한 자세한 설명을 하기 전에 한 가지 짚고 넘어갈 점이 있다. 비록 B가 당신의 반응인 C에 지대한 영향력을 끼치는 것은 사실이나, B만이 오로지 C에 영향을 주는 요인은 아니며, A 역시 상당한 정도로 당신의 반응에 영향을 미친다는 점을 항시 기억해야 한다. 당신의 반응인 C는, 어느 경우에든 A와 B의 조합에 의해 이루어진다고 볼 수 있다. 당신이 아무리 결사적으로 노력을 해도, 현실적으로 A에 아무런 영향을 미칠 수 없는 경우가 있다.

　우리의 논의를 한 단계 더 진전시켜 보면, 당신의 현실개념은 단지 당신이 외부의 자극에 어떻게 반응하는가의 견지에서만 해석될 수는 없다. 당신의 현실개념은 당신의 과거 경험과 이 경험에 관련된 신념과 연상으로부터 도출된다. 당신이 취하는 행동이나 반응이 겉보기에 자동적인 행동이나 반응처럼 보일지라도 자세히 따져보면 그것은 당신의 머릿속에서 일어나는 일련의 사고에 뒤따라서 취해진 것이다. 당신이 어떤 상황을 불쾌하고, 해롭고, 역겨운 것으로 생각한다면 그 곳을 피해 도망가고 싶어할 것이고, 바람직한 것으로 생각한다면 거기에 적극적으로 달려들 것이다.

　위에서 언급한 사상을 인정하고, 또 우리 각자의 신념체제들이 각기 다르다는 점을 생각해 본다면, 우리는 어떠한 사건이나 경험도 그 자체만으로 가치기준을 갖는 것이 아니라는 것을 알 수 있

다. 우리에게 주어진 어떤 상황에서 어떻게 느끼고 어떻게 반응하
느냐 하는 것은 우리의 사고, 신념이 지극히 중요한 요소로 작용한
다. 또한 선행사건 자체로서는 우리가 선과 악의 가치판단을 내릴
수 없다는 것을 받아들인다면 선행사건의 배후에 있는 "사고"라는
중개과정이 우리의 판단을 결정한다는 사실을 알 수 있다.

이 장에서는 REBT의 모델을 사용하여 A와 C의 내용을 당신에
게 알려주었으므로 이제부터 세상 사람들이 가지고 있는 신념체제
에 대하여 설명하겠다. 지금부터는 우리가 인생에서 부딪치는 난
관을 어떻게 다루어 나갈 것인가를 여러분들에게 보여주고 REBT
의 모델을 여러분 스스로에게 적용해 보는 방법을 제시하려고 한
다. 물론 인생에는 수천 가지의 선행사건들이 있고, 수천 가지의
정서적 결과가 뒤따른다. 그러나 어떠한 상황에 처하든지간에 그
상황을 받아들이고 지각하는 태도에는 사람들 각자의 신념체제나
사고방식이 내재하고 있다. 당신이 그 상황에서 A와 C를 지각해
내기만 한다면 어렵지 않게 B를 찾아낼 수 있다.

일단 C(정서적 결과)에서 느끼는 분노의 감정(혹은 자기패배적 감
정)을 당신이 인식하게 되면 그 정서(C)는 사실상 "부정적" 경험으
로 이루어진 선행사건(A)에서 연유된 것이라는 것을 알게 된다. 또
한 당신의 신념체제 역시 지금 느끼고 있는 감정(C)에 강한 영향을
주었다는 점도 알 수 있을 것이다. 이 지점에서 REBT는 당신에게
이러한 부정적 감정을 느끼게 만드는 신념체제들이 어떤 것이 있
는가를 정확하게 발견해 내고 그 신념체제가 기실은 비현실적이고
비합리적이라는 점을 증명해 보임으로써 그것을 변화시킬 수 있는
방법을 당신에게 차츰 제시할 것이다.

분 노의 광기

이 장에서는 인간의 합리적인 생각이나 비합리적인 생각들을 몇 개의 범주로 나누어 설명하고자 한다. 또한 우리 자신에게서 이러한 생각을 발견해 내고 이것을 수정하는 방법도 보여주려고 한다. 앞에서 우리는 REBT의 이론을 적용할 때에는 먼저 결과인 C부터 시작한다는 것을 배웠다. 그러므로 당신의 신념체제에 관하여 보다 분명히 이해하기 위해서는 먼저 우리가 소홀히 하기 쉬운 C에 대하여 중요한 점을 짚고 넘어갈 필요가 있다.

적절한 감정과 부적절한 감정이란 무엇인가?

REBT에서는 모든 감정을 두 개의 범주로 나누어서 고찰한다.

C(Consequence)지점에 나타나는 감정들을 우리는 적절한 감정과 부적절한 감정으로 나눈다.

이 두 가지의 감정을 구분하는 데 정확하고 엄밀한 기준이 있는 것은 아니지만, 우리가 적절한 감정이라고 할 때에 그것은 당신이 원하는 것을 이룰 수 있게 하고 당신의 인생에서 중요한 목표를 성취할 수 있도록 하는 데 보탬이 되는 태도나 행동방식으로 이루어진 감정이라고 말할 수 있겠다. 좀더 자세히 말하자면, 당신이 살아가면서 불가피하게 봉착하는 장애물에 접하여 지나치게 좌절이나 고통을 느끼지 않고 보다 합리적이며 행복하고 생산적으로 살아갈 수 있도록 도움을 주는 그러한 감정이나 행동을 가리켜 적절한 감정이라고 할 수 있다. 이렇게 본다면 부적절한 감정이란 당신이 인생에서 바라는 바를 성취하는 데 방해가 되는 경향을 지닌 감정이다.

합리적 신념과 비합리적 신념이란 무엇인가?

이와 마찬가지로, 우리의 신념체제도 합리적 신념(Rational Beliefs : rB), 비합리적 신념(Irrational beliefs : iB)으로 나누어진다.

먼저 우리가 가지고 있는 합리적 신념에 관하여 이야기를 시작해 보기로 하자. 사람들은 누구나 일련의 합리적 신념을 가지고 생활하고 있다. 다른 사람들과의 협력적인 상호관계를 유지하는 것이나 일상생활에서의 행동을 볼 때 우리들 대부분은 자신의 행동을 방향짓고 통제하는 데 강한 합리적 신념이 사용되고 있음을 명백히 알 수 있다. 만일 그렇지 않았다면, 인류가 오늘날 이루어 놓은 역사적 진보는 기대할 수도 없었을 것이다. 제2장에서 지적한 바와 같이, 우리는 이 합리적 신념을 기성세대나 조상으로부터 배운 것이기는 하지만, 그들의 가르침은 시대나 문화에 따라 변천되어 온 것도 사실이다. 우리의 법률이나 사고양식은 위대한 사상가의 업적에 의해 이룩된 것이지만 이들도 역사가 흐르면서 점차로 발전되었다. 그러므로 인류의 발전과 합리적 신념의 발전은 여러 가지 요소들이 상호작용하는 가운데에 이루어져 왔다.

당신이 어떤 선행경험(A)에 부딪치게 되면 대체로 합리적이거나 비합리적인 방식 중의 하나로 그 상황에 반응하게 된다. 우리는 대개 이 두 가지 방식이 혼합된 상태로 반응할 수 있지만, 때로는 어느 한 방식에 치중하여 행동하기도 한다. 예를 들면, 합리적 신념은 철저히 외면한 채, 순전히 비합리적으로 그 상황에 반응할 수도 있다. 이렇게 되면, 그 상황에 대한 당신의 비합리적 신념은 '어마어마한' 힘을 가지고 당신의 행동에 영향력을 행사할 것이다.

앞에 들었던 예로 다시 돌아가 보자. 당신과의 약속을 내가 일방적으로 파기해 버림으로써, 내가 취한 행동(A) 때문에 당신은 나에게 매우 화가 났다(C). 이러한 상황에서, 당신은 스스로 이렇게 독백할 수 있다. '그가 나에게 한 행동은 정말로 좋지 않다. 나를 이렇게 무시하고 제멋대로 행동하다니 그는 정말 터무니없다!' 이것은 일면 합당하고 당연한 독백으로 들릴지도 모른다. 그러나 곰곰이 생각해 보면, 당신이 이 문장에서 한 가지 생각만을 표현한 것 같지만, 기실은 두 가지의 생각을 이야기한 것이고, 그 두 가지 생각은 각각 따로 따로 검토해 볼 필요가 있다.

먼저, "그가 나에게 한 행동은 정말로 좋지 않다"는 말을 살펴보자. 이 말의 의미는 "그가 나의 계획을 완전히 어긋나게 만들었고, 그의 행동으로 인해 나는 굉장한 불편을 겪을뿐 아니라, 어려운 상황에 처하게 되었다"는 뜻이 된다. 내가 당신에게 '좋지 않은' 행동을 했다는 당신의 관찰은 정확하고 또한 '적절'하기도 하다.

이어서 "나를 이렇게 무시하고 제멋대로 행동하다니 그는 정말 터무니없다!"는 말을 살펴 보자. 이 말에서 당신은 나의 행동을 '터무니없는' 것으로 보고 있으며, 은연 중에 이 상황을 비합리적 신념을 동원하려 하고 있다. 나중에 다시 살펴 보겠지만, 어떤 행동이나 사건을 '터무니없는' 또는 '끔찍한' 것으로 여기는 식의 사고는 부적절하고 비합리적이다. 왜냐하면, 그런 식의 사고는 당신이 일상생활을 영위하는 일과 행복을 느끼는 일에 방해가 되기 때문이다.

당신이 그 상황에 대하여 합리적으로 생각해 보지 않고 비합리적인 생각을 먼저 하게 됨으로써, 당신은 선행경험의 이면에 존재하는 전체적 현실에 대하여 충분히 주목하지 못하게 된다. 당신의 반응(C)이 어떠한 결과를 가져올 것인가를 미리 숙고해 보지 않는다면 자기파괴적으로 행동하기 십상이다. 그리하여 앞에서 우리가 살펴본 것처럼, 당신은 무작정 분노를 표현하든가 아니면 무조건 참고 지낼 소지가 많다. 이것이 문제가 된다. 당신이 가지고 있는 비합리적 신념들을 자각하고 변화시킬 수 있는 능력을 키우지 못하는 한, 당신은 계속해서 분노나 다른 패배적 감정을 해결하는 데 곤란을 겪을 것이라고 보는 것이 우리의 입장이다. 물론, REBT에서는 당신의 감정(C)을 변화시키는 일도 아주 중요하게 보고 있으며, 당신이 자신의 행동을 변화시키는 법을 터득하도록 돕는 것에도 중점을 두고 있다. 그러나 "당신이 느끼는 감정이나 행동을 빨리, 가장 효과적이고 능률적으로 변화시키기를 원한다면, 당신의 신념체제를 바꾸는 일부터 시작해야 한다"는 것을 REBT에서는 강조한다.

당신의 사고와 감정은 어떻게 상호작용하는가?

알다시피, 선행사건(A)에서 나는 우리의 약속을 일방적으로 깨뜨림으로써 당신에게 부당한 행동을 취하였다.

- 이때에 당신의 합리적 신념은 "기분이 좋지 않군. 그가 나에게 그런 식으로 행동하지 않았으면 좋았을 걸."이다.
- 이때에 당신의 적절한 감정은 '실망, 불쾌감, 불편한 감정'을 느끼는 것이다.
- '이 상황이 좋지는 않다'는 생각은 합리적이고, '실망감을 느낀다'는 적절한 반응이다.

그러나 당신은 실망의 감정을 느낀 것뿐만 아니라, 나에 대한 분노의 감정(부적절한 감정 혹은 반응)까지도 경험하였다. 당신이 느낀 분노는 통제할 수 없는 것이었고, 당신이 인생의 행복을 성취하는 데 오히려 방해가 되므로 우리는 그것을 부적절한 결과라고 부른다. 그러므로 당신이 화를 내는 것과 같이 부적절한 반응을 보이도록 만든 배후에 어떤 비합리적 신념이 있는가를 지금부터 찾아내 보고자 한다.

- 비합리적 신념 : (무엇일까?), 부적절한 반응 : (분노)

당신이 지니고 있는 신념 중에서 이성적이고 논리적인 것들을 찾아내기 위하여, 우리는 논리적이고 경험적인 검증방법을 사용한다. 어떠한 상황을 당신이 경험했다고 하자. 그때에 REBT의 치료자는 REBT의 공식에 대입해 봄으로써 당신이 A와 C에서 경험한 감정과 행동이 어떤 것인가를 알아낸다. 그렇게 되면 당신의 합리적 신념과 비합리적 신념을 쉽사리 찾아낼 수 있다. 예를 들면, '그가 나에게 그런 식으로 약속을 어기다니, 정말로 불쾌하구나'라는 생각 속에는 논리적으로 살펴볼 때, 비합리적인 신념의 요소가 거의 존재하지 않는다. 이러한 생각은 일리가 있는 것이며, 이러한 상황에서는 누구나 그렇게 느끼게 될 것이다. 또 당신이 상대방의 행동을 단지 불쾌한 것으로 느꼈을 뿐이므로, 분노를 느끼는 단계에는 도달하지 않을 것이다. 그런데 당신의 생각을 좀더 따라가다 보면, 우리는 당신이 이렇게 말하고 생각하고 있는 것을 발견하게 된다. "그가 이렇게 무책임한 행동을 하다니, 정말 터무니없어. 이건 너무 부당하고 견딜 수 없는 일이야!" 얼핏 보면 이 생각이 매우 비이성적이고 비논리적이라는 사실을 깨닫지 못할 수도 있다. 그러나 사실은 당신의 그 독백은 분노 반응을 보이는 사람들에게서 흔히 찾아볼 수 있고 네 가지 비합리적 진술 중의 하나에 속한다. 즉 당신은 내가 당신과의 약속을 어긴 것에 대하여 터무니없고, 끔찍하고, 견딜 수 없다고 스스로 독백하였다. 당신은 '부당함'이나 '불공평함'을 끔찍함과 동일시해 버림으로써, 불공평한 것과 끔찍한 것의 개념을 구분하지 못하고 있다.

방금 지적한 바와 같이, REBT에서는 A와 C지점에서 일어난 사실을 검토해 봄으로써 그 사람의 신념체제가 어떤 것인가를 발견할 수 있다고 본다. 사람들이 경험하는 감정은 대개 한정되어 있고, 그러한 감정들은 분명히 어떤 사고와 관련되어 있다. 사람들은 어떤 방식의 사고를 하기 때문에 어떤 감정을 갖게 된다. 우리가 누누히 강조했던 것처럼, 당신의 신념체제는 당신이 겪은 어떤 경험에 대하여 '좋다, 나쁘다, 옳다, 그르다'라는 가치판단을 부여한다. 여기서 당신은 또 한번 사고와 감정간의 강한 관계, 혹은 상호작용을 발견할 수 있을 것이다.

당신은 당신이 경험한 실체를 느끼기 보다는, 당신이 "사고"하는 대로 혹은 "기대"하는 대로 느낀다고 보는 것이 REBT의 가정이다. 당신은 어떤 사실에 대해서, "이렇게 느껴야 할 것이다"는 당신의 편견에 의해 왜곡된 감정을 갖게 된다. 대부분의 경우에 사고가 감정에 우선한다. 그러므로 당신이 감정을 먼저 변화시킴으로써 사고를 바꾸려 하는 것보다는, 사고를 먼저 바꿈으로써 당신의 감정을 변화시키는 것이 훨씬 더 쉽고, 빠르고, 의미 있는 변화를 가져온다.

쉽게 화를 내는 사람들의 특징적인 사고형태에는 어떤 것들이 있는가?

그러면 당신이 느끼는 감정 때문에 당신의 사고를 바꾸어야 할 경우가 얼마나 많이 생기는가? 당신은 당신이 취하고 있는 어떤 행동이 매우 바람직하지 않은 행동인 줄은 뻔히 알지만, 감정상으로는 계속해서 바람직하지 않은 그 행동을 지속하고 싶은 경우가 종종 있었을 것이다. 그와 같은 감정이 매우 강렬하고 급격하게 일어났다면, 당신 자신의 생각과는 상반되는 것을 알면서도 그 행동을 하게 될 것이다. 당신은 이렇게 행동하면서 스스로를 합리화시키기 위하여 일시적으로나마 개인적인 신념을 약간 변화시키게 된다. 그러나 당신이 그와 같은 행동으로 감정을 만족시키고 난 후에는 다시 예전의 신념으로 되돌아가게 되며, 진심으로 신념을 변화시킨 것이 아니라 행동을 합리화하기 위하여 잠깐 옆으로 밀쳐두었다는 점에서 당신은 죄의식을 느끼게 된다. 여기에서 보는 바와 같이, 당신이 어떻게 사고하느냐에 따라 당신의 감정이 달라지게 되는 것이다. 그러나 당신이 지금까지 해왔던 것은, 매우 특수한 상황에서 일시적으로 사고를 변화시켰던 것에 지나지 않는다.

다음의 네 가지의 비합리적인 진술문은 쉽게 화를 내는 사람들이 가지기 쉬운 비합리적 생각들을 정확하게 나타내 주고 있다.

- "당신이 나에게 그같이 부당한 행동을 하다니, 얼마나 터무니 없는가!"
- "당신의 무책임하고 부당한 태도를 나는 참을 수 없다"
- "당신은 나에게 절대로 그렇게 해서는 안 된다"
- "당신이 나에게 그렇게 행동한 것을 보면, 당신은 아무런 가치도 없고 벌을 받아 마땅한 엉터리같은 사람이다"

이 네 가지 문장은 서로 연결되어 있다. 각 문장은 모두 부정적인 의미가 강하며 또한 다음과 같은 공통적인 요소를 지니고 있다. 즉 행동을 사람과 동일시하는 것, 혹은 그 사람의 부정적인 행동에 대한 평가를 그 사람 전체에 대한 것으로 확대하는 것이 공통점이다. 이와 같은 흑백논리적인 판단이나 과잉일반화의 형태를 우리는, "존은 정신병을 앓고 있다. 허약하다(John is mentall ill)."는 문장의 예에서 본 E-prime 이론에서도 발견할 수 있다. 이 문장에서 우리는 "존"과 "정신병을 앓고 있다"를 동일시함으로써, 존에게서는 마치 "정신병" 이외의 다른 형태의 행동은 전혀 기대할 수 없는 것처럼 여겨버린다.

이처럼 "사람"과 그가 한 "행동"을 구별하지 못하는 것은 마치 "어떠 어떠한 행동을 한 사람은 반드시 이런 사람이고, 또 그런 행동은 반드시 그러한 부류의 사람에 의해서 저질러지게 마련이다"라고 단정짓는 것과도 같다. 이 말을 좀더 구체화 시켜보자. "누군가가 좋지 않은 행동을 한다면, 그는 틀림없이 나쁜 사람이다"라고 보는 것이다. 또한, "어떤 이가 좋은 행동을 한번 하게 되면, 그는 결코 나쁜 행동을 할 수 없다"고 보는 것과 같다. 왜냐하면, 그는 '오직 좋은 행동만을 할 수 있는 좋은 사람'이기 때문이다. 역으로, 어떤 이가 나쁜 행동을 한번 하게 되면 그는 결코 좋은 행동을 할 수 없다고 본다. 왜냐하면, 그는 '오직 나쁜 행동만을 일삼는 사람'이기 때문이다.

이상의 논의는 법률적인 논리로 따져보자면 옳은 말이다. 그러나 법률적 진리와 실질적 진리는 엄연히 다르다. 위의 진술문은 얼핏 보기에 논리적으로 진실한 것 같으나, 기실은 '비합리적'이라는 것을 우리는 쉽게 깨달을 수 있다. 현실세계를 보자. '착하고 존경받는' 사람들이 때때로 다른 사람들에게 부당하게 행동하는 것을 우리는 종종 보게 된다. 반대로 사회의 모든 사람들로부터 '나쁜 사람'이라고 낙인찍힌 사람이 아주 훌륭하고 좋은 행동을 보여주는 경우도 종종 있지 않은가? 그러므로 논리적 사고라는 것이 법률에서는 맞을지 모르나 인생에 있어서는 때때로 틀리다는 것을 우리는 알 수 있다.

아파트를 함께 쓰기로 한 약속을 일방적으로 깨뜨린 나의 불쾌한 행동을 가지고 나라는 사람 자체를 '불쾌한 사람'으로 보고 당신 스스로 화를 냈던 문제를 자세히 검토해 보자. 이때, C지점에서 당신이 느낀 분노의 감정에는 비합리적인 요소가 다분히 깔려 있음을 알 수 있다. 당신이 나의 행동과 나라는 사람을 구별하지 못함으로써, 비합리성을 범하고 있는 것이다. 비록 REBT가 모든 사람에게 또 모든 상황에 적용 가능한 절대적 법칙이나 규칙을 언급해 주지는 못할지라도, 당신의 신념체제에서 합리적인 것과 비합리적인 것을 구분할 수 있는 "개략적인 원리"는 보여줄 수 있다.

어떤 행동에 대한 평가를 그 사람에 대한 평가로 확대하지 않는 한, 그 신념은 합리적이다. 좀더 부연 설명하자면, 당신이 상대방의 행동을 한정시켜서(당신이 경험한 결과에 한하여) 볼 수 있다면, 당신은 합리적이다. 한 사람에 대한 완전한 평가는 그가 전 생애 동안에 보인 모든 행동을 검토한 이후에야 정확하게 내려질 수 있을 것이다.

아주 심각한 정신병 환자나 정신지체자가 아닌 한, 어떤 사람의 신념체제가 전적으로 비합리적인 경우는 없을 것이다. 그러나 우리 모두는 때때로 어떤 사물에 대한 비합리적인 사고를 지닌 채 살아간다. 우리가 지닌 비합리적 신념체제는 우리의 감정이나 행동 전체에 영향을 미친다. 인간의 신념체제에는 합리적인 것과 비합리적인 것이 함께 존재할 수 있다. 그러므로 우리가 어느 정도의 비율로 합리적 신념과 비합리적 신념을 가지고 있느냐에 따라 선행경험에 수반되는 결과가 달라질 것이다.

만약 A라는 사건에 대해 당신이 불편함과 실망감을 느낀다면, 당신은 합리적이고 적절한 감정을 느끼고 있는 것이다. 그러나 당신이 불편을 일으킨 사람에 대하여 강렬한 부정적 감정을 느낀다면 당신은 그 사람에 대한 평가와 당신의 감정을 구분하지 못하는 것이다. 그리하여 비합리적이고 부적절한 감정을 느끼고 있는 것이다.

사람들은 대개 이런 구분을 하지 못한다. 지겨운 행동과 지겨운 사람을 혼동함으로써 부질없이 자신을 화나게 만든다. 당신이 부당한 대접을 받았을 때 (C지점에서)실망하고 불편해 하고 의기소침하게 되는 것은 수긍이 갈 만하다. 그러나 그런 행동을 한 사람이 "아주 못된 사람이다"라고 가정함으로써, 분노하고 적개심을 느끼는 것은 분명히 비합리적이다.

좀더 확실하게 이해하기 위하여 당신이 생각하는 사고와 당신이 느끼는 감정간의 상호적인 관계에 대하여 자세히 탐구하는 것도 매우 흥미있는 일일 것이다. 그러나 그 문제를 분명하고 완전하게 설명하는 데 동원해야 할 엄청난 양의 지식을 논하는 것은 이 책의 범위를 벗어나는 일이다.

인간에게는 합리적인 상념과 비합리적인 상념이 공존한다는 사상은 새로운 문제를 야기한다. 이제 우리는 인간이 기본적으로 합리적 특성을 지니고 있다는 사실을 알게 되었다. 인간의 합리적 특성이 없었다면 인류가 오늘날과 같은 지점까지 진보할 수는 없었을 테니까. 그렇다면 그와 같은 합리적인 동물이 어찌해서 비합리적인 신념을 가지게 되어, 인간 본래의 특성에도 위배되고 행복을 추구하는 삶에도 방해가 되는 비합리적인 행동을 하는 것일까? 지금까지 많은 심리학자들이 바로 이 의문에 대해 논의하고 해답을 구해 보려고 노력했지만, 유감스럽게도 시원한 답이 나오지 않았다. 우리는 이 문제에 접근하는 가장 좋은 방법으로, 인간이 나타내는 모든 행동을, 일차적 측면과 이차적(혹은 구성요소적) 측면의 두 가지 범주로 나누어 볼 수 있을 것 같다. 다시 나와 나의 친구의 이야기를 가지고 예를 들어 보겠다.

화를 내게 됨으로써 얻게 되는 이차적인 이득은 어떤 것인가?

당신이 나와 룸메이트가 되기로 결정한 것은, 그렇게 함으로써 아마도 당신이 더 행복해질 수 있으리라고 기대했기 때문일 것이다. 이것이 일차적 동기이다. 당신은 행복과 만족을 추구하고자 했다. 이것이 일차적 동기이다. 나와 같이 살자고 합의함으로써 행복한 생활을 성취하려고 시도한 것은 합리적이라 할 수 있다. 그런데 내가 그 합의를 깨뜨렸을 때, 당신은 좌절을 경험했다. 당신이 원하는 바를 얻을 수 없게 되었던 것이다. 만약 일이 성사되기 이전부터 우리가 어떤 합의에 도달하지 못했더라면, 당신은 합의되지 못한 상황에 다소간 낙담하고 실망했을지는 몰라도 나에게 크게 화가 나지는 않았을 것이다. 당신은 나의 행동을 단지 "좋지 않은" 혹은 유감스러운 것으로 여기는 수준에 그쳤을 것이다. 그러나 지금 내가 우리가 합의한 바를 일방적으로 마지막 순간에 깨뜨린 상황에서는(비록 이 상황이 당신에게는 처음부터 어떤 합의에 이르지 못한 경우와 결과적으로는 마찬가지이지만), 당신은 내게 매우 화난 상태이다.

결과적으로 당신은 나와 룸메이트로 함께 살 수 없게 되었다. 그런데 어떤 경우에는 실망하는 데 그치고, 또 어떤 경우에는 화가 나는 감정을 경험해야 하는가? 그것은 앞에서 우리가 발견했던 것처럼, 당신이 나의 인격을 나의 행동과 동일시했기 때문이다.

이 상황을 우리가 좀더 자세히 들여다보면, 당신은 자신의 불만족스러운 상태로부터 벗어나기 위해 나와 같이 아파트를 쓰기로 합의한 것이다. 그러므로 당신이 원하는 바를 성취하기 위해 나를 어느 정도 이용한 것임을 알 수 있다. 그러므로 당신의 분노에 대해서도 역시 마찬가지 관점에서 해석해 볼 수 있다. 당신이 이익을 얻지 못하는 상황에 처하니까 나를 비난하게 되고, 당신은 나의 좋지 않은 행동과 결점을 들추어 내는 것이다. 나와 함께 살자고 합의함으로써 당신은 현재의 불편한 상태에서 좀 벗어날 수 있으리라 기대했던 것인데 내가 그 합의를 돌연히 철회하게 되자, 그 가능성이 무산되어 버렸던 것이다.

처음에 당신은 일차적 동기(행복과 만족)를 충족시키기 위하여 이차적 행위(나와 합의한 것)를 취하였다. 당신이 분노를 느끼는 것도 이와 똑같다. 당신은 분노를 느낌으로써, 적어도 그 상황에서 오는 좌절감이 다소간 줄어드는 것처럼 느낄지도 모른다. 바꾸어 말하자면, 사람들은 이차적인 이익을 얻기 위하여 비합리적 신념("그가 나를 그 따위로 부당하게 대하다니 그는 얼마나 엉터리 같은 사람인가!" 등)을 이용한다. 당신은 나에게 화를 냄으로써, 당신이 처한 상황을 내 탓으로 돌려 비난할 수 있게 되며, 좌절스러운 그 상황을 조금이라도 덜 수 있는 것으로 믿는 것이다. 당신이 생각하기에 부당하게 행동한 나를 공격함으로써, 당신이 처한 본질적인 불만족의 상황을 직면하지 않아도 되며, 화내는 것만으로도 마치 당신이 그 상황에서 무엇인가를 적극적으로 하고 있는 것처럼 착각하게 되는 것이다.

이러한 이차적 이득 이외에도 화를 내는 것으로 인하여 얻는 이차적 이익은 매우 많다. 많은 사람들이 합리적인 존재로 태어났음에도 불구하고 그처럼 비합리적 신념들을 사용하여, 자신을 지배하고, 부적절한 행동을 하게 되는 배후에는 그러한 이차적인 이익이 있기 때문이라는 것을 우리는 발견할 수 있다.

그렇다면 우리는 또 하나의 질문에 봉착하게 된다. 만약 사람들이 분노함으로써 이차적 이익을 얻게 된다면, 굳이 분노 반응을 없애도록 노력해야 할 필요가 있겠는가? 지금까지 우리는 이차적 이익의 개념을 이해함으로써, 인간의 모든 행동의 배후에는 어떤 의도가 깔려 있다는 것을 알게 되었다. 당신이 의식적으로 혹은 무의식적으로 취하게 되는 모든 행동은 그 밑바탕에 특수한 목적이나 의도가 깔려 있다. 예를 들면, 우리가 곤란한 상황에 처했을 때 그 결과로 당황스러운 일이 발생할 수 있다. 이때 우리가 분노 반응을 보이면 당황스러움을 감출 수 있다. 당신은 의식적으로 혹은 무의식적으로 이러한 심리적인 의도를 활용하여 이차적 이득을 얻는다. 어떤 행동의 의도나 이차적 이익은 합리적이고 생산적인 것이 될 수도 있고, 반대로 비합리적이고 행복의 추구에 방해가 되는 것일 수도 있다. 분노는 선행경험과 비합리적 사고의 상호작용으로 발생한다. 그리고 화를 내게 되는 배경에는 그러한 긍정적 의도가 깔려 있는 것이 사실이지만 한편 분노 자체가 지니는 엄청난 파괴적 성질을 평가해 볼 필요가 있다.

당신은 화를 냄으로써 어떤 손해를 맛보는가?

우리는 여기서 어떤 행동이나 감정을 표현함으로써 얻고자 하는 의도와 실제적 결과는 판이하게 다르다는 것을 지적하고 싶다. 그러므로 우리는 화내는 행동으로 인하여 현실적으로 어떤 결과가 나타나는가를 주의깊게 살펴보아야 할 것이다.

1. 분노는 어디에서부터 오는가? 분노는 "어떤 사람이 하는 행동은 그 사람 자체와 같다"는 당신의 비합리적이고 비논리적인 신념에서 비롯된다. 당신이 그 사람에 대한 평가를 일방적이고 부정적으로 내림으로써, 당연히 그 사람에 대하여 분노 반응으로 대하게 되는 것이다. 당신은 비합리적인 단정을 내림으로써 상대방의 모든 인격을 매도하는 결과를 초래하기 쉽다. 그렇게 되면 상대방은 자기의 이미지와 통합성을 유지하기 위하여 방어적으로 나올 것이 자명하다. 당신이 상대방을 매도하는 분위기를 유지한다면 그 상황에 대한 여러 가지 관점을 객관적으로 검토해 보는 태도를 취하기는 어려울 것이다. 또한 당신이 화를 내게 되면 당신이 처한 문제를 신속하고 효과적으로 해결하

는 데 중대한 장애가 될 것이다.

2. 분노는 비교적 격렬한 감정으로써, 다른 생활영역에까지 영향력을 미친다. 대개 사람들이 화가 났을 때에는 자기와 관계가 없는 다른 사람들까지도 적대적인 행동을 나타내기 쉽다. 이로 인하여 때때로 불필요한 긴장을 느끼게 되고, 당신 스스로도 비생산적인 기분에 휩싸이게 될 것이다.

3. 당신이 화를 내게 되면 긴장감을 느끼게 되어 우울과 불안이 수반되고, 당신의 여타의 생활에서도 활발하지 못하게 된다.

4. 2와 3의 상태가 결합되어, 당신은 다른 사람들로부터 부정적인 반응을 얻게 될 것이다. 이로 인하여 다시 당신은 자신에 대하여 매우 비판적으로 되기 쉽다. 이러한 자기비판이 심화되어 자기비하로 발전하며, "점차 내가 살 가치가 있는 사람인가?" 하는 존재적 불안감으로 확대되어간다.

5. 당신은 반복되는 분노로 인하여 당신 내부에서 그리고 다른 사람들과의 인간관계에서 심각한 긴장감을 초래하게 된다. 당신은 화가 나 있는 상황과 아무런 관련이 없는 사람들까지도 분노를 느끼게 되며, 그러한 당신 자신을 이해할 수 없다는 점이 더욱 사태를 악화시킨다. 따라서 분노가 새로운 문제를 발생시키며 사태를 복잡하게 만들어간다.

위와 같은 사실을 볼 때, 우리는 분노로부터 얻을 수 있는 이차적인 이익보다는 부작용이 훨씬 크다는 것을 쉽게 알 수 있다. 그러므로 당신이 비합리적 신념에서 비롯된 분노 반응을 보이게 되면 당신에게 실질적으로 보탬이 될 수 있는 것은 아무것도 없다는 결론에 도달하게 된다.

❖

적개심을 통제해 주는 REBT의 원리

이 장을 마감하면서, 앞에서 제시했던 실례로 되돌아가 보자. REBT 모델을 상기해 보고, REBT 방법을 적용하여 문제의 시작부터 해결까지를 풀어나가 보자.

당신은 나의 아파트에서 함께 살자는 나의 제안에 동의했다. 당신이 맡은 부분은 아파트를 구하고 가구를 준비하는 일이었고, 나는 거기에 들어가면 되었다. 그 시간부터 모든 경비는 우리 둘이서 똑같이 부담하게 되어 있었다. 그런데 막판에 와서 사전에 충분한 설명이나 양해도 없이 내가 당신과의 약속을 지킬 수 없게 되었다고 꽁무니를 뺐다.

A(선행경험 또는 선행사건) : 내가 충분한 양해도 구하지 않고 불쾌한 매너로 약속을 어겼다.

rB(합리적 신념) : "정말 좋지 않은 행동이구나!"

iB(비합리적 신념) : "얼마나 터무니 없는가, 나에 대한 그의 행동은 견딜 수 없다. 그는 나에게 그런 식으로 행동해서는 절대로 안 된다. 그런 식으로 행동하는 그는 엉터리같은 인간이며 그런 사람은 벌받아 마땅하다."

aC(적절한 결과) : 실망, 거부감, 좋은 기회를 상실했다는 상실감

iC(부적절한 결과) : 분노, 적대감, 복수심이나 저주

당신이 나의 행동을 불쾌하게 판단했고, 내가 약속을 일방적으로 철회함으로써 당신에게 큰 실망과 불편을 끼쳤으므로 더 이상 나에게 의지하지 않겠다고 결심한다면, 그걸로 당신은 현명하게

행동한 셈이다. 만약 이 상황으로 당신이 심각한 경비적 손실을 입었다면 나에게 직접 그 손실의 일부를 보상해 달라고 요구하거나 그것이 여의치 않을 때에는 변호사의 자문을 구할 수도 있다. 또한 장차 나와 되도록이면 관계하지 않음으로써 앞으로 더 실망을 느낄지도 모르는 불쾌한 경험을 예방할 수도 있다.

그러나 이 사건을 다른 관점에서 보고 행동할 수 있다. 즉 당신은 나에게 분노를 느끼지 않음으로써 나의 좋은 점을 여전히 발견할 수도 있고, 우리 두 사람 사이에 언젠가는 좋은 관계가 다시 회복될 가능성도 열려 있다. 그리고 당신이 적당한 거리를 두고 주관이 뚜렷하게 행동하게 되면 내가 앞으로는 당신을 더 이상 이용할 수 없다는 사실을 알게 된다. 나의 행동을 가지고 당신이 나를 전적으로 배척하지 않았기 때문에, 나는 당신이 훌륭한 판단력을 가졌다는 사실을 깨닫게 된다. 그리고 당신을 존중하게 된다.

이 예에서 볼 수 있는 바와 같이, REBT 방법을 적용하면 우리는 쉽게 화를 냄으로써 초래하는 여러 가지 부작용을 해소할 수 있을 뿐만 아니라, 상호간의 존경에 바탕을 둔 인간관계를 형성하는 토대를 제공해 주기도 한다.

지금까지 우리는 REBT이론의 기본 원리를 설명했다. 다음 장에서는 분노를 일으키게 하는 비합리적 신념을 당신 내부에서 찾아내는 여러 가지 방법을 검토해 보기로 한다.

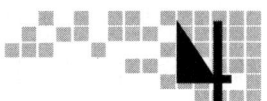

화를 터트리는 데에는 우리 나름의 사상(철학)이 작용한다

지금까지 화를 터트리는 습관을 통제하기 위해서 어떻게 REBT의 이론을 적용할 것인가를 설명하였다. 앞장에서도 밝힌 바 있지만, 문제를 단순히 이해한다거나 문제를 야기시킨 원인을 안다고 해서, 당신이 실제로 그 문제를 해결하는 데 충분한 도움이 되는 것은 아니다. 당신이 처한 문제를 해결하기 위해서는 그 이상의 것이 필요하다.

정신분석과 REBT에서의 통찰은 어떻게 다른가?

REBT이론에서는 당신의 과거보다는 현재 상황에 대한 통찰을 얻는 것을 강조하고 있다. 나는 정신분석적 이론에서의 고전적인 치료기법들을 비판하면서, 내담자의 문제를 실지로 해결해 나가는 데에는 그의 어린 시절이나 먼 과거의 사건에 대한 통찰을 얻도록 하는 것이 거의 도움이 되지 않는다는 입장을 분명히 밝힌 바 있다. 좀더 분명히 해두기 위하여, 여기에서 고전적인 정신분석 이론에서 말하는 통찰과 REBT에서 말하는 통찰과의 차이점을 다시 한번 밝혀보겠다.

당신은 성장하는 과정에서 부모나 교사, 종교지도자와 환경적 여건에 의해 크게 영향을 받아왔다는 사실은 분명하다. 그러나 이러한 요인이 당신의 발달에 큰 영향을 끼쳤다고 해서, 당신이 이제 그 영향에서 벗어날 수 없다거나 그런 영향이 결정적인 불편의 요소라고 단정할 수는 없다는 것을 깨달아야 한다.

어떤 사람이 성인이 되어서도 여전히 동물에 대한 공포증을 가지고 있는 예를 들어보자. 고전적인 심리치료기법에서는, 그가 두려워하는 특정 동물에 대하여 어린 시절에 어떤 경험을 했는가를 알아내려고 그의 과거사를 파헤쳐 거슬러 올라가려 할 것이다. 그리고 그가 느끼는 공포증에 대해 분석적인 해석을 내려 그에게 깨달음을 주려고 시도할 것이다.

그러나 나의 경험에 의하면, 오늘날 문제를 가지고 찾아오는 내담자들에게는 그와 같은 통찰은 문제해결에 거의 도움이 되지 않는다. 사실 내담자들은 치료를 받을 때마다 자신의 과거를 파헤쳐 통찰을 얻게 되고 지나간 공포의 상황을 반복 경험함으로써, 공포를 없애기는 커녕 그 공포를 실제로 존재하는 무엇으로 믿게 되어 오히려 강화된다. 공포는 더 커져만 갈 수밖에 없다.

REBT 치료법에서는 그 사람이 현재 가지고 있는 비합리적 신념을 찾아내는 데 초점을 맞추고, 그가 지닌 문제를 극복하기 위해 비합리적 신념들을 어떻게 자기 스스로 제거할 수 있는지를 정확

하게 제시하고자 한다. 물론, 자신의 과거에 대한 통찰도 중요한
것은 사실이다. 그러나 당장 시급한 것은, 오늘 당신이 겪고 있는
현재의 문제를 해결하는 데 도움이 되는 통찰이 아닌가? 10년이나
20년 전에 일어난 일은 오늘날에 와서는 아무런 가치가 없으며 이
미 지나간 일일 뿐이다. 과거는 돌이킬 수 없고 고정되어 버린 것
이지만, 현재와 미래는 당신의 행동 여하에 따라서 얼마든지 바꾸
어 나갈 수 있다.

아동기에는 모든 것이 어른들의 손에 의해 좌우된다. 어린아이
들은 환경을 스스로 통제할 수 없는 처지에 있기 때문에 능동적인
선택권을 가지기 힘들다. 게다가 사고나 판단력도 미숙하므로 더
나은 대안을 선택한다든가 하는 능력이 없는 상태이다. 아이들은
어떤 행동 능력을 아직 갖추지 못하고 있다. 배고픔, 의복, 휴식처
등의 기본적인 욕구를 자기 힘으로 해결하지 못하므로 철저하게
의존적인 위치에서 생활한다. 따라서 주변의 어른들이 어린아이들
에게는 전적으로 영향력을 행사하게 된다. 그러나 우리가 성인이
되어서는 보다 현명하고 합리적인 선택을 내릴 수 있는 지식과 방
향감각과 독립성을 갖추게 된다.

어린 시절의 경험이 성인이 된 우리에게 과연 어느 정도의 영향
력을 행사할 수 있을지 정말 심각하게 의심하지 않을 수 없다. 우
리의 부모는 어느 특정 종교를 신봉하고 우리에게 그것을 믿도록
교육했을 것이다. 그러나 어른이 되어서 종교를 180도 바꾸는 사
람도 많다. 마찬가지로, 정치적 신념이나 사회적 규범, 문화적인
취향, 직업 선택, 심지어는 배우자의 선택을 크게 변화시키는 경우
가 많다. 사실, 부모는 자녀의 머릿속에 무엇이든지 깊이 새겨주려
고 한다. 그러나 어려서 부모에게서 들은 이야기를 어른이 되어서
도 그대로 곧이곧대로 믿는 사람을 거의 본 적이 없다. 그리고 대

다수의 사람들은 이러한 일들을 고전적인 정신분석의 도움 없이도 해내고 있다.

REBT에서는 우리가 성인이 된 다음에는 자기 삶의 여러 가지 국면에 대한 선택권을 의식적으로 가지게 된다는 점을 강조한다. 우리는 매일매일 선택을 하며 살아간다. 성숙한 어른이라면 자기의 생각이나 태도, 행동을 스스로 통제하며, 자기의 생활을 오로지 자기 자신의 결단에 의지하여 꾸려나간다는 점을 우리는 인식해야 한다. 당신의 인생을 바꾸느냐 바꾸지 못하느냐는 부모가 당신의 행동이나 태도에 관여할 것이라는 생각에서 얼마나 당신이 벗어나고자 하느냐의 여부에 달려 있다. 또한 당신이 현재와 미래의 상황에 관심을 갖느냐의 여부에도 달려 있다. 내가 치료한 많은 환자들은 자기들 속에서 비합리적인 사고를 발견할 것 같으면, 그것을 어린 시절에 부모나 어른들로부터 배웠노라고 나에게 말한다. 실제로 몇몇의 핵심적인 비합리적 상념은 어린 시절 획득된 것이고, 후일에 어른이 되어서도 지속적으로 가지고 있는 것들이다. 그러나 비합리적인 사고란 어린 시절뿐만 아니라 어른이 되어서도 독자적으로 비뚤어진 사고의 형태를 발전시켜 감으로써 형성된 것이다.

자, 이제 REBT의 모델로 다시 돌아와서 그처럼 많은 피해를 주는 비합리적 상념을 제거하기 위해 당신의 통찰을 어떻게 활용할 수 있는가를 보여주겠다. 앞장에서 예전에 "통찰 1"이라 불렀던 것에 대하여 논의했다. 그것은 우리의 비합리적 신념(B)이 A지점에서의 우리의 경험과 C지점에서의 우리의 정서나 반응과 관련하여 상호작용 한다는 것이었다. 여기에서 다음과 같은 질문을 통해 또 다른 통찰을 얻도록 하자. 신념체제(B)는 어떻게 구성되어 있는가? 당신이 가지고 있는 합리적 상념은 어떤 것이고, 비합리적 상념은 어떤 것인가?

당신이 지닌 합리적 상념과 비합리적 상념을 찾아내고 구별하기 위해서는 두세 가지의 중복되는 접근법을 사용할 수 있다. 먼저 자신에게 이렇게 물어보라. "내가 C지점에서 어떤 결과를 체험하기 바로 직전에 B지점에서 하는 생각이 어떤 것인가?" 이때 분명한 해답이 얼른 떠오르지 않으면 다음과 같은 원리로 상황을 분석해 보면 된다. 당신은 A에서의 사건과 C에서의 결과를 알고 있다. C에서의 결과가 분노, 불안 또는 우울과 같은 부적절한 감정으로 나타났다면, 그것은 어떤 형태로든지 당신 마음 속에 있는 비합리적 신념이 작용하여 당신의 감정에 그렇게 영향을 준 것 때문이라고 풀이할 수 있다.

분노와 관련된 비합리적인 상념에는 어떤 것이 있는가?

분노에 관련하여 대부분의 사람들이 가지고 있는 네 가지의 비합리적 상념을 다시 한 번 적어보자.

- "당신이 나에게 이처럼 대하다니 그건 말도 안 된다!"
- "당신의 무책임한 행동을 나는 참을 수 없다"
- "당신은 나에게 그렇게 대해서는 절대로 안 된다"
- "당신은 부당한 행동을 했기 때문에 벌받아 마땅한 못된 사람이다"

이러한 말 속에는 분명히 분노의 감정이 들어 있다. 그러나 만약 당신이 C지점에서 화가 치미는 것이 아니라 불안을 체험하고 있다면 또 다른 각도에서 검토해 보아야 한다.

불안과 관련된 비합리적인 상념에는 어떤 것이 있는가?

불안이란 우리가 의식적이든 무의식적이든 어떠한 이유로 목적하는 바를 달성하지 못하게 하는 무엇인가가 곧 일어날 것만 같이 느낄 때에 발생하는 내적인 위험신호이다. 분노가 타인에 대해서 가지고 있는 비합리적 상념에 의해서 발생한다고 하면, 불안은 자신에 대해서 지니는 비합리적 상념들에 의해서 발생한다.

앞에서 든 예를 가지고 설명해 보자. 그 예의 상황을 약간 바꾸어, 아파트를 함께 쓸 수 없게 될거라는 말을 직접 듣기 전에, 간접적인 말이나 암시로 당신은 그 사실을 알게 되었다고 하자. 가령, 우리의 약속이 지켜질 수 없을 것이라고 내가 다른 친구에게 이야기하는 것을 당신이 우연히 듣게 되었다고 치자. 당신은 아직 내가 어떤 계획을 가지고 있는지를 정확히 알지 못하고 있다. 그러나 그 문제를 노골적으로 내게 물어보자니 그 정보를 알게 된 것이 나의 사생활 침해로 여겨질 수도 있어 그러기도 곤란하다. 결국 당신은 그 사실에 대한 궁금증과 걱정을 혼자서만 삭히고 있을 수밖에 없다.

이와 같은 상황이 A라 할 수 있고, 당신이 느끼는 불안감이 C이다. 불안의 감정도 역시 REBT의 공식에서는 부적절한 결과(C)이다. 그러므로 이 문제 역시 REBT의 공식을 사용하여 당신이 A에 대하여 어떤 상념을 가졌는지를 탐색해 보자. 분노가 타인이나 대상에 대한 감정이라면 불안은 당신 내부로 향하는 감정이라는 차이점을 이해하면서, 당신은 불안의 배후에도 비합리적 신념이 있다는 것을 발견할 수 있을 것이다.

아파트를 함께 쓰기로 한 약속을 내가 취소한 상황에 대하여 당신이 불안을 경험한다면, 아마도 당신은 스스로에게 다음과 같이 독백하고 있을 것이다.

"네 쪽에서 약속을 어겨서 내 일이 엉망이 된 것을 내가 수습하지 못하다니 얼마나 끔찍한 일이냐! 그건 말도 안 된다."

"그와 같은 상황이 벌어져 네가 나에게 끼칠 불편을 나는 도저히 참을 수 없다. 너에 관해서나 이 상황에 대해서 내가 시원하게 해결할 능력이 없다는 것은 정말 참기 힘들다."

"나에게는 모든 상황을 해결할 능력이 있어야만 한다."

"내가 만일 이 상황을 해결하지 못한다면 나는 열등한 사람이며, 그 대가를 받아야 마땅하다."

위에서 열거한 바와 같이 불안과 관련된 비합리적 상념은 분노의 경우와 거의 똑같다. 단지 차이가 있다면 그러한 생각이나 상념이 타인에 대한 것이라기 보다는 당신 자신에 관한 것이라는 점이다.

우울과 관련된 비합리적 상념에는 어떤 것이 있는가?

위의 예에서 상황을 또 약간 바꾸어 보면, 사람들이 얼마나 부적절한 감정을 만들고 불필요하게 자신을 괴롭히는지 알게 된다. 내가 무조건 약속을 취소한 것이 아니라, 갑자기 다른 지역으로 전근을 가게 되어 이 도시를 떠나게 되었다고 치자. 그 전근은 내가 정말로 원했던 승진이 되어 이루어진 것이기에 나로서도 다른 선택이 없다는 것을 당신은 잘 알고 있고, 당신은 나의 결정을 충분히 이해하고 지지해 주는 입장이다. 그렇기 때문에 당신은 내게 화가 나지는 않으나, 그럼에도 당신이 C지점에서 매우 우울한 감정을 경험하고 있는 것을 발견하게 된다. 아마도 당신은 다음과 같이 생각하고 있을 것이다.

"일이 그처럼 나쁘게 꼬이다니 끔찍해! 말도 안 돼!"

"일이 이렇게 돌아가는 것을 나는 견딜 수 없다."

"일이 이렇게 불편하게 되다니! 결코 이래서는 안 돼!"

"내가 원하는 대로 되어본 적이 없어. 인생은 나에게 언제나 불공평하단 말이야. 이래서는 안 돼!"

위의 상념들은 분명히 비합리적인 것들이다. 우리가 울적할 때 대부분 그러한 생각을 가지고 있기 때문이다. 앞에서 본 것처럼 분노, 불안, 우울과 관련된 비합리적 상념의 일반적인 특성은 거의 동일하다. 다만 비합리적 상념의 방향을 어디로 향하고 있느냐에 따라 당신이 느끼는 감정이 불안이나 분노, 우울의 형태로 나타날 뿐이다. 타인을 비하하는 것, 자신을 비하하는 것, 이 세상을 혹평하는 것, 이 세 가지가 사람들이 자신을 괴롭히는 방식이다.

대표적인 비합리적 상념의 특징은 무엇인가?

수년간 나와 동료들은 사람이 지니고 있는 수많은 비합리적 신념들과 그로 인해 분노하고 불안하고 우울한 것을 보아왔다. 그러나 자세한 분석을 통하여 본 결과, 수많은 비합리적 신념들은 모두 위 네 가지의 주요한 부류 중의 하나에 속한다는 것을 발견하였다. 따라서 많은 비합리적 신념들을 대표하는 앞의 네 가지 신념에 대하여 그 특성을 분명하게 잘 표현해 주는 명칭을 다음과 같이 붙여 보았다.

'끔찍하다(말도 안 된다)' 주의

'견딜 수 없다' 주의
'해야만 된다' 주의
'벌 받아 마땅하다' 주의

다음 장에서 우리는 앞의 비합리적 상념에 대하여 따로 따로 상세하게 살펴보게 될 것이다. 여기에서는 위의 명칭만으로도 비합리적 생각이나 상념의 전반적인 색채가 어떤 것인가를 충분히 알 수 있으리라 생각한다.

오랜 임상경험을 토대로 하여, 정서적인 어려움뿐만 아니라 불행하게도 생리학적인 결함을 가지고 고통당하는 사람들에 관하여 이야기해 보겠다. 예를 들면 간질, 난독증, 뇌염, 정신지체 등의 신체적·정신적 장애로 불편을 겪으며 생활하는 사람들이 있다. 인생은 그들에게 보통사람보다 훨씬 큰 장애물로 여겨지며, 이들이 행복하고 생산적인 삶을 영위하는 것은 거의 불가능하다.

그들 중 많은 사람들이 오랜 기간 동안 치료기관이나 엄격한 감독하에 생활해야 하는 것은 사실이지만, 그렇다고 해서 그들이 심각한 정서적인 문제를 안고 살아야 할 필요는 없다. 그들은 자기 주변의 사람들과 자신과의 차이점을 깨닫게 되면서부터 열등감과 무가치감이라는 심각한 정서적인 문제를 발달시키게 된다. 특히 장애아동은 다른 아이들과 같이 있을 때 더욱 심한 정서적인 문제를 갖게 된다.

사람들은 흔히 이러한 아동이 신체적 장애 때문에 심리적인 고통을 받는다고 생각하는 경향이 있다. 그렇기 때문에 그들은 이러한 장애자의 심리적인 고통을 도와주고자 하는 시도를 거의 하지 않는 경우가 많다. 그런데 REBT의 치료자들은 이와는 정반대의 관점을 취한다. 신체적인 장애를 가진 사람들의 정서적 문제는 자신에 대한 생각이나 사고방식으로부터 파생한다고 주장한다. REBT

치료자들은 그들이 비록 장애를 가지고 있지만, 그러나 어느 정도 가능한 한도 내에서는 나름대로 행복하고 생산적으로 살아가는 방법을 가르칠 수 있는 훌륭한 치료법을 가지고 있다. 여기서 우리는 첫번째 '문제에서 발생하는 또 다른 부차적인 문제'에 관하여 말하고자 한다. 즉 첫번째 문제인 유전적, 신경생리적, 영양학적, 기타 생리학적 질병에서 부수적으로 파생되는 '두 번째의' 문제인 정서적 문제에 관한 것이다. 우리는 장애 자체에 관해서는 도움을 줄 수는 없으나, 장애 때문에 야기되는 정서적인 문제는 도와줄 수 있다. REBT에서는 이러한 정서적 문제의 주요 원인으로, 비합리적 상념이 작용하고 있다고 본다.

장애인은 매일 매일의 삶에서 어쩔 수 없이 그들의 장애를 순간 순간 확인하며 살아간다. 이 과정 속에서 생활 속의 어려움과 무능력 때문에 자신은 열등한 인간이라는 이미지를 창출한다. 장애인은 자기에게 꼭 있어야만 하는 능력이 없다는 것을 뼈 속에 사무칠 정도로 깊이 느끼며 살고 있다.

"해야 된다"는 사상이 우리에게 얼마나 나쁜 해악을 끼치는지는 아무리 강조해도 지나치지 않다. 어찌어찌 되어야만 한다? 사람이 어찌어찌 되어야만 한다는 것이 과연 가능한가? 어떤 근거로 누가 그런 판단을 할 수 있는가? '해야만 된다'는 비합리적인 생각이야말로 모든 파괴적이고 비생산적인 비합리적 신념의 근간을 이루고 있다. '해야만 된다'는 생각은 사람들이 스스로를 자기비하하고 의기소침하게 하며, 타인에 대해서도 상상하기 힘들 정도로 가치저하를 시키는 결과를 가져온다.

REBT에서는 당신이 '해야만 되는' 일은 아무것도 없다는 사실을 확신하고 있다. 당신은 오직 당신의 모습 그대로 존재할 뿐이며, 최선을 다해 그저 살아가면 되는 것이다. 만일 당신이 당신의 장애와 자신을 있는 그대로 무조건적으로 받아들일 수 있게 된다면 그리고 이 어려움을 지닌 채로 살아가는 방법을 배우기만 한다면, 장애가 있음에도 불구하고 훨씬 더 쉽게 생활에 적응하는 것을 느낄 수 있을 것이다.

장애인이기 때문에 느끼는 열등의식과 같은 문제에 대하여 이렇게 깨닫게 함으로써 나는 그 동안 많은 장애인과 그 가족의 정서적인 애로를 극복하는 데 도움을 주어왔다. 사람들에게 '해야만 된다'와 '되어야만 한다'는 생각을 포기하도록 가르침으로써 우리는 이러한 성과를 거두고 있다.

우리는 비합리적 신념에는 세 가지의 주요 형태가 있다는 것을 잘 알고 있다. 모든 비합리적인 신념은 '해야만 된다'는 주의에서 비롯되고, 비합리적인 몇 개의 생각이 개별적으로 혹은 조합이 되어 생성된다.

몇년 전, 나는 저술, 강의, 환자들과의 면담을 통하여 낙담하고 있는 사람들이 지니고 있는 "요구주의"와 "명령주의"에 대해서 언급한 적이 있다. 《이성을 통한 자기성장》에서 나는 당신이 만약 인생에 성공하여 다른 사람들에게 인정받고 싶다는 것을 바라고, 소망하고, 선호한다면 그러한 소원 자체로는 어떤 정서적 곤란에 부딪칠 수 없다는 점을 지적한 바 있다. 당신이 원하는 바를 얻지 못했을 때 분명히 서운하고 좌절된 감정을 느끼는 것이 사실이지만, 그렇다고 해서 분노하고 불안해 하고 우울에 빠지지는 않을 것이다.

분노, 불안, 우울의 감정이 생겼다는 것은 그 '소원'을 '욕구'로, '선호'를 '요구'와 '고집'으로, '소망'을 절대적인 '명령'으로 상승시켰기 때문이다.

당신이 진정으로 낙담하고 있다면, 틀림없이 '해야만 된다'는 주의에 속하는 생각을 가지고 있기 때문이라고 단언할 수 있다. 인간이 지닌 많은 문제들은 '해야만 된다' 주의와 무관하게 존재하지만, 정서적 문제들만은 거의 예외없이 요구주의나 명령주의의 사고나 행동방식에서 파생된다. 정서적 혼란을 겪고 있는 수천 명의 사람들은 예외없이 스스로를 괴롭히는 자기독백을 하고 그것과 연관된 정서적 고통을 창출해 내고 있다.

수많은 비합리적 상념들은 몇 가지 대표적인 유형 중의 어느 하나에 속한다. 이제, 정서적 혼란을 일으키는 원흉인 비합리적 상념들의 전반적인 범주를 요약해 보겠다.

♥

비합리적 신념 1

"나는 내가 하는 일에 성공해야 하고 다른 사람들의 인정을 받아야만 한다. 그렇지 못하면 나는 썩어빠진 인간이다."

이 사상을 일단 믿기 시작하면 당연히 다음과 같은 결론에 이르게 된다.

"만일 내가 썩어빠진 열등한 인간으로 평가된다면, 내 인생은 끔찍하며 내 인생의 무가치함을 심각하게 고려해야만 한다" 이러한 생각이 강한 우울, 불안, 무가치감의 정서를 유발한다는 것은 두말할 필요가 없다.

비합리적 신념 1은 우선 깊은 자기증오와 자기비하의 정서를 잉태한다. 이 비합리적 신념으로부터 추론해 볼 수 있는 몇 가지의 명제를 나열하면 다음과 같다.

"내 인생에서 의미 있고 중요한 관계에 있는 모든 사람들로부터 항상 인정과 사랑을 받아야만 한다."

"나는 철저하게 유능하고 성취적인 인간이어야 하며, 내가 중시하는 분야에 재능이 있어야만 한다."

"나는 기분 나쁘고 불유쾌한 상황을 피할 수 있어야만 한다. 내 기분이 상하는 것은 언제나 내가 통제할 수 없는 외적인 압력으로부터 생기는 것이며, 이러한 외적 압력이 사라지지 않는 한, 나는 불안하고 우울하고 열등감과 증오를 느낄 수밖에 없다."

"내 인생에 있어서 위협적인 일이나 위험은 절대로 일어나서는 안 되며, 미리 그러한 일들을 염려하고 두려워할 수밖에 없다."

"나는 지금까지 해온 방식대로 생각하고 느끼고 행동할 수밖에 없다. 과거에 나에게 한번 크게 영향을 준 것은 나의 현재 감정이나 행동에 계속해서 영향을 미칠 수밖에 없으므로, 나의 과거생활은 현재에도 역시 중요한 영향력을 갖는다. 내 어린 시절에 조건화된 습관은 여전히 남아 있으며, 이러한 과거의 영향력에서 벗어나 나 혼자서 독립적인 생각을 하는 것은 도저히 상상할 수 없다."

"이 세상은 질서정연하고 확실하고 예측가능해야만 되며, 그래야 나는 편안하게 인생을 살아갈 수 있다."

"내가 의존하고 도움을 받을 만한 누군가가 항상 있어야만 한다. 나는 이부분에서 연약하기 때문에 힘든 세상에서 살아남기 위해서 사상적으로나 신앙적으로 의지할 대상이 필요하다."

"내가 행복하게 살기 위해서는 우주의 신비나 특성을 잘 이해해야만 한다."

"나는 자신에 대하여 한 인간으로서 전체적인 점수를 매겨야 하며, 내가 무언가를 잘 해내고, 가치 있는 일을 하고, 사람들로부터 인정을 받을 때 비로소 내가 가치 있는 사람이라고 평가할 수 있다."

"나는 결코 낙담하거나 불안거나 부끄러워하거나 분노에 빠져서는 안 된다. 내가 만일 이러한 감정에 항복해 버린다면, 나는 어떤 일을 성공적으로 해낼 수 없게 되므로, 허약하고 썩어빠진 인간이 될 것이다."

"사회나 가족, 동료, 저명인사들이 말하는 의견, 신념, 태도는 확실한 타당성을 가지고 있으므로, 의심할 여지없이 받아들여야 한다. 내가 만일 그러한 사상에 대하여 회의적인 태도를 표명한다면, 곧바로 사람들이 나를 비난하고 벌할 것이다."

비합리적 신념 2

"사람들은 나에게 사려깊고 친절하게, 내가 원하는 방식대로 행동해야만 한다. 사려깊지 않고 내게 불친절한 사람들은 세상 사람에게서 혹독하게 비난받고 저주받고 벌받아야 한다."

"사람들은 모두 타인을 대할 때, 특히 나에게는, 공평하고 사려깊은 태도로 임해야 한다. 만약 그들이 불공평하고 경솔하게 행동한다면, 벌받고 비난받아 마땅한 형편없는 인간들이라고 볼 수밖에 없다."

"사람들은 무능하거나 바보처럼 행동해서는 안 된다. 그들이 만약 그런 행동을 하면, 스스로 부끄러워해야 하고 인생에서 아무것도 기대할 수 없는 철저한 바보라고 낙인찍히는 것이 마땅하다."

"능력을 가지고 있는 사람들은 책임을 회피하려 하거나 움츠러들어서는 안 된다. 그들은 의무를 받아들이고 수행해야 한다. 만일 그렇지 못하면, 그들도 역시 썩어빠진 인간들과 다를 바 없으며, 자신의 게으름을 부끄러워할 줄 알아야 한다. 사람들이 행복하고 가치 있는 삶을 살기 위해서는 자신이 가진 잠재력을 성취해야만 하며, 그렇지 못하면 그들은 인간으로서의 가치가 없다."

"다른 사람들은 나를 정당하지 못한 방법으로 비평해서는 안 된다. 그런 사람들은 인생에서 건질 것이라고는 하나도 없는 형편없는 사람들이다."

비합리적 신념 3

"이 세상과 사람들의 상태는 내가 원하는 것이 있을 때면 무엇이든지 성취할 수 있도록 되어 있어야 한다. 뿐만 아니라 내가 원치 않는 것은 발생하지 않도록 되어 있어야 한다. 또한, 내가 원하는 것은 곧바로 손쉽게 얻을 수 있어야 한다."

"만사는 내 뜻대로 되어야 한다. 왜냐하면 내가 그렇게 요구하기 때문이다. 내가 원하는 것을 얻지 못했을 때 인생은 무섭고 끔찍하고 두려운 것이 되기 때문이다."

"나는 내가 두려워하는 사람과 일과 위험에 대하여 노심초사하여야 하며, 그렇게 함으로써 그 상황을 통제하고 변화시킬 수 있는 힘을 키울 수 있다. 나는 그러한 상황을 통제하고 변화시킬 수 있어야만 한다."

"인생의 과정에서 부딪치는 어려움이나 책임을 직면하고 처리해 나가기보다는 회피하는 것이 더 낫다. 왜냐하면, 나는 우선 편안한 것이 좋으며, 미래의 목표를 달성하기 위하여 현재의 고통을 극복해 낼 능력이 없기 때문이다."

"사람들은 지금보다 더 나은 행동을 해야 하며, 만일 좋지 못한 행동을 함으로써 나를 쓸데없이 괴롭힌다면, 형편없는 엉터리같은 인간이고, 나에게 그들이 초래한 곤경을 나는 견딜 수 없다."

"내 삶에 장애물이 나타난다면, 그 경로가 어떻든간에 나는 끊임없이 괴로워해야 한다. 나는 그것을 변화시킬 아무런 힘도 가지고 있지 않으며, 이렇게 힘이 드는 인생이란 살 가치조차 없다."

"내 자신의 변화하는 면에서나 삶의 과정에서 부딪치는 장애물을 변화시키는 데 결코 어떠한 어려움이 존재해서는 안 된다. 변화를 가져오기 위해 힘써야 하는 고생이 너무 힘들고, 상황이 거의 비관적이므로 차라리 아무런 노력을 하지 않는 편이 더 낫겠다."

"세상의 모든 사물은 공평하고, 정의롭고, 민주적이어야 하며, 만약 그렇지 못하면, 나는 참을 수 없고 삶을 지속하기 조차도 힘들다."

"내 자신의 문제나 내가 돌보는 사람들의 문제에 대해서 나는 항상 올바르고 정확한 해답을 찾을 수 있어야 한다. 그렇지 못하면 끔찍하고 두려운 결과가 나타날 것이다."

"나를 불행하게 만든 외적 원인이 사라져서 내 감정이 변하지 않는 한, 별수 없이 계속해서 불안과 우울과 적대감의 희생자로 무능하게 남아 있을 수밖에 없다."

"내가 이 세상에 태어나서 지금까지 생존하고 있는 만큼 나의 인생은 앞으로도 영원히 내가 원하는 때까지 계속해서 살 수 있어야 한다. 내가 죽는다는 사실 그리고 더 이상 존재하지 않는다는 사실은 생각만 해도 끔찍하며 불공평하다. 내가 사랑하는 사람의 죽음에 대해서도 마찬가지다. 나의 원수만 **빼**고, 죽음이란 결코 존재해서는 안 된다."

"내가 생존해 있는 한, 나의 삶은 독특하고 특별한 의미나 목적을 지니고 있어야 하며, 스스로 이러한 의미나 목적을 창출해 내지 못하면, 우주나 혹은 어떤 초자연적이고 마술적인 힘이 나를 위해 그것을 창출해 주어야만 한다."

"나는 불안, 우울, 죄책감, 수치심 등의 혼란스러운 감정에서 오는 불편함을 견디기 힘들며, 내가 행여나 미쳐서 정신병원에 가게 된다면 그런 끔찍스런 일을 견딜 수 없을 것이며, 그렇게 되면 나는 아마 영원히 정상적인 생활로 되돌아올 것 같지 않다."

"내가 처한 상황이 악화 일로를 달리면서 상당한 기간 동안 호전될 기미가 보이지 않거나 나를 책임지고 개선시켜줄 누군가가 없다면, 나는 더 이상 살아갈 의욕을 갖지 못하며, 나의 파멸을 지켜볼 수밖에 없을 것이다."

이러한 추론들은, 세 가지의 중요한 비합리적 신념에서 파생된 것들이다. 이들은 실제로 많은 사람들이 일상생활에서 적용하고 있는 비합리적인 신념을 대표한다.

자신과 타인과 세상을 비난하는 원인은 무엇인가?

사람들은 자기 자신을 비난하거나 타인을 비난하고, 세상을 비난한다. 위의 모든 신념이 "해야만 된다"는 주의와 사람이나 상황이 "어떠어떠하니 참으로 끔찍하고 두렵다"는 주의를 내포하고 있다는 것을 쉽게 알 수 있다. 또한 위의 사상은 세상과 타인과 자신에 대해 무력감과 절망감의 요소를 내포하고 있다. 삶에 대한 무의미감과 숙명론적인 생각은 비합리성의 극치를 이룬다.

이제 세 가지 비합리적 상념을 하나씩 검토해 봄으로써, 각 신념의 내용, 발생 원인과 결과를 보다 분명하게 이해해 보도록 하자.

비합리적 신념 1은 주로 당신 자신의 개인적 성취에 대한 기대에 관한 것들이다. 그리고 타인이 당신을 어떻게 평가하는가에 대하여 신경을 쓰는 내용이다. 당신은 자신에 대한 기대를 한번 설정해놓고 그 수준에 미치지 못하면, 스스로 열등한 인간이라고 보고, 남들도 그렇게 보리라고 단정한다. 그러므로 여기서 당신이 자기 가치감을 재는 유일한 척도는 당신이 어떤 일을 얼마나 성취하느냐의 척도와 동일한 것으로 여긴다. 당신이 "해야만 된다"고 생각하는 것을 해내지 못했을 때 다른 사람들이 당신을 비난하고 배척할 것이라고 느끼는 것이다.

물론 우리도 인간이기 때문에 때로는 우리의 잠재능력을 과대평가하거나 우리가 존경하고 흠모하는 어떤 이들이 성취한 것, 혹은 우리에게 성취하도록 기대한 것을 목표로 정해놓는 경향도 있다. 그런데 대부분의 경우, 우리가 세운 목표는 우리의 능력 범위를 벗어난 것이다. 당신이 그러한 목표에 도달하지 못했을 때 실망스럽게 느끼는 것은 합리적인 것이고 이해할 만하다. 그러나 그와 같은 목표가 적어도 현재로서는 당신의 능력 범위 밖에 있다는 것을 깨달았다고 해서, 그것을 가지고 우울해하고 불안해하고 분노에 빠질 하등의 이유는 없다.

비합리적 신념 2에서도 비합리적 신념 1에서와 같은 부정성, 독단성을 발견할 수 있다. 그러나 여기에서는 이러한 견해가 당신 자신에 향하기 보다는 타인을 향해 있으며, 타인에 대한 비현실적인 기대를 갖고 있다.

때때로 인간은 자기가 마치 이 우주의 중심인 것처럼 착각하는 경향이 있으며, 다른 모든 사람들은 자신의 욕구와 변덕에 장단을 맞춰야만 하는 것으로 생각한다. 그러므로 두 사람 이상이 상호작용을 할 때면, 각자가 서로 이러한 사고방식대로 판단하고 행동하려는 가능성이 잠재해 있다. 그렇게 되면 각자는 자신의 입장을 우선 고려하기 때문에 항상 갈등이 일어날 소지가 있다. 당신 자신의 처지와 타인의 처지를 항상 배려할 수 있다면 바람직한 일이겠지만, 불행하게도 이러한 바람직한 태도는 쉽게 형성되지 않는다. 그러므로 당신은 당신을 화나게 하고 불공평하게 대할 수 있는 사람들과 어울려 살기 위해서는, 그러한 상황에 잘 대처할 수 있는 REBT 공식과 같은 대안을 마련해 두는 것이 현명할 것이다.

비합리적 신념 3도 위의 두 경우와 동일한 요소를 가지고 있으나 그 중에서도 가장 비합리적인 요소가 많다는 것을 알 수 있다. 우리를 둘러싼 환경적 조건이 우리의 욕구에 부합하여 변화해 줄 것을 요구하는 것은 얼마나 비합리적인가? 그럼에도 불구하고 내가 아는 많은 사람들은 이러한 요구가 실현되지 않을 때 곧잘 부질없이 자신을 자학한다. 이럴 때 나는 그들에게 이렇게 묻는다. "날씨가 내 뜻대로 되어 주지 않는다고 해서 그것을 '참을 수 없다'고 여기는 사람들을 본 적이 있나요?"

나는 우리가 이런저런 비합리적 상념을 가지고 있는 것이 보편적인 특성이라고 여긴다. 비합리적인 상념을 가진다는 것은 결코 죄라고 볼 수는 없다. 우리 모두는 그것을 가지고 있다. 그러나 우리가 어떠한 비합리적인 생각을 가지고 있으며, 그것이 우리의 행동과 반응에 어떤 영향을 끼치는가를 잘 인식하고 있게 된다면, 훨씬 더 현명하고 행복한 삶을 살 수 있으리라는 점을 명심하기 바란다. 이것은 마술적인 치료법도 아니고, 영원히 행복해질 수 있는 공식같은 것도 아니다. 단지 우리가 인생에서 바라는 것을 보다 잘 성취하도록 스스로를 도울 수 있는 하나의 효과적인 단계인 것이다.

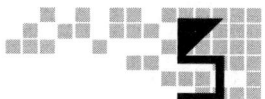

어떤 생각이 작용했기에 화가 나는가를 이해하라

　지금까지 화를 내게 되는 것과 같은 부적절한 결과를 초래하는 데에는 비합리적 신념이 근원이라는 것을 이야기하였다. 이제부터는 이러한 비합리적 신념체제의 특성이 무엇인지 이해하도록 하자. 그러한 비합리적 신념들을 어떻게 하면 반박하고 제거할 수 있는지를 배우는 일이 대단히 중요하다. 지금부터는 당신이 비합리적 신념들을 반박하는 데 도움이 될 세 가지의 통찰에 대한 내용을 소개해 보겠다.

　물론 REBT의 내담자들에게 유도하는 통찰은 다른 치료법에서 강조하는 것과는 상당히 다르다. 앞에서도 말했지만, 정신분석이론에서는 당신의 과거에 일어난 사실과 그것이 현재 문제에 어떻게 관련되어 있는가에 대한 통찰을 강조한다. 이와 약간 유사한 것으로, 교류분석에서는 어린 시절에 대한 통찰을 강조한다.

건강한 성인으로서 살아가기 위해 각자는 먼저 자신의 과거의 경험에 충분한 주의와 관심을 가져보도록 요구한다.

초기의 카타르시스적인 치료이론들에서는 어린 시절에 깊이 박혀 있는 거대한 고통에 대한 통찰을 강조한다. 그리고 당신이 고통에서 벗어나려면 현재 생활에까지 꾸준히 영향을 미치고 있는 불유쾌한 초기 경험의 고통을 재경험해야 한다고 주장한다. 게슈탈트 치료이론에서는 당신이 현재 지니고 있는 감정의 색조 하나하나에 대한 통찰을 가지고, '지금-현재'에 대한 완벽한 자각을 얻을 수 있을 때 태도나 행동의 변화가 일어난다고 주장한다.

통찰 1 : 당신에게 일어난 (선행)사건을 어떻게 생각하고 받아들이는가?

REBT에서는 당신이 현재 느끼는 정서적 혼란이 과거의 삶과 거의 무관하다고 믿고 있다. 통찰 1은 선행사건(A)에 대한 반응(C)이 오기까지 그 사이에 우리의 신념체제(B)가 개입하여 결정적인 영향력을 미치고 있다는 사실을 강조한다. 이것을 달리 표현하면 A가 C에 대한 진정한 원인은 아니며, B가 C를 일으키는 직접적이고도 기초적인 원인이 된다는 것이다. 그러므로 신념체제(B)가 정서적 결과(C)에 영향을 미치는 주요한 원인이 된다면, 과거의 선행사건(A)은 현재의 사건보다도 훨씬 더 그 영향력이 약한 것이 될 것이다. 이러한 점이 바로 다른 치료기법들과 상당히 대조되는 관점이라는 것을 알 수 있다.

그렇다고 해서 과거 경험이 현재의 행동에 '전혀' 영향력이 없다고 말하려는 것은 아니다. 한 예를 들면, 어린 시절에 부모로부터

심하게 벌을 받고 자란 어린이는 그렇지 않은 어린이에 비하여 성인이 되어서도 타인에게 쉽게 분노하고 난폭하게 행동하는 경향이 있다는 연구 결과가 보고되었다. 이것은 개인의 과거의 경험과 성장 후의 행동간에는 어느 정도 관계가 있다는 것을 암시해 주는 것이기도 하다. 그러나 모든 사례에 대한 전후사정을 상세하게 고찰하지 않고서 개인의 과거사가 중대한 영향력을 미치는 것이라고 무조건 단정해 버리는 것은 피하는 것이 좋다.

우리는 유전적 요인이 어느 정도 역할을 하는가에 대하여도 상당한 관심을 기울여 왔다. 이 책의 후반부에서 이것을 상세하게 논의해 볼 것이다. 적대적이고 공격적인 분위기에서 양육된 아이들의 분노와 난폭성은 후천적으로 획득된 특성이라기 보다는 유전적인 것이 크다. 왜냐하면 부모의 어느 한 쪽이나 양 쪽이 유전적으로 공격적인 인자를 가지고 있다면, 그 영향이 아이에게 그대로 전해질 것이기 때문이다. 이 현상의 인과적 고리를 추적해 보면, 아이의 타고난 공격적 경향에 대하여 부모는 또 난폭하고 공격적인 훈육방식으로 아이를 대할 것이다. 이것이 또 다시 아이의 난폭한 특성을 강화시켜 줄 것이며, 이 특성은 나중에 다시 그 아이의 자녀에게 물려질 것이다. 여기에서 우리는 난폭한 환경의 악순환을 보게 되며, 이것이 유전적 특성의 원인이 된다는 것을 알 수 있다.

통찰 1은 당신이 현재 가지고 있는 생각 내지 신념체제의 중요성을 강조한 것이다. REBT에서는 어떻게 해서 그러한 신념을 가지게 되었는가의 과정에는 별로 관심을 갖지 않는다. 아마도 어린 시절에 부모나 어른들에게서 배운 가르침이 그러한 사상을 체득하도록 큰 영향을 미쳤을 것이다. 그러나 어떻게 그 신념을 획득했든 간에, 그것을 변화시킬 수 있다.

여기에서 바로 REBT의 통찰과 정신분석학 계통의 통찰과의 차이점을 볼 수가 있다. 당신의 신념체제가 어떻게 형성되었는가의 "근원"에 대한 통찰은 아무런 도움이 되지 않는다. 당신은 그와 같은 통찰을 얻는 것이 아니라 단지 그러한 통찰을 인위적으로 조립하여 만들어낼 뿐이다. 그런데 정신분석적인 통찰은 확실한 통찰의 길로 당신이 들어서는 것을 방해할 뿐이다. "스스로 분노를 만들어냈다는 사실을 이제 확실히 깨달았다. 이제 비합리적 신념들을 어떻게 하면 없애고 변화시킬 수 있는가?"와 같은 보다 중요한 통찰을 간과할 뿐이다.

고전적인 정신분석이론에서 제공하는 통찰이 그토록 쓸모 없는 것이고 비생산적인 것이라면, 어떻게 해서 그 이론이 그처럼 광범위하게 보급될 수 있었는가를 당연히 자문하지 않을 수 없다.

인간은 보편적으로 어떤 활동에 스스로 탐닉하여 만족감을 얻으려는 선천적인 경향성을 지니고 있다. 고전적인 분석은 내담자들에게 바로 이러한 만족감을 주었던 것이다. 여기서는 정신분석이 사람들에게 원하는 것을 주었을지는 몰라도, 진정으로 그들에게 도움이 되지 못했다는 사실에 대해서만 간단하게 설명하겠다.

- 정신분석에서의 내담자들은 자신에 대해서 끊임없이 이야기하고 듣는 것을 즐겼다.
- 그들은 자기 문제를 해결하기 위한 어떤 노력을 하지 않아도 되었다. 보다 '깊은' 해결책을 찾아서 보다 더 과거로 거슬러 올라간다는 변명거리가 있으니까.
- 그들은 편집적으로, 퍼즐 조각들을 완벽한 순서로 짜 맞추듯이 정신분석이론에 억지로 꿰어 맞추려고 한다.
- 그들은 미친 듯이 마술의 '열쇠'를 찾아 헤매는데, 그 열쇠만 발견하면 그 순간 내면의 비밀이 자동적으로 열리고 인생이

바뀔 수 있는 것처럼 믿는다.

- 그들은 보다 실제적이고 중요한 현실의 문제를 다루기 보다는 꿈이라든지 환상과 같은 것의 주변을 노닌다.
- 그들은 다른 치료를 받는 사람들이 '심층적이지 못하고 표면적'이라고 간주하면서 자기네가 그들보다 한 단계 높은 차원에 있는 것 같은 느낌을 즐긴다.
- 그들은 인생의 비교적 사소한 문제들까지도 스스로 해결하기 보다는 끊임없이 치료자에게 의지하고 도움을 구하려고 한다.
- 그들은 분석가와의 전이관계를 통하여 이 세상에서 완벽하게 자신에게 봉사하고 자신의 편에 서 있는 한 사람을 가지면서, 그 사람에게 사랑을 받고자 하는 절박한 욕구에 항복하고 있다(물론 그 '사랑'의 대가로 엄청난 치료비용을 지불하고 있다는 사실을 잊은 채).

통찰 2 : 비합리적 신념은 스스로의 독백에 의해 강화된 것이다

자, 이제 REBT 통찰 2를 살펴보자.

당신의 신념체제가 제아무리 어린 시절에 획득된 것이라 하여도 정서적 혼란을 야기시키는 비합리적 상념의 상당 부분은 내부에서 스스로 반복하고, 여러 가지 방식으로 강화시키고, 그 타당성에 도전해 보기를 거부함으로써 키워온 것이다. 처음에는 세상 사람들이 당신에게 비합리적인 상념을 주입시켰을 것이다. 그러나 당신이 지금도 그러한 신념들을 가지고 있는 첫번째 이유는 오늘도 끊임없이 그 사상을 세뇌시키고 있다는 사실에 있다.

통찰 2는 두 가지의 서로 밀접하게 관련된 요점을 포함하고 있다. 첫째, 당신은 어려서 획득한 비합리적 신념을 마음 속에서 계속해서 반복하고, 그 신념에 의거해 행동해 옴으로써 스스로 그런 사상을 키워왔다. 이것이 자동적으로 혹은 '수동적으로' 일어난 것처럼 보일지 모르나 좀더 자세히 살펴보면 당신이 매우 '적극적으로' 이 비합리적 생각들을 스스로에게 주입시켜 왔다는 것을 알게 된다.

둘째로, 당신이 비합리적인 철학이나 신념을 오늘날까지 유지시켜 왔기 때문에 부적절한 정서적 결과가 지속적으로 나타나는 것이다. 비합리적 신념을 의식적이든 무의식적이든 스스로에게 되뇌여왔기 때문에 당신은 그 결과(C)로 분노, 불안, 우울과 같은 감정을 계속해서 느끼는 것이다. 다시 한 번 말하면, 당신이 누군가를 미워하게 되었을 때 마음 속에서 일어난 분노는 '자동적으로' 유지되는 것처럼 '보이고' 느껴질지 모르나 실제로는 당신이 자신에게 끊임없이 '그가 그런 나쁜 행동을 해서는 안 되며, 그는 형편없는 인간이다'라는 독백을 함으로써 분노가 살아 숨쉬게 만들고 있는 것이다.

당신이 어린아이였을 때는 부모나 선생이 비합리적인 사상을 가르쳐 주더라도 그것이 비합리적이라는 사실을 깨달을 능력이 아직 없기 때문에 그대로 수긍할 수밖에 없었을 것이다. 만약 당신 부모가 '너와의 약속을 깨뜨린 사람은 형편없는 사람이다'라고 말했다면, 당신은 그 말을 그대로 믿을 수밖에 없었을 것이다. 그러나 자라면서, 부모의 이러한 말을 점차 비판적으로 수용할 수 있게 될 것이며, 약속을 지키지 않은 사람들이라고 해서 언제나 형편없는 사람이라고 평가할 것은 아니라고 생각할 것이다. 곰곰이 생각해 보면, 당신의 부모조차도 때로는 당신에게 한 약속을 어겼다는 사실도 발견하게 될 것이다. 그랬다고 해서 그들이 완전하게 썩어빠지고 무가치하다고 할 수 있는가? 나는 절대 그렇게 생각하지 않는다. 만약 당신이 여기까지 생각할 수 있다면, 부당한 일을 저지른 사람은 무가치하다는 신념으로 발생한 분노는 더욱 불쾌한 기분으로 몰아갈 뿐이라는 점을 깨닫게 될 것이다.

REBT에서는 당신에게 해가 되는 방향이 아닌 득이 되는 방향으로 강화와 벌칙의 원리를 사용하는 방법을 가르쳐 주고 있다. 당신에게 "어떠 어떠하게 대해야 한다"는 어른들의 가르침을 전면적으로 재검토하고 그것을 변화시킬 수 있게 할 것이다. REBT 방법을 적절하게 그리고 의식적으로 사용한다면, 비합리적인 사고를 없애는 데 도움이 될 것이다. 청년이 되고 성인이 된 후에 느끼는 분노는 어린 시절의 조건화로 인한 것이 아니다. 어린 시절에 얻어진 사고방식을 스스로 끊임없이 반복해 왔기 때문에 지금에 와서 화가 나게 된다든지 하는 감정의 근본 원인이 되는 것이다.

밴듀라(Albert Bandura)는 사회적 강화이론에서 이와 비슷한 원리를 이야기 하고 있다. 인간행동에 관한 학습과 조건화 이론의 공헌자라 할 수 있는 밴듀라는 인간의 행동과 반응에 고도의 인지적 요소가 작용함을 인정하고 있다. 사회적 강화이론이 REBT이론과 유사한 점이 많지만 두 이론에는 중요한 차이점이 있다. 밴듀라에 의하면, 내가 만일 당신에게 반사회적인 방식으로 어떤 행동을 취했을 때, 당신은 여러 가지 방식으로 이에 대응할 수 있다(이러한 방식들은 대개 사회적인 통념에 비추어서 선택된다). 당신은 수많은 반응방식들 가운데 어느 하나를 택할 것이다. 나를 미워하든지, 싫어하든지, 나의 행동을 싫어하든지, 내 꼴을 보고 싶지 않든지, 나에게 도전장을 내든지 등등. 아마도 당신은 사회적 의사소통이나 사회적 규칙을 근거로 해서 내가 어떠 어떠한 방식으로 행동해서는 안 되며 때로는 법적인 처벌을 받아야 한다는 생각을 하게 될 것이다.

사회 구성원의 한 사람으로서, 당신은 사회적 의사소통이나 규칙을 수용하는 경향이 있다. 따라서 나의 행동에 대해서 불쾌하게 느끼는 것을 당신은 어느 정도 학습하고 있는 것이다. 당신은 내가 위반한 규칙이 사소한 것인지, 중요한 것인지, 내가 끼친 불편이 작은 것인지 큰 것인지, 자신의 분노를 삭힐 수 있을 것인지 아닌지, 나에 대해 공격적인 행동을 취할 것인지 아닌지 등을 생각하게 될 것이다. 다른 말로 표현하자면, 공격성의 수준을 어느 정도로 할 것인가를 결정하는 데 사회가 인정하는 수준을 적용하고 선택한다. 즉 밴듀라는 인간의 모든 감정에는 인지적인 고려와 사회적 학습의 두 요소가 들어 있다고 말하고 있다. REBT도 표면적으로는 인지조건화의 조합을 인정한다. 그러나 REBT에서는 외부의 사회적 영향력에 의한 조건화뿐만 아니라 자기조건화를 특히 강조한다.

통찰 2의 두 번째 측면은 A지점에서 일어난 어떤 일로부터 연유되어 지속적으로 일어나는 감정에 관한 것으로, 특히 분노의 감정에 관한 것이다. REBT는 다음과 같은 가설을 세우고 있다.

"처음에 경험했던 좌절적 상황은 그 후에 오랫동안 계속하여 느끼고 있는 적대감과 그렇게 깊은 관계가 있는 것은 아니다. 당신이 계속해서 화를 내고 있는 것은 좌절감을 느끼게 했던 조건 때문이 아니다. 그것은 좌절감을 느꼈던 그 생각이나 관점을 계속 간직하고 있기 때문이다."

내가 당신에게 부당한 행동을 했을 때, 당신은 화가 난 채로 하루나 이틀 혹은 여러 주일을 보낼 수 있다. 가령, 누군가가 나의 이름을 거론할 때마다 혹은 당신이 내 모습을 문득문득 떠올릴 때마다 당신이 처음에 나에게 느꼈던 적개심이 살아나서 점점 강해

질 것이다. 그러다가도 당신은 짧은 기간 내에 나에 대한 감정을
극복하거나 잊을 수도 있다. 그리하여 당신이 그 일을 다시 마음에
떠올리더라도 마음이 뒤집어진다든지 하지는 않을 수도 있다.

　그러나 당신이 적개심을 마음 속에 간직하고 있으면서 몇 주일
이고 몇 달이고 혹은 몇 년이고 계속 분노하고 있다면, 어느 세월
에 나에 대한 감정을 망각하게 될 것인가? 분노의 원인이 되었던
것이 무엇이었던가 조차도 나중에는 잊게 될 것이다. 그 사람의 이
름이나 그 사건을 떠올릴 때마다 당신은 처음에 분노를 일으켰던
비합리적 사고를 반복하게 될 것이다. 당신은 끊임없이 그 비합리
적 신념을 반복하고, 그것에 당신 자신을 생생하게 내맡기고, 비합
리적 신념 속에서 계속 공격적으로 행동할 것이다. 좌절감을 일으
켰던 사건 자체보다는 그 사건에 대한 지속적이고 끊임없는 관점
이 당신을 분노하게 하는 것이다.

통찰 3 : 비합리적인 신념을 변화시키기 위해서는 끊임없는 논박의 훈련이 필요하다

　통찰 3은 분노의 감정과 행동으로 이끈 비합리적 신념을 바꾸며, 혼
란된 정서와 행동을 변화시키기 위해서는, 상당한 양의 연습과 노력을
경주해야 한다는 것을 보여주고 있다. 당신이 지닌 비합리적인 태
도나 행동이 자기패배적인 것이라는 점을 잘 알고 있다 하더라도,
이러한 사고를 효과적으로 반박하지 못하면 효과가 없다. 자각한
이후에는 훈련과 노력을 통해서만 반박을 잘 할 수 있게 된다.

　우리의 모든 신념은 그 강도와 효과에 있어서 다양하다. 예를
들면 많은 사람들은 미신적인 신념을 가지고 있는데, 그 강도가 때

때로 쎄졌다 약해졌다 한다. 대부분의 사람들이 검은 고양이, 깨진 거울이나 사다리 밑을 걸어가는 것과 같은 행동이 운명의 길흉과 무관하며 특별한 의미가 없다는 데 동의하면서도 정작 그런 상황이 벌어지면 그 상황을 회피하려고 한다. 당신 자신에게 어떤 것을 자문자답하는 것과 합리성과 비합리성에 관하여 참으로 깨닫는 것에는 상당한 차이가 있다는 점을 유념하기 바란다.

신념은 상황에 따라 강도가 일정하지 않다. 그러므로 논박 지점에서 비합리적 신념을 강하게 반박할 필요가 있다. 당신이 구체적으로 어떤 비합리적인 신념을 가지고 있다는 사실을 제아무리 똑똑하게 잘 알고 있다 할지라도 비합리적 신념을 반박하는 기술을 발달시키지 않으면 아무런 소용이 없다. 그리고 그 비합리적 신념을 강력하게 반박하지 않는다면, 그것은 또 다시 강력한 영향력을 발휘하게 될지도 모른다. 이 장에서 여러 번 강조하고 있는 바이지만, 통찰과 지식은 그것 자체만으로는 전혀 가치가 없다.

논박 지점에서 분노와 불안을 창출해 내는 비합리적 신념을 꾸준히 반박하면 할수록 더 빨리 분노와 불안을 축출할 수 있게 된다. 다음 장에서는 당신 속에 들어 있는 비합리적 신념을 찾아내는 방법과 비합리적 신념과 합리적 신념을 구별하는 방법, 비합리적 신념을 논박하는 방법에 관하여 이야기 하겠다.

六기분노의 철학을 논박하기

지정행의 치료이론에서는 논박(Dispute)을 D로 표시한다. 당신의 혼란된 감정이나 행동적 결과를 야기하는 선행사건(A)을 찾아내라. A에 대한 합리적 신념과 비합리적 신념을 당신 안에서 찾아내고, 그 비합리적 신념이 현재 느끼는 혼란되고 부적절한 결과의 주범이라는 사실을 분명히 인식하라. 이 비합리적 신념을 물리치려는 노력을 열심히 꾸준하게 하라. 이것이 바로 논박이다. 봄베이에서 나의 동료였던 페드케(Kishor Phadke)는 이 논박하는 일(D)에 관해서 특별한 견해를 보여 주었다. 그는 논박을 다음과 같은 세 요소로 구분하였다.

비합리적 신념을 찾아내기(Detecting)
비합리적 신념과 합리적 신념을 구별하기(Discriminating)

비합리적 신념을 반박하기(Debating)

나는 이와 같은 구분이 매우 유익하다고 믿는다. 왜냐하면 논박이란 크게 보아서 중요한 비합리적 신념을 찾아내는 과정과 합리적 신념을 분명하게 구분하는 과정, 그 비합리적 신념을 적극적이고 활발하게 반박하는 과정으로 이루어지기 때문이다. 지금까지 분노 감정의 ABC 원리를 소개하고, REBT의 세 가지 통찰을 사용하여 비합리적 생각을 찾아내는 방법을 보여주려고 노력해 왔다. 이 장에서는 당신이 가진 비합리적 생각을 강력하고 꾸준하게 논박하는 방법을 자세하게 소개하기로 한다.

이 논박의 과정을 시작하기 전에, 누군가에게 화를 낼 때마다 품게 되는 비합리적 신념의 네 가지 주요 유형을 다시 한 번 생각해 보자. 그리고 그 비합리적 신념을 어떻게 적극적으로 반박하고 타파할 수 있을지에 관하여 설명해 보겠다.

아파트를 함께 쓰기로 한 앞의 예에서, 우리는 다음과 같은 비합리적 신념 1을 볼 수 있다.

> "자네가 나를 이토록 골치 아프게 만들고, 우리의 약속을 철회해 버리다니, 얼마나 터무니없는가!"

당신이 이러한 생각에 도전해 보고 그런 생각을 버리고 싶다면 먼저 스스로에게 다음과 같은 질문을 던져보아야 한다. '그가 합당한 이유없이 우리의 약속을 철회한 것이 있을 수 없는 일이라는 증거가 무엇인가?'

'실망스럽다'는 감정과 '끔찍하다'는 감정에는 커다란 차이가 있다

이제 그 친구가 약속을 철회해서는 안 된다는 증거를 찾기가 매우 힘들 것이다. 합리적으로 생각한다면, 그 상황에서 화를 내는 것이 옳은 것이 아니고 실망감을 느끼는 것이 당연하다. 그 상황을 끔찍하고 두렵고 터무니 없는 것으로 보는 견해가 분노를 만들어 내는 것이다. 당신은 '불편하고 부당하고 실망스러운 상황'을 '그런 끔찍한 상황이 있어서는 안 된다'라고 보고 있다. '끔찍함'과 '불편함'을 구별하는 것은 단순히 어의적인 말장난이 아니다. 용어상의 표현을 구별하는 것과 우리가 어떤 용어를 사용하는가에 관심을 기울이는 행위는 합리적 사고와 비합리적 사고를 구별하게 해준다.

'끔찍한'의 사전적인 정의는 다음과 같다.

1. 영감적인 두려움 2. 공포, 전율. 그러나 일상적으로 쓰이는 '끔찍한'의 의미는 '매우 나쁘고, 추하고, 동의할 수 없고, 불쾌하고' 등으로(가령, '끔찍한' 농담의 경우처럼) 사용된다. 일상적으로 쓰이는 단어의 의미와 흔히 사용되는 용법의 문제점은, 사람들이 그 단어가 지니고 있는 실질적 의미를 훨씬 넘어서 감정적인 색채를 얹어서 사용하는 경향이 있다는 점이다.

'끔찍한'이란 단어의 실질적 측면과 감정적 측면을 좀더 분명하게 구별하기 위하여, 예를 들어 설명해 보는 것이 좋겠다. '그가 나를 이렇게 곤란한 지경에 처하게 하고, 우리의 약속을 철회하다니 얼마나 끔찍한가!'

위의 사건을 당한 당신은 실망을 느낄 수도 있다. 또는 분노를 느낄 수도 있다. 이처럼 당신은 나의 행동에 관하여 하나는 합리적인 것, 또 하나는 비합리적인 것의 두 가지 생각을 가질 수 있다. 합리적으로 생각했을 때 당신은 내가 당신을 부당하게 대우했고 그 대우가 '매우 나쁘고, 추하고, 동의할 수 없고, 불쾌한' 것이라고 생각할 것이다. 이처럼 느끼는 것은 합리적이고 적절한 것으로 보인다. 왜냐하면 이러한 느낌은 당신의 기본적인 가치관을 유지하는 데 도움이 되기 때문이다(우리가 약속을 정한다는 것은 생활을 편리하게 해준다고 생각하기 때문이다). 나의 약속 취소로 그러한 목적은 좌절당했고, 그래서 당신은 나의 행동을 불쾌하고 동의할 수 없는 것으로 합리적으로 평가하는 것이다.

합리적이라는 것은 결코 무관심하거나 냉정하거나 혹은 수동적인 것을 의미하지는 않는다. 그것은 단지 C의 지점에서 적절한 감정을 가지도록 인도하는 것이다. 그 상황에서 생각해 보면, 나의 부당한 조처가 당신에게 불편을 끼쳤으므로 당신은 유감스럽고 불쾌하고 실망스러운 기분을 진하게 느낄 것이다. 즉 당신은 C지점에서 매우 강한 합리적인 정서를 느끼고 있다. 그러나 당신을 분노의 감정으로 이끌고 가지는 않을 것이다. 당신은 '끔찍하다'는 단어에 부착된 감정적인 생각에 의해 분노를 만들어 내게 된다.

♥

어떤 상황을 극단적으로 해석하는 경향이 비합리적인 생각의 토대를 형성한다

'재앙시'하는 경향은 비합리성의 토대를 형성한다. 그 이유는 그것이 어떤 행동의 현실적이고 실질적인 불쾌감을 넘어서서 '나쁜 것이라는 추가적인 의미'를 첨가하기 때문이다. 당신이 첨가시킨이 '끔찍하다'는 표현을 통하여 그 행동이 나쁘다는 것보다 훨씬 더한 어떤 것이라고 여기고, 그런 행동이 '있어서는 결코 안 된다'고 생각하게 만든다.

그리하여 합리적인 사고와 더불어 '끔찍한', '터무니없는', '무서운' 등의 의미를 덧붙임으로써 다음과 같은 사실을 암시하게 된다.

- 엘리스 박사는 나를 전적으로 100% 나쁘게 대우했다.
- 그는 나에게 100% 이상으로 나쁘게 대우했다.
- 그가 나를 나쁘게 대해서는 '절대로 안 된다'
- 그는 절대로 나를 나쁘게 대해서는 안 되며, 공정하게 '대해야만' 한다.

자, 당신이 받은 대우에 대하여 끔찍하다는 생각을 결부시킨 것이 비합리적이라는 것에 동의하게 되었다면, 이제부터는 다음 단계로 넘어가자. 그리하여 비합리적 사고의 논박에 초점을 맞추어 보자. 우리는 다음과 같이 사리에 맞는 질문을 던져보자. 약속을 취소한 행위가 '끔찍하다'고 할 수 있는 근거는 무엇인가? 만약에 100%(혹은 100% 이상으로) 나쁘게 대우한 것이 '끔찍한' 것이라고 한다면, 내가 당신을 그보다 더 나쁘게 대했을 가능성은 조금도 없어야 한다. 그러나 우리가 그 상황을 자세히 검토해 보면, 나는 여러 가지 방식으로 그보다 훨씬 더 나쁘게 행동할 여지가 있었다.

예를 들면, 내가 약속한 대로 당신과 함께 아파트에 들어갔는데, 그 다음에는 내가 지불하기로 한 비용을 전혀 내지 않을 수도 있다. 혹은 당신에게 훨씬 큰 요구사항을 내걸지도 모른다. 그 밖의 일어날 수 있는 모든 경우를 일일이 언급할 필요는 없을 것이다. 내가 당신에게 끼칠 수 있는 더 나쁜 일들이 있었기 때문에, 여기서는 내가 100% 나쁜 대우를 한 것은 아니라는 점을 지적하는 것으로 충분하다. 그러므로 당신이 받은 대우가 불편하고 나쁘고 실망스러운 것일 수는 있으나 그 이상은 아니라는 사실을 이해할 수 있을 것이다. 그럼에도 불구하고 여전히 당신은 그것을 비합리적으로 생각하고 있다. 내가 당신을 100% 혹은 그 이상으로 나쁘게 대우한 것이 아닌 이상, 당신은 그것을 '끔찍한' 것으로 평가해서는 안 된다.

그런데 당신에 대한 나의 행동을 끔찍한 것으로 평가함으로써 내가 당신을 불편하게 한 것 그 이상의 짓을 했다는 입장을 취하고 있는 것이다. 아마도 당신이 C지점에서 실망하고 불편해 하고 좌절감만 느끼는 정도였다면, 굳이 크게 화를 내는 수준까지는 이르지 않았을 것이라고 여기고 있을 것이다. 그렇다면 다음과 같은 질문을 해보자.

"내가 당신을 부당하고 불공평하게 대한 것이 어떻게 해서 나쁘고 불쾌한 그 이상의 것으로 그리고 그보다 더 나쁜 것으로 간주될 수 있는가?" 내가 경험한 바에 의하면, 어떤 사람이나 상황에 대하여 '끔찍하고', '무섭고', '터무니 없는' 것으로 묘사할 때는, 거의 예외없이 그보다 더 나쁜 경우가 있을 수 없다는 의미가 내포되어 있다. REBT에서는 바로 이와 같은 식의 태도를 없애고자 하는 것이다. 물론 때로는 상황이 극단적으로 나쁘게 되었을 때 그와 같은 경우를 최악의 나쁜 행동이라고 볼 수도 있을 것이다. 그러나 당신이 받은 부당한 대우를 당신이 느끼고 있는 불편과 불공정 그 이상의 것이라고 동일시하고, 그런 일이 나에게는 결코 일어나지 않아야 한다고 한다면 당신은 비합리적인 생각을 하고 있는 것이다.

❤

우리는 스스로 어떤 말을 독백하고 있는가에
주의를 기울여야 한다

뛰어난 인지치료자인 미켄바움(Donald Meichenbaum) 박사는 가끔 REBT를 어의치료(語義治療 : semantic therapy)라고 부른다. 나는 이에 동의한다. REBT 치료법에서는 일반화와 흑백논리를 구분하고, 현실에 기반을 둔 사고와 비현실적이고 마술적인 사고의 차이를 구분하도록 도와준다. "끔찍하다"는 단어의 경우에 사람들은 흔히 그것이 "나쁘거나 매우 나쁜" 정도의 의미로 생각하지만, 그 안에 포함된 진짜 정서적인 의미는 "전적으로 나쁜, 혹은 그 이상의 것"을 암시한다. 우리는 사람들이 어떤 단어를 사용할 때 그 진짜 의미가 무엇인가를 깨닫도록 도와주고자 한다.

사람들이 오직 단어의 의미를 통해서만, 어떤 "확장된" 방식으로 감정을 표현한다고 주장하는 것은 아니다. 동물이나 어린아이들도 분명한 감정은 가지고 있으나, 그들은 언어를 사용하지는 않는다. 그러나 동물이나 아동은 감정을 즉각적으로 빨리 발산시키는 방식으로 표현한다. 어린아이들이 나중에 언어를 효과적으로 사용할 수 있을 만큼 자라면 감정을 마음 속에 보유하고 있는 능력을 획득하게 된다. 그리고 유감스럽게도 자신을 감정적으로 혼란시킬 수도 있게 된다.

게다가 우리는 우리가 느끼는 정서적 반응에 관하여 마음 속으로 독백하는 경향이 있다. 우리가 어떤 것에 관하여 강한 감정을 느끼면, 우리는 그 상태를 관찰하고 그것이 어떤 면에서 좋고 나쁜가를 평가하게 된다. 이렇게 하는 이유는 우리가 타인들로부터 어떤 감정은 좋고 어떤 감정은 나쁘며, 어떤 감정은 유익하고 어떤 감정은 해가 된다는 것을 배워왔기 때문이기도 하다. 그러나 또 한 편으로는 모든 인간이 자신의 감정적인 반응을 관찰하는 경향이 있기 때문이기도 하다. 우리는 자신의 정서적 반응을 객관적으로 볼 수 있으며, 어떤 것은 그대로 지닌 채, 어떤 것은 변화시키면서 살아갈 수 있는 가능성도 있다. 혹은 그런 상황을 극단적으로 간주 하며 많은 부정적인 독백을 중얼거릴 수도 있다. 우리는 이처럼 선 택권을 갖는다.

내가 당신에게 취한 행동을 부당하다고 생각하고 그런 독백을 할 수 있다. 이 과정에서 당신의 내부에 "유감스럽다"고 느끼는 적 절한 감정과 "화가 치밀어 오른다"고 느끼는 부적절한 감정 중에 하나의 감정상태를 창출한다. 이 중 어느 하나를 선택했다는 것을 의식하지는 못하겠지만, 당신에게 일어난 감정적인 반응을 관찰해 보라. 그리고 그것을 평가해 보라. 당신의 감정에 대하여 분명히 어떤 느낌이 있을 것이다.

우리는 감정적인 반응을 하게 되는 과정에서 반드시 어떤 단어 를 사용한다. 당신이 그 단어에 어떤 의미를 부여하느냐에 따라서 그 단어는 당신에게 영향을 미친다. 단어 그 자체로는 아무런 영향 력이 없다. '끔찍하다'거나 '두렵다'는 단어는 대체로 혼란된 감정 을 창출한다. '나쁘다'거나 '불쾌하다'는 단어는 적절하고 혼란되지 않은 반응을 창출한다. 물론 항상 그렇다는 것은 아니다. 당신은 자신에게 '얼마나 불쾌하냐! 괘씸하게 부당한 행동을 감히 나에게 하다니!'라고 이야기하고, 실제로는 불쾌한 것보다 훨씬 더 이상의 강렬한 감정을 가질 수도 있다.

당신이 어떤 사실을 놓고 그것을 '나쁘고 불쾌하다'라고 표현했 을 때 그것이 항상 합리적인 것이고, 어떤 상황을 놓고 '끔찍하고 두렵다'라고 표현했다고 해서 항상 비현실적인 것은 아니다. 당신이 쓰고 있는 단어에 어떤 의미를 부여하는가와 얼마나 강한 의미를 부여하는가는 스스로 조절하는 것이다. 일반적으로 말해서, 당신이 "끔찍한", "터무니 없는", "두려운"이라는 단어를 사용할 때, 당신은 거기에 마술적이고 비현실적인 의미를 부여하는 경향이 있다는 것을 발견했던 것이다. 이러한 경향을 자각하고 변화시킬 수만 있다면 혼란스러운 감정을 상당히 변화시킬 수 있다.

"이러 이러한 행동을 감히 나에게 하다니 얼마나 터무니 없는가?"라고 이야기하는 것은, 다음과 같은 의미를 내포하고 있기 때문에 비현실적이다.

- 상대방이 나를 전적으로 부당하게 대했다.
- 나는 최악의 대우를 당했다.
- 이렇게 부당한 대우를 당했으니 나는 이제 망했다.
- 나는 100% 이상의 부당한 대우를 받았다.

대부분의 사람들은 "끔찍하다"는 단어를 사용한 것이 이러한 모든 의미를 내포하고 있다는 점을 곧바로 이해하지 못한다. 그런 표현을 계속해서 함으로써, 스스로를 괴롭히고 있는 것이다.

"내가 그 따위 대우를 받다니 얼마나 끔찍한가!"라는 말은 종종 "그들은 항상 나에게 공정한 대우를 해야 하는데!"를 의미한다. 어떤 일이 일어나지 말았어야 한다는 것은 사람들이 언제나 당신이 원하는 대로 대해 주기를 요구하는 의미의 말이다. 그리고 이것은 결코 채워질 수 없는 욕구를 사람들에게 강요하는 것이다. 이런 생각이 비논리적이라고 하는 것은 자명하지 않은가? 당신의 사적인 소망에 따라서 항상 타인들이 당신을 대우해 주기를 기대할 수는 없기 때문이다.

누군가가 당신을 그렇게 대해서는 안 된다고 독백하는 것은, 그 행동만을 나쁘게 평가하는 것이 아니고 그 사람 전체까지도 나쁘게 평가하고 있다는 의미를 함축하고 있다. 당신은 그 사람이 공정하게 행동할 수 있다고 느끼며, 그가 당신에게 공정하게 대해 주는 것이 꼭 필요한 일이라고 느끼는 것이다. "그는 언제나 정당하게 행동해야 하며, 불공평한 행동을 해서는 절대로 안 된다"라는 생각을 가지고, 모든 상황에서 언제나 공정하게 행동해야 한다는 비합리적인 기대가 있기 때문에 화가 치밀어 오르는 것이다. 점잖은 사람들(당신을 포함하여)도 때로는 부당하고 공정치 못한 일들을 행한다는 사실을 이성적으로 깨달아야만 한다. 그렇게 되면 당신이 부당한 대접을 받더라도 실망과 불편의 감정을 느끼는 선에서 그치는 분별력을 가질 수 있다.

당신이 마음 속에 지니고 있는 "끔찍하다", "어찌 어찌해야 한다", "그래서는 안 된다"와 같은 말들을 자세히 검토해 본다면, 많은 비합리적인 신념을 제거할 수 있을 것이다. REBT 기법에 숙달하기만 한다면 당신은 나머지 인생을 보다 만족스럽게 살 수 있을 것이다.

화가 나지 않도록 생각하기

　"끔찍하다" 주의와 "해야만 된다" 주의를 타파하는 것은 합리적 사고의 핵심이다. 또한 이것은 당신이 느끼는 분노와 격정과 원한과 공포의 감정을 근절시켜 준다. 당신은 네 가지의 방식으로 "끔찍하다" 주의와 "해야만 된다" 주의를 실현하고 있다. 우리가 흔히 가지고 있는 비합리성을 자세히 검토해 보면서, 비이성적인 경향을 줄이기 위해서 어떻게 해야 하는지를 살펴보자.

　REBT에서는 비이성적 사고의 하나로, "나는 그것을 견딜 수 없다" 주의를 들고 있다. 그것은 "나는 그처럼 부당한 대우를 받고 큰 불편을 감수하는 것을 도저히 참을 수가 없다"와 같은 독백에서 이러한 형태를 쉽게 발견할 수 있다.

　REBT의 과정에서는 토론이 수반된다. 이것은 당신이 가진 비합리적인 신념에 도전해 보기 위하여 스스로 질문을 던져보는 것을 의미한다. 그리하여 "왜?", "어떻게", "어떠한 방식으로?", "그 증거는 무엇인가?" 등의 질문을 한다. 그래서 당신 자신에게 이렇게 묻는 것이다. "그런 부당한 대우를 내가 참을 수 없다는 이유는 무엇이며 그 증거는 무엇인가?"

이 지점에서 "그것이 진정으로 끔찍하다는 증거를 찾지 못하였으므로, 나는 그것을 견딜 수 없는 것이 아니고 기실은 견딜 수 있다"라는 대답이 나왔다면, 당신은 일단 바른 길로 들어선 셈이다. 그러나 그 대답만으로 만족할 만한 단계는 아니다. 무엇보다도 앞에서도 살펴본 것처럼 "끔찍하다"는 단어 자체를 정의하는 데 당신은 어려움을 겪을 것이다. 당신이 그 상황을 분석한 결과, 그다지 끔찍한 것은 아니라고 발견할지라도 친구나 주변의 다른 사람들은 여전히 그것을 끔찍하다고 판단할 것이다. 이러한 다른 사람들의 견해에 쉽게 동조함으로써 당신은 다시 그러한 상황을 견딜 수 없고, 그는 그렇게 행동해서는 안 되었다고 또 다시 믿게 되는 것이다. 전에도 강조한 바와 같이, 사람들에게 정서적 혼란을 일으키는 네 가지의 비합리적 사고의 유형은 상호관련이 되어 있고 하나가 다른 하나를 불러 일으킨다.

> "그가 나를 그렇게 대하다니 끔찍하다(말도 안 돼!)."
> 이러한 생각은 또한 다음과 같은 의미를 포함하고 있다.
> "그가 형편없는 태도로 나를 대하는 것을 견딜 수 없다."
> "그러므로 그는 도리에 맞지 않는 행동을 하지 말았어야 했다."
> "다른 사람에게 그런 행동을 하다니, 그는 못된 사람이다."

위의 네 가지 진술은 각기 다른 비합리적 사고를 나타내는 것처럼 보일 수도 있다. 그러나 "끔찍하다", "견딜 수 없다", "해서는 안 된다", "그는 형편없는 사람이다"라고 타인을 비난하는 것은 모두 동일한 명제로서, 표현만 다를 뿐이다.

당신이 위의 네 가지 생각 중 어느 한 가지라도 철저하게 뿌리 뽑을 수만 있다면, 나머지 사상도 자연적으로 파기할 수 있다.

"견딜 수 없다" 주의

이제, "나는 그것을 견딜 수 없다" 주의에 관하여 토론을 해 보자. 당신은 다음과 같은 질문을 던져볼 수 있다. "왜 내가 그것을 견딜 수 없는가?" 그 상황을 끔찍하다고 여기는 것은 당신이 너무나 많은 불편을 겪었고, 그 부당한 행동 때문에 너무나 많이 고통받았기 때문일 것이다. 당신은 "너무나 많은 고통과 불편"이라고 상승시킨다. "너무나"라는 단어는 여기서도 마찬가지지만 약간의 마술적인 특성을 가지는 것 같다. 그것은 우리가 어느 정도까지의 불편과 곤란은 허용할 수 있지만 더 이상은 안 된다는 것을 가정하고 있다. 그 기준은 개인마다 다르겠지만 어느 지점 이상을 넘어서면 당신은 그것을 "너무나 ……한 것"이라고 생각한다.

그러므로 어떤 불쾌함이나 불편의 수준을 견디기 힘들다고 생각한다면, 당신은 어떤 일에 좌절을 당할 때 낮은 좌절인내도(low frustration tolerence, LFT) 때문에 고통을 겪게 된다. 낮은 좌절인내도는 폭언과 고함을 치는 형태로써 나타날 수도 있다. 폭언이나 고함을 침으로써 당신은 애초에 느꼈던 좌절보다도 훨씬 더 심한 감정을 겪게 된다. 만약 "나는 그것을 견딜 수 없다"는 당신의 사상에 대한 토론을 스스로 꾸준히 한다면, 좌절에 대처하는 훨씬 생산적인 태도와 함께 새로운 철학과 인지적 효과를 얻게 된다. 그것을 우리는 "나는 그것을 좋아하지는 않지만, 견딜 수 있다" 주의라고 부른다.

당신이 이러한 기본적인 태도상의 변화를 가져올 수 있을 것인지는 아직도 의문이다. 객관적 외부 현실을 통제하기는 힘들지만, 객관적 사실에 대한 당신의 생각은 거의 완전에 가깝게 통제할 수 있다. 즉 내가 당신을 대하는 방식은 거의 통제하기 힘들지만, 나의 나쁜 행동을 어떻게 보는가 하는 관점은 당신 마음대로 선택할 수 있다. 따라서 당신이 나의 행동이 부당했다고 판단하고 타인들도 여기에 동조한다 할지라도, 다음과 같은 태도 중 어느 하나를 선택할 수 있다.

- 당신이 나의 부당한 처우를 참을 수 없다고 믿을 것인가? 아니면 참을 수 있다고 믿을 것인가?
- 그 부당한 대우를 끔찍하다고 판단할 것인가? 아니면 끔찍하다고는 판단하지 않을 것인가?
- 내가 그런 행동을 하지 말았어야 한다고 생각할 것인가? 아니면 하지 않는 것이 더 좋았을 텐데라고 생각할 것인가?
- 나를 전적으로 끔찍한 인간이라고 판단할 것인가? 아니면 이번의 경우에 좋지 못한 행동을 한 사람이라고 판단할 것인가?

당신은 나의 그와 같은 행동이 너무나 지나치고, 해서는 안 될 행동이기 때문에 참을 수 없다고 생각했다. 그런데 이러한 당신의 가설을 반박하고 도전해 볼 의사가 있다면 그리고 실제로 도전해 본다면 그때서야 비로소 이러한 비합리적 신념을 극복해 낼 수 있게 된다.

"해야만 한다" 주의

이어서 "그는 나를 그렇게 부당하게 대해서는 절대로 안 된다"라는 생각에 대하여 토론해 보자. 그가 나를 부당하게 대우한 것이 사실이고, 우리 사회의 모든 사람들이 그 생각에 동의한다고 하자. 그렇다고 해서 "그가 나를 그렇게 대해서는 절대로 안 된다는 증거가 어디 있는가?" 사회적 도덕성의 관점에서 접근해 본다면, 누군가는 이렇게 말할지도 모른다. 만약 사람들이 사회적, 도덕적, 윤리적 기준으로 볼 때 "해서는 안 된다"는 어떤 규칙이나 통념을 무시한다면 그 사회는 민주적인 사회로 유지되지 못할 것이라고. 그러나 어떤 것이 존재해서는 안 된다는 것을 실지로 결정하는 것은 도덕성이 아니다. 도덕성은 단지 무엇이 옳고 그르냐에 대한 정의와 지침을 설정할 뿐이다. 다시 말해서, 문명화된 도덕성이란 우리가 "부적절하게" 행동하기 보다는 "적절하게" 행동하기를 권하고, 나쁜 결과가 발생하지 않도록 끊임없이 지시하는 것이라고 할 수 있다. 누군가의 행동으로 나쁜 결과가 발생한다면, 사회의 구성원들(문명화된 도덕성으로 인하여)은 그가 앞으로는 그렇게 행동하지 못하도록 설득하기 위하여 그 위반자에게 어떤 제재를 가해야 한다고 느낄 것이다.

우리가 어의적인 말장난에 빠져 있다는 비난을 피하기 위하여, "해야만 한다" 주의와 "하는 것이 좋겠다" 주의의 차이점을 분명하게 가려 보기로 하자. "당신이 사회적으로 좋은 결과를 가져오기 위해서는 이러 이러하게 행동하는 것이 더 낫겠다"는 진술은 바로 다음과 같은 진술로 이어진다. "당신이 그와 같이 행동하지 않으면 지역 사회와 그 구성원들에게 좋지 않은 결과를 야기할 것이고, 모두가 고통을 받을 것이라고 생각할 것이다" 이러한 견해는 경험에 의해 도출된 것이며 대단히 현실적이다. 왜냐하면, 우리는 옳고 그른 행동을 관찰할 수 있으며, 그 행동이 당신과 지역사회에 어떤 영향을 끼치는지 알아낼 수 있기 때문이다.

그러나 두 번째 진술문인, "당신은 좋은 결과를 가져오는 행동을 해야만 한다"는 바로 다음과 같은 진술문으로 이어진다. 당신이 마땅히 해야 되는 행동을 하지 않는다면,

- 당신과 이 사회의 모든 사람들에게 좋지 않은 결과가 발생하고 말 것이다.
- 우주의 법칙에 의해 당신은 그에 합당한 좋지 못한 결과를 당할 것이고 무서운 일이 벌어지고 말 것이다.
- 당신은 나쁜 사람이라고 평가받아야 한다.
- 당신은 쓸모 없는 인간이고 행복을 느낄 가치도 없다.

이 가운데 1번 명제는 틀린 것처럼 보인다. 왜냐하면 당신이 나쁜 행동을 한다고 해서 사회의 모든 사람들이 고통을 당하지는 않기 때문이다. 2번과 3번 명제는 마술적이고 타당화될 수 없는 것이다. 나쁜 행동을 한 사람들도 자신을 수용하고 행복을 추구하므로 4번 명제 역시 틀린 것이다.

여기서 또 다시 우리는 비슷한 것 같으면서도 서로 상반되는 두 가지의 생각을 보게 된다. "사람들은 나에게 이러 이러하게 대해야 되고, 좀더 잘 대해 주어야 한다"는 생각을 가지고 있다면, 이것은 다음과 같은 뜻을 내포하고 있다.

- "그들이 나에게 좀더 나은 행동을 했더라면 내가 훨씬 좋았을 텐데……"

• 그리고 "내가 그것을 원하기 때문에 그들은 나를 그렇게 대해
   주어야만 한다."

첫번째의 생각은 합리적이고 타당한 것으로 보인다. 그러나 두
번째의 생각은 매우 비합리적이다. 당신이 전적으로 합리적인 생
각("그들이 나를 좀더 잘 대해 주면 정말 좋을텐데"라고)을 고수한다면,
당신이 비록 좋지 않은 대접을 받더라도 단지 유감스럽다거나 불
쾌한 수준에서 머무를 것이다. 그러나 만약 당신이 "내가 원하는
대로 나를 잘 대해 주었어야 한다"라는 생각을 고집한다면, 틀림없
이 걷잡을 수 없는 화가 치밀어 오를 것이다. 그러므로 당신이 화
를 내지 않고 마음의 평안을 원한다면 다음과 같은 질문을 던져보
아야 한다. "내가 언제나 정당한 대접을 받아야만 한다는 근거가
어디 있는가?" 그에 대한 합리적인 대답은 다음과 같다. "내가 언
제나 좋은 대접을 받는 것이 바람직하고, 사회적인 규칙으로도 사
람들이 공정한 태도로 타인을 대하도록 되어 있기는 하지만, 언제
나 공정한 대우를 받아야만 한다는 우주의 법칙이나 이성의 명령
같은 것이 존재하지 않는다."

만일 당신이 위의 말에 동의한다면, 타인에게 부당한 대접을 받
았을 때 분노와 증오를 느끼는 대신에 유감과 실망감을 느끼는 자
신을 발견하게 될 것이다.

ABCDE의 원리

지금까지 논의된 REBT의 전체적인 원리를 다시 한 번 요약해
보면 다음과 같다.

- 선행사건 : 내가 우리의 약속을 일방적으로 파기함으로써 당신을 부당하게 대하였다.
- 합리적 신념 : 그의 처사는 유감스럽고 섭섭한 일이다.
- 비합리적 신념 : "얼마나 끔찍한가! 그가 나를 그런 식으로 대해서는 절대로 안 된다."
- 적절한 결과 : 좌절과 불쾌감
- 부적절한 결과 : 분노와 증오
- 반박하고 토론하기 : 사람들이 당신을 어떻게 대해야 한다는 해석과 신념에 도전하는 질문을 스스로 던져봄으로써, 비합리적 신념을 찾아내어 반박하고 토론하기
- 인지적 효과와 새로운 철학 : "비록 내가 원한다고 하더라도, 사람들이 나에게 항상 공정하게 대해야만 한다는 적절한 이유를 찾을 수 없다."
- 행동적 효과 : 분노의 제거, 위안 그리고 적절한 결과(aC)로 돌아와 유감과 실망의 감정을 느낌

이 ABC의 과정과 DE의 과정을 아주 여러 번 매우 적극적으로 연습하는 반복이 없이는, 예전의 비합리적 신념으로 다시 되돌아가고 부적절한 결과에 빠지는 악순환을 거듭하게 될 것이다. 모든 인간이 그러하듯이 당신은 때때로 옛날의 습관으로 되돌아가려는 자신을 발견할 것이다. 그렇다. 어느 누구도 항상 완벽하게 잘 하기를 기대할 수는 없다. 당신은 항상 당신 안에 들어 있는 비합리적 신념과 부적절한 결과가 무엇인지를 찾아내는 능력을 발휘해야 하고, 그것을 반박하고 토론하는 과정을 거쳐야 할 것이다. 그래야만 비합리적 신념이 일어날 때 그것을 쉽게 제거할 수 있다.

❖

행동과 인간을 동일시하는 과잉일반화의 오류

당신이 분노와 증오의 감정을 느끼는 상황이면 거의 예외없이 분노를 유발시킨 행동과 사람 자체를 동일시하는 경향이 있다("그가 그런 행동을 했다. 그는 썩어빠진 인간이다"). 당신은 그가 취한 하나의 행동으로 그 사람에 대한 전체적인 평가를 내려버리는 것이다. 이미 3장에서 이러한 식의 유추가 지니는 의미를 논의했다. 이것은 매우 중요한 문제이고 당신이 지닌 비합리적 사고 가운데 가장 골치 아픈 것 중의 하나이므로, 여기서 간단히 다시 한 번 검토해 보겠다.

사람과 그 사람이 취한 행동을 구분하지 못함으로써, 당신은 "오직 어떠 어떠한 사람만이 어떠 어떠한 행동을 할 수 있고, 또 모든 어떠 어떠한 행동은 어떠 어떠한 사람에 의해 저질러진 것임에 틀림없다."라고 여긴다. 좀더 상세하게 말해본다면, "부당하게 여기는 어떤 일을 저지른 사람은 틀림없이 나쁜 사람이다. 만일 어떤 사람이 좋은 행동을 했다면, 그는 절대로 나쁜 행동은 하지 않을 것이다. 왜냐하면 그는 좋은 사람이고 그러므로 좋은 행동만을 할 수 있기 때문이다."와 같이 보는 것이다. 만일 어떤 나쁜 사람이 나쁜 행동을 했다면, 그는 좋은 일은 절대로 하지 못할 것이다. 왜냐하면 그는 나쁜 사람이고 오직 나쁜 행동만을 할 수 있기 때문이다.

3장에서도 언급했지만, 어떤 행동이 합리적인 신념에서 비롯된 것인가를 가늠할 때에는 그 행동이 인간의 기본철학인, "나는 행복하게 살기를 바란다"는 욕구나 목표추구에 도움이 되는가 해가 되는가에 따라서 평가된다. 즉 어떤 행동이 사람들에게 도움이 되는지 해가 되는지에 따라 평가된다. 개인이 취한 한 가지 행동을 가지고 그 인간의 전체를 평가하는 기준으로 삼는 것은 지나친 흑백논리이며 과잉일반화이다. 그리고 그 결과로 생존권과 행복권을 거부하는 경향을 가져오기 때문이다.

그렇다면 이 세상에 나쁜 사람이란 있을 수 없다는 이야기인가? 그렇다. REBT에서는 나쁜 사람이란 존재하지 않으며 또한 좋은 사람도 존재하지 않는다고 본다. 어떤 사람은 좋은 일을 더 많이 하고 어떤 사람은 나쁜 일을 더 많이 할 수는 있지만, 모든 사람들은 선악의 행동을 다 한다. 인간은 한 과정이지 물건이나 행위 그 자체는 아니다. 우리는 모든 상황에서 항상 좋거나 항상 나쁘기만 할 수는 없기 때문에 사람들이 항상 어떤 똑같은 방식으로 행동하기를 기대하는 것은 전적으로 비합리적이다. 인간이 이와 같이 다차원적인 특성이 있다는 것을 마음 속에 잘 새겨두는 것이 현명할 것이다. 우리는 인류에게나 우리 주변의 사람들에게 상당한 공헌을 하기도 한다. 그러면서도 또 한편으로는 여러 가지 결점을 가지고 있을 수도 있다. 예를 들면, 예술이나 과학분야에서 지대한 공헌을 하여 인류에게 혜택을 준 사람들이 있다. 그러나 그들의 사적인 생활을 보면 부당하고 좋지 않은 행동으로 끊임없이 다른 사람을 괴롭힌 경우도 있다. 어떤 사람이 당신에게 부당한 행동을 했을지라도 그를 전체적으로 평가하기를 삼가함으로써 그의 다른 면을 보게 될 수도 있는 것이다.

아파트를 함께 쓰기로 한 경우의 예에서, 내가 부당하게 약속을 어겨서 당신에게 해를 끼쳤다고 해서 당신이 나를 전체적으로 평가해 버린다면 그리고 나에게 계속해서 화를 낸다면, 처음에 느꼈던 나에 대한 좋은 면들을 더 이상 향유할 수 없을 것이다. 따라서 당신의 분노로 인해서 앞으로 나와의 좋은 개인적인 경험을 차단시키게 될 것이다.

어느 개인을 볼 때 흑백논리로써 "좋다"거나 "나쁘다"라고 단순하게 평가해 버리는 경향은 자기 자신에게도 똑같이 작용한다. 그리고 이것은 타자에게 너무 비현실적으로 높은 기대를 거는 인간의 경향성과 밀접한 관련이 있다. 이 기대를 채워가는 과정에서 당신은 자존심이나 자기확신(자아강도라고 부르는)을 얻기를 추구한다. 그러나 당신이 아무리 정당하고 공정하게 행동했다 할지라도 때때로 실패할 수도 있다. 이런 실패의 경험이 생기면 자신에 대한 기대를 충족시키지 못하였기 때문에 우울하게 되고 자기비하감에 빠진다. 엄밀하게 따져 보면 "자기확신"이란 언제나 자기희생의 대가를 요구한다. 또한 "자존심"은 자기비하를 내포하고 있다. 그리고 "자아강도"라는 것도 처음에는 자아상실을 경험하고 나서야 획득될 수 있다는 뜻이 내포된 말이다. 한 가지 것을 희생하지 않고서는 다른 한 가지는 가질 수 없다. 당신이 옳고 좋은 일을 하고서 자신에 대해 뿌듯하게 느끼는 순간, 나쁘고 잘못한 일, 심지어는 보통 정도밖에 안 되는 일을 했다고 자신을 미워하고 깎아내리기 시작하는 것이다. 당신이 자존심을 느끼기 위해서는 끊임없이 자존심을 북돋워 줄 것이 있어야 하는데, 이것은 당신이 훌륭한 일을 하는 것을 통해서만 가능하다. 만일 당신이 자신이나 타인들에 대하여 단순하게 흑백논리로써 평가하게 된다면 자신이나 타인에 대한 판단을 끊임없이 변화시킬 수밖에 없을 것이다. 그러나 사람들이 지닌 특성만을 평가한다면 훨씬 덜 혼란스럽고 자신과 타인에 대한 판단을 일관성 있게 유지시킬 수 있을 것이다.

◥◤

분노란 비합리적인 감정이며 불쾌의 감정만이
합리적인 분노 감정이다

REBT에서는 사람에 대하여 분노하는 것은 어떤 경우에도 비합리적이라고 간주한다. 당신이 나의 부당한 특성에 관하여만 분노를 느낀다면, 기껏해야 나의 행동을 못마땅하게 생각하고, 내가 좀더 공정하게 행동하도록 그 면의 행동만 개선하는 것이 더 나을 것이라고 생각할 것이다. 이러한 생각은 합리적이다. 왜냐하면 내가 부당한 행동을 하는 한, 나는 필요없이 당신과 다른 사람들을 괴롭히게 될 것이기 때문이다. 그런데 만약 당신이 나의 부당한 행동을 100% 이상 전적으로 나쁜 것이라 여긴다면 이것은 비현실적이다. 그러나 당신이 나의 부당한 처사를 매우 "바람직하지 않은 어떤 것"으로 보고 나의 그 "행동만을" 미워하면 우리는 당신이 적절하게 또 합리적으로 분노를 느끼는 것이라고 보아줄 수 있다. 나의 부당한 "특성"에 대한 불쾌감, 짜증, 분개, 좌절을 느끼면서, 나의 그 행동 때문에 나를 멀리하려는 결정을 내리고, 내가 좀더 공정하게 행동할 수 있도록 나를 변화시키려고 노력할 때 "합리적인 분노"라고 볼 수 있다. 그러나 나의 부당한 처사를 끔찍하고 전적으로 나쁜 것이라 보고 나라는 사람 전체를 나쁘게 본다면, 현실을 과장하여 원한, 적개심 등을 느끼게 되는 비현실적인 생각 속으로 빠져드는 것이다.

이론적으로 본다면 나의 부당한 행동에 대해서만 적절하고 합리적으로 분노를 느끼는 합리적인 경험에 머무르는 것이 인간의 도리이다. 그러나 당신이 분노를 느끼는 시간에 기실은 "이러한 상황은 절대 벌어져서는 안 되며, 사람들은 이러한 방식으로 행동해

서는 절대 안 되며, 일이 이렇게 된 것이 참으로 끔찍하고, 이 끔
찍한 상황의 장본인들은 나쁜 사람들이다."라고 생각한다.

　당신은 극도로 분개하고 불쾌해 하면서도, 그런 느낌을 합리적인
분노라고 부를지도 모른다. 당신이 실제로는 잔인한 분노를 느끼
고 있으면서도, 이 비합리적 분노를 직면하기를 회피하는 경향이
있다. 그렇기 때문에 개인적으로는 분노의 감정이면 어떤 것이든
지 모두 다 부적절하고 자기패배적인 것이라고 생각하고자 한다.
내가 어떤 "분노"의 감정을 느낀다면, 그것은 거의 예외없이 사람
들이 잘 행동해 주기를 바라는 것에 그치지 않고, 한걸음 더 나아
가 그들에게 그것을 요구하고 강요하기 때문이다. 만약 당신이 그
와 같은 요구나 강요가 없는 상태에서 느끼는 분노라면, 그때 그것
을 '합리적인 분노'라고 부를 수도 있을 것이다. 그러나 이 두 가지
감정을 분명하게 구별하기 위해서, 앞으로 나는 "합리적인 분노"
를 "심한 성가심"이나 "심한 짜증"으로 부르기로 하겠다.

　당신이 만일 나의 어떤 특성(가령, 당신이나 다른 사람들에게 좋은
행동을 한다든가 하는)에 대해 훌륭하다고 평가한다면, 이는 정확하
고 합리적인 것이다. 그러나 그와 같은 바람직한 특성을 지녔다고
해서 "나"라는 사람 전체를 훌륭하다고 평가한다면, 이는 부정확
하고 비합리적인 것이다. 당신은 나를 훌륭한 사람이라고 평가함
으로써 나의 자존심을 올려주는 데 공헌할 수는 있다. 그러나 한
편, 당신이 나의 다른 어떤 특성을 "나쁘다고" 평가할 때는 나는
또한 내 자신을 비하하게 될 수도 있다. 인간이란 아무리 좋은 특
성을 많이 지녔다 하더라도 또 다른 많은 결점을 가지고 있기 마
련이므로, 이처럼 인간을 온통으로 평가하는 방식은 옳지 않다. 내
가 아무리 공정한 행동을 했더라도 다른 모든 일까지 다 잘할 수
는 없는 일이다. 어떠한 인간이라도 그렇다. 그러므로 당신이 내가

성취한 어떤 것을 가지고 나라는 사람을 추켜주는 것은 결점투성 이인 인간들이 사는 이 세상에서 도움이 되지 않는다.

﹀

"자존심"과 "자기확신"이라는 용어의 오류를 이해하라

"자존심"이라든지 "자기확신"과 같은 말은 여기서 사용하지 않는 것이 더 낫겠다. 내가 만일 타인의 인정을 얻고 행복한 삶을 살기 위하여 나 자신을 항상 무엇인가를 잘하는 사람으로 볼 수 있도록 자존심을 높여야 한다면, 내가 무엇인가를 잘 해내지 못할 때 가차없이 나 자신을 거부하는 경향을 지니게 될 것이다. 나는 여러가지 일을 잘 해내지 못할 수도 있다. 뿐만 아니라 자신감을 잃고, 낮은 자존심을 느끼고, 자존감을 잃는다면 나는 자동적으로 "나"라는 사람이 무능력하고 결점투성이이며, 앞으로도 계속해서 그럴 것이라고 단정하게 된다. 내가 당신이나 타인들에게 부당하게 행동했다고 해서 나를 장점도 없고 쓸모 없는 사람이라고 단정적으로 못박아 평가한다면, 이 썩어빠진 인간이 앞으로 좀더 개선하고 변화할 수 있으리라고 어떻게 기대할 수 있겠는가? 내가 만약 나자신을 부당한 사람이라고 보아버린다면 자기성취적 예언에 빠져서 항상 부당하게 행동하려고 하는 경향성을 갖게 될 수도 있지 않은가? 자존심과 자기비하는 결코 우리에게 보탬이 되는 것은 아니다. 그러므로 내 존재에 대한 기쁨을 느끼기 위하여 자존심을 사용하는 것은 지속적으로 좋은 결과를 가져오지는 않는다. 이러한 것이 사실이라면 무엇 때문에 내가 나 자신을 평가한단 말인가?

내가 자신에게 "나는 훌륭한 사람이고 그 훌륭함을 나는 정말로 좋아한다. 그러한 것이 없다면 나는 무가치한 사람에 불과한 것이다."라고 말한다면, 내가 훌륭한 행동을 하기 때문에 나 자신을 좋아하는 것이고, 내가 잘못된 행동을 하게 되면 나를 싫어하고 비하시키겠다는 것을 의미한다. 이처럼 자신을 "좋다-나쁘다"로 평가하는 것은 나를 끊임없이 불안하게 만든다. 나 스스로에게 부과해 놓은 기대치에 내가 항상 맞추어 살 수 없기 때문이다. "자존심"이라는 말에는 또한 다음과 같은 뜻이 내포되어 있다. 내가 이러 이러한 좋은 일을 하고 또한 여러 가지 면에서 훌륭하게 행동하기 때문에 나는 내가 남들보다 더 나은 인간이라고 자부할 수 있다는 것이다. 물론 당신은 좋은 행동을 할 수 있고 나는 그것을 칭찬할 것이다. 그러나 나는 당신보다도 훨씬 더 잘할 수 있다고 느끼며, 그런 나를 진정으로 좋은 인간이라고 인정할 것이다. 나는 나 자신을 포함해서 모든 사람에게 내가 보다 훌륭한 인간임을 보여 주어야만 한다. 나를 다른 사람보다 더 가치 있고 더 훌륭한 인간으로 느끼려고 한다는 점에서, 자존심은 '자기확대'나 '자기과장'과 유사하다.

　이처럼 자기평가의 목적은 우리 스스로를 단순히 인간으로 보지 않고 초인간으로 혹은 다른 모든 인간보다 뛰어난 인간으로 보려 하는 것에 있다. "나는 자존심을 지니고 있다"는 말은 완벽한 신성(神性)과 탁월성과 고상함을 추구한다는 것을 의미한다. 단순히 우리의 어떤 특성이 남들보다 뛰어나다는 것을 의미하는 것이 아니고, 우리의 본질 자체가 남들보다 훌륭하다는 것을 뜻하는 것이다. 그러므로 다른 사람을 뛰어넘지 못하면 그리고 그에 대해 모든 사람의 인정을 받지 못하면, 아무런 가치도 없는 인간이라는 의미도 내포하고 있다.

자신을 가혹하게 평가하는 습관의 오류를 인식하라

내가 사람들에 대하여 항상 흥미롭게 느끼는 것 중의 하나는, 어떤 일을 시원치 않게 해냈을 때 자기 자신을 아주 무가치한 인간이라고 보는 반면, 다른 사람이 똑같은 결함을 가지고 있을 때에는 그것을 쉽게 수용하고 눈감아 주는 경우가 많다는 것이다. 예를 들어, 만약 어떤 사람이 글을 아주 형편없이 썼다고 하자. 자신의 작품이 신통치 않다는 것을 알고서 자신을 앞으로는 글을 잘 쓸 수 없는 실패한 인간으로 보려고 한다. 그러나 누군가 다른 사람이 똑같이 볼품없는 글을 썼을 때에는 너그럽게 보아준다. 사람들은 자신의 행동에 대해서는 완벽한 기대를 가지고 있기 때문에 자신에 대해서 훨씬 더 가혹한 비판을 한다. 그 결과로 실패가 자기 이미지에 준 타격이 너무나 크기 때문에, 그들은 감히 자신의 결점을 보충하려는 시도조차 하지 못한 채 굴복해 버리고 마는 것이다.

당신이 당신보다 훨씬 뛰어난 문필가를 만나게 되었다고 하자. 당신은 그 사람의 성공에 너무나 압도되고 자신이 원망스러운 나머지 그의 재능을 인정해 줄 아량도 부족하고 그로부터 좋은 것을 배울 수도 없게 된다. 그가 당신보다 뛰어난 점은 글쓰기에 한해서인 것이다. 그런데 당신의 열등감은 당신의 존재가치 전반에 걸쳐서 자동적으로 파급된다. 이런 이유 때문에 당신이 자신의 특성을 가지고 타자를 평가하려는 시도는 하지 않는 것이 현명하다. 그것은 오직 당신을 자기패배적인 결론으로 이끌 뿐이다.

당신은 어떤 것을 열렬히 좋아하거나 싫어할 수 있다. 그러나 어떤 한 특성에 대한 판단을 가지고 인간 전체를 평가하지 말라는 말이다. 각 특성 하나 하나를 개별적으로 평가하고, 이 모든 특성

들(호감이 가는 것이든, 떨쳐버리고 싶은 것이든 모두)을 다 함께 비교
해 보라고 나는 여러분에게 제안한다. 이렇게 검토한 연후에야 비
로소 당신이 그 사람을 가까이 하는 것이 좋을지 피하는 것이 좋
을지를 확실하게 결정할 수 있을 것이다.

　만약 당신이 그 사람과 가까이 지내는 쪽으로 결정하였고, 그 결
정이 그가 지닌 좋은 점뿐만 아니라 나쁜 점까지도 아는 상태에서
내려진 것이라면, 당신이 싫어하는 특성까지도 수용할 자세가 되
어 있어야 할 것이다. 당신은 모든 사람에게 맘에 들지 않는 그 사
람 특유의 어떤 고유한 특성이 있다는 것을 발견하게 될 것이다.
물론 당신이 누군가의 이러한 특성을 변화시켜 주려고 시도할 수
있다. 그러나 그 성격이 변화한다는 조건하에서 그 사람과 관계를
맺으려고 하지 않는 것이 좋다. 왜냐하면 이러한 결점은 쉽사리 변
화할 수 있는 것이 아니기 때문이다. 사람은 좋은 면과 나쁜 면을
가지고 있으며 어느 한 쪽만을 가진 사람은 이 세상에 단 한 사람
도 없다. 당신이 이 점을 잘 받아들일 때까지는 다른 누군가와 정
직하고도 친밀한 관계를 맺는다는 것이 대단히 어렵다는 것을 알
게 될 것이다.

　이러한 점을 수용할 수 있게 되면, 사람이 언제나 어떠 어떠한
행동을 해서는 안 된다고 고집할 필요가 없다는 것을 알게 될 것이
다. 우리는 더 이상 비합리적인 완벽주의를 고집하지도 않으며,
실망이나 좌절에 직면할 때 걷잡을 수 없는 분노와 무력감을 느끼
지도 않을 것이다. 우리는 보다 관용을 가지고 타자의 특성을 인정
하게 될 것이다. 이처럼 현실적인 태도로 임할 때 보다 행복하고
생산적이고 만족스러운 삶을 영위하게 될 것이다.

　우리와 가까운 사람들이 지닌 어떤 부정적인 측면을 수용하고
지내는 것은 참으로 어려운 것이 사실이지만, 또한 우리는 그들이

지닌 좋은 특성도 즐기면서 살고 싶어한다. 아파트를 함께 쓰기로
한, 앞의 예는 그와 같은 상황을 아주 잘 보여준다. 당신이 입은
손해에 대하여 좀더 차분하게 대처하고, 내가 약속을 어긴 것에 대
해 죄의식과 열등감을 느껴야만 한다고 고집하지 않았더라면, 언
젠가는 우리 둘이서 처음에 좋은 관계를 누렸듯이 좋은 관계를 다
시 맺을 수도 있을 것이다.

분노를 통제하기 위해서는 세상을 변화시키려 하기 보다는 자신의 감정과 행동을 변화시키는 일에만 초점을 맞추어라

REBT에서는 화를 내는 행동과 같은 문제를 다룰 때 상대방에게
초점을 맞추기 보다는 자신에게만 초점을 맞춘다. 그리하여 인생
의 행복을 추구하는 데 해로운 내면의 구조인 분노, 불안, 우울 등
으로부터 자유로워진다. 그런 부정적인 감정에 휘말려 시간과 생
각과 정력을 낭비하는 대신, 가능하면 신속하게 행복을 추구하기
위하여 당신의 잠재적인 힘과 능력을 신장시키도록 한다. 화를 계
속 내면 그 대상과 상황을 계속해서 회피하게 하고 불화하게 함으
로써 더욱 불쾌감을 일으킬 뿐이다. 그 사람이나 그와 관계된 사람
을 우연히 만나게 될 때에 당신의 분노는 다시 타오르기 때문이다.
　당신이 독자적으로 설 수 있도록 격려하고, 결점까지도 담담하
게 수용하도록 가르치면서, 잠재력을 실현시키도록 돕는 것이
REBT의 과제이다. 이제 당신은 현실적인 것과 비현실적인 것, 마
술적인 것을 구별할 수 있을 것이다. 어리석게 들릴지도 모르지만
우리는 매우 현실적인 세계에 살고 있으며, 이 세상에서 우리가 진
정으로 원하는 것을 얻고자 한다면 세상 사람들과 상황을 매우 현

실적인 방법으로 다룰 줄 알아야 한다. 우리가 이 세상과 우리 자
신을 비현실적인 방법으로 바라보기를 고집하면서 현실에서 인생
의 행복을 추구할 수 있으리라고 믿는 것은 어리석고 비합리적인
것이기 때문이다.

앞에서도 말한 바 있지만, 이 세상에 외부적으로 존재하는 것은
우리의 힘으로 통제할 수 없는 경우가 허다하다. 그러나 그 세상을
우리가 어떻게 바라보느냐와 그 문제에 어떻게 반응할 것인가는
우리가 선택할 수 있고 통제할 수 있다. 이와 같은 방식으로 우리
는 현실을 우리 스스로 "창조"하는 것이다.

당신이 REBT의 원리를 활용하면 매일 매일 부딪치게 되는 좌절
과 어려움을 극복하고 행복하고 건강하고 합리적으로 살고자 하는
삶의 목표를 달성할 수 있는 힘을 가지게 될 것이다. 그리고 목표
를 좌절시키고 성취할 수 없게 만드는 사람이나 상황을 잘 다룰
수도 있게 될 것이다. 이쯤 된다면 REBT 방법에서 요구하는 수고
쯤은 해볼 만한 가치가 있는 것이 아닌가!

화가 나지 않도록 느끼기

이 장에서는 분노를 극복하기 위하여 사용될 수 있는 몇 가지 정서적인 방법에 관하여 논하여 보겠다. "정서적 방법"이란, 당신의 분노를 변화시키고 제거하기 위하여 사용되는 강력하고, 적극적이고, 때로는 드라마틱 하기도 한 방법과 당신의 "감정"이나 "욕구"에 초점을 맞추는 방법을 의미한다(감정이나 욕구는 언제나 "사고"와 "행동"을 내포하지만, 인위적으로 어느 정도 구분할 수는 있다). 그리고 "행동적" 방법에 대해서는 다음 장에서 살펴 보겠다. 행동적 방법은 "정서적" 방법과 중복되는 부분이 없지 않으나 "느낌"보다는 "행동"에 강조를 두는 경향이 있다.

화를 내는 자신을 조건없이 받아들이고 인정하라

분노를 극복하기 위한 정서적 방법에서 가장 중요한 부분은 무조건적인 자기수용과 자기인정으로 이루어진다. 이것은 몹시 화를 내고 있는 자신을 완전하게 받아들이고자 하는 강한 결심을 전제로 한다.

당신이 치료자인 나에게 찾아와 몹시 화가 나서 고통스러움을 호소할 때 나는 당신을 완전히 수용해 주는 좋은 본보기가 된다. 당신이 화를 내는 것이 잘못된 것이라는 점은 인정하지만 그러나 잘못된 행동과 함께 당신을 수용하면서 결코 멸시하지 않는다. 우리가 비록 실수투성이의 삶을 살망정 그런 대로 엄연히 살아 있을 권리가 있다는 것을 인정해 주는 것이 내담자들에게 자신을 수용하고 자신의 행동을 변화시킬 수 있는 에너지를 얻게 해준다. 비록 다른 사람들이 당신을 수용하지 않고 감정과 행동에 대하여 심하게 비판을 하더라도, 여전히 당신 자신을 무조건적으로 수용할 수 있다. 만약 당신이 쓸모 없는 사람이라는 사람들의 비판에 동의한다면, 당신에 대한 그들의 견해에 동의하기로 결정한 셈이다. 왜냐하면 사람들의 비난을 들으면서도 당신이 마음 속으로 자기 자신을 서푼어치의 가치도 없는 인간으로 송두리째 평가하지 않으며 다만, 자신의 어떤 행동만이 옳지 못하다고 판단할 수 있기 때문이다. 다시 말해서 당신은 그들의 견해에 동의하지 않기로 결정한 것이다(만일 당신이 전체적으로 깎아내리는 타인들의 의견에 동의하는 결정을 할 수 있다면, 그들의 의견에 동의하지 않는 결정을 내릴 수도 있다). 당신에게 다른 사람으로부터 영향을 받아서가 아니고 원래부터 자신을 비하하는 경향이 있었다면, 이 때에도 내부에 있는 자기

비하의 태도에 동의하지 않기로 결정할 수 있다. 당신은 화를 내는
행동이 잘못되었으니까 앞으로 고치겠다고 느끼면서도, 한편으로
는 화내는 자신을 받아들이기로 결정을 한 것이다. 이처럼 좋은 결
심을 하게 하는 것이 바로 자기선택을 가능하게 하는 정서적 방법
이다.

  자신을 수용하기로 확고하게 결정하고, 당신이 인생에서 어떤
일을 하든지간에 결코 자신을 비하하지 않겠다고 결정할수록 그만
큼 강한 자기수용을 느낄 것이다. 이처럼 강력한 사고와 감정을 얻
는 방법은 미드(G. H. Mead)와 설리반(H. S. Sullivan)이 지적하였
다. 그것은 타인의 칭찬을 들음으로써 그리고 그 칭찬을 자신의 것
으로 받아들임으로써 가능하기도 하다. 그러나 화내는 습관을 진
심으로 고쳐야겠다고 느끼면서 동시에 그러한 자신을 수용하는 쪽
을 선택하기로 확고하게 결단한다면 혼자서도 그러한 긍정적인 사
고와 감정을 획득할 수 있다.

  그 다음 단계는 이런 자기수용의 감정을 유지하려고 끊임없이
노력하는 것이다. 우리가 어떤 확고한 신념을 갖게 되는 것은 우연
히 이루어진 것이 아니며, 어떤 사람들이 우리에게 끊임없이 반복
해 주었기 때문도 아니다. 확고한 신념은 우리가 의식적으로나 무
의식적으로 우리 자신에게 반복하고 계속하여 "확인시키는" 과정
을 통해 획득된다.

  가령, "케이크는 맛이 좋으며, 고기는 맛이 좋지 않다"는 견해처
럼 생리학적인 편견을 가지게 되는 과정을 보더라도, 우리는 케이
크를 먹을 때마다 "케이크는 얼마나 맛이 좋은가, 고기보다 훨씬
낫지 않은가"라는 식으로, 매번 스스로에게 이 생각을 반복시킨다.
우리가 비록 의식하지 못하는 가운데서도 "케이크는 맛이 좋다!"
라는 하나의 생각을 확고하게 하기 위하여 많은 노력을 하는 가운

데 "고기는 맛이 좋지 않다!"는 생각을 "타당화"한다. 이와 같이 끊임없는 반복적인 과정을 통하여 케이크와 고기의 기호에 관한 강력한 정서적인 확신이 형성되는 것이다.

이와 유사한 방법으로, 당신이 느끼는 분노와 함께 자신을 완전하게 수용하는 연습을 할 수 있다. 이런 연습을 여러 차례 걸쳐 강도높게 할수록 자신을 훨씬 잘 수용할 수 있게 된다. 분노는 당신에게 득이 되기 보다는 해가 되므로 분노를 줄이고 행복한 삶을 즐기기 위하여 당신의 비합리적 사고를 격파하는 것이 가장 중요하다. 그리고 REBT의 전 과정을 통하여, 자신을 완전하게 받아들이고 인정하는 연습을 열심히 하는 것이 정말 중요하다는 사실을 다시 한 번 강조한다.

합리적 · 정서적 상상(REI)의 기법을 활용하라

REBT이론에서는 또 하나의 정서적 기법으로, "합리적 · 정서적 상상"(REI : Rational Emotive Imagery)이 있다. 이것은 인지행동적 치료자인 몰츠비(Maxie C. Maultsby) 박사가 상당히 오래 전에 개발한 것이다. 합리적 · 정서적 상상의 기법은 다음과 같다.

첫째, 당신이 주로 분노를 느끼게 되는 부정적 사건들을 상상해 보라. 아주 생생하게 그리고 강렬하게 상상하는데, 가령 내가 아파트를 함께 쓰자고 한 약속을 몰염치한 태도로 파기했을 뿐 아니라, 한 술 더 떠서 그런 약속을 한적조차 없다고 시치미를 떼는 장면을 상상하는 것이다. 마치 내가 당신과 아파트를 함께 쓰고 싶은 생각에서 있지도 않은 이야기를 꾸며서 억지를 쓴다고 주장하는 것처럼 말이다.

이 부정적인 경험을 상상하고 있으면 강한 분노와 미움의 감정이 일어날 것이다. 아마도 당신은 내가 약속을 어겼다는 것과 그러한 약속이 있었다는 사실조차 부인하는 것을 생각하면 분통이 터질 것이다. 이렇게 화가 나는 감정을 피하려고 하지 말고, 그 감정이 충분히 살아나도록 내버려 두라. 그리고 몇 분 동안 그 감정에 흠뻑 머물러 있으라.

이 분노의 감정을 잠시 동안 사실적으로 체험한 뒤 이 감정을 바꾸어 보도록 스스로에게 압력을 가하라. 그리고 진정으로 시도를 해보라. 지금까지 배운 REBT의 이론을 활용하고, ABC과정을 단계적으로 적용하여 보라. 여전히 분노가 느껴지더라도, "나는 이 감정을 바꿀 수 없어"와 같이 스스로에게 말함으로써 할 수 없다고 생각하지 말라. 당신은 할 수 있다. 이와 같은 노력을 반복함으로써 언젠가는 당신의 감정을 변화시킬 수 있다. 당신이 느꼈던 분노의 감정을 생생하게 되살려보고, 이 감정을 변화시키도록 스스로 노력함으로써 나의 행동에 대해 분노보다는 실망이나 안타까움 정도의 보다 적절한 감정을 체험할 수 있을 것이다. 당신은 이처럼 정서적 변화를 가져올 수 있는 능력을 분명히 가지고 있다. 그러므로 진지하게 노력해 보라.

당신이 비합리적인 분노의 감정 대신, 실망과 안타까움의 적절한 감정을 느끼게 되었다면, 이 변화를 이끌어 낸 당신이 취한 행동을 주의깊게 살펴보고, 당신의 머릿속에서 일어난 상세한 변화의 단계를 다시 한 번 따라가 보라. B지점에서 신념체제를 바꾸었기 때문에, C지점(정서적인 결과)에 변화가 일어났다는 것을 알게 될 것이다. 당신의 감정이 변하게 된 데에는 아마도 다음과 같은 독백이 있었을 것이다. "아이 참, 그가 약속을 어기고 약속이 있었던 것조차 부인하다니, 기분이 좋지 않구나. 그러나 그도 그와 같은 행동을 할 수 있는 권리는 분명히 있는 것이니까." 혹은 "그가 나에게 큰 불편을 끼친 것은 사실이다. 그러나 그 손해 때문에 내 인생이 끝장난 것은 아니다. 이 일이 몹시 불쾌한 것은 사실이지만 100% 나쁜 상태라고만 볼 필요는 없다."

당신의 신념체제에서 일어난 중요한 변화를 주의깊게 검토함으로써, 당신이 했던 일을 다시 한 번 분명하게 보도록 하라. 불쾌한 선행사건(A)에 대하여 적절한 결과(aC)를 가져온 새로운 합리적 신념(rB)이 어떤 것인가를 충분히 인식하도록 하라.

적절한 감정을 느껴보도록 시도했음에도 불구하고 분노 감정이 변화하지 않고 여전히 울화가 치밀어 오른다 하더라도 결코 포기해서는 안 된다. 불쾌했던 그 경험이나 사건을 계속 상상해 보면서, 당신의 정서적인 느낌이 부적절한 것에서 적절한 것으로 변화할 때까지 그 작업을 계속하라. 당신은 당신의 느낌을 창조하고 통제할 수 있으며 그것을 변화시킬 능력이 있다.

당신이 분노를 느끼기 보다는 실망의 감정을 느끼게 되고, 몹시 신경이 곤두세워지기 보다는 불쾌하다는 정도로 느끼게 되기까지 머릿속에서 어떠한 생각의 변화가 일어났는가를 정확히 깨닫게 되었다면, 그 과정을 계속 반복하라. 분노를 느껴보고, 분노 대신에 실망과 곤란을 느껴보고, 이러한 변화를 가져오기 위해 한 일을 다시 한 번 정확히 되새겨 보는 것이다. 그 과정이 매우 익숙하게 되고 점차 아주 쉽게 될 때까지 반복하라.

이러한 REBT 과정을 하루에 적어도 10분씩 몇 주일간만 연습한다면, 당신을 늘 화나게 만들었던 어떤 사건을 머리에 떠올리거나 혹은 실제로 분통이 터지는 사건이 일어난다 하여도, 화가 나는 대신 거의 반사적으로 실망감이나 곤혹감을 느끼게 되는 경지까지 도달할 수 있다.

당신이 REBT의 과정을 날마다 연습하는 데 끈기가 부족하다면, 연습을 할 때마다 당신이 좋아하는 강화물을 스스로에게 줌으로써 동기를 북돋울 수 있다. 이렇게 연습하지 못한 날은 싫어하는 벌칙을 스스로에게 부과하거나 좋아하는 어떤 것을 박탈하는 방법을 취할 수 있다.

지금까지 분노를 감소하기 위하여 REBT 방법을 꾸준히 연습하는 일에 실패하는 사람은 별로 보지 못하였다. 지난 몇 년간 이 방법을 사용해 보라고 권장했던 수백 명의 사람들은 정말로 열심히 이 연습을 수행했다. 그들 대부분 불꽃처럼 분노하는 습관이 있었는데, 연습을 한 후 불유쾌한 수준 정도로 감정을 완화하는 데 성공했다.

유쾌한 자기훈련의 정서적 훈련을 활용하라

당신은 어떤 사람에 대한 적대감을 극복하고 그에 대한 좋은 감정을 느끼도록 하는 데에도 REBT를 사용할 수 있다. 암스테르담 대학의 인지행동적 치료자인 람쎄이(R. W. Ramsay)는 이 분야에 대한 실험을 통하여, "정서적 훈련"이라고 부르는 기법을 개발했다. 람쎄이의 정서적 훈련을 당신에게 다음과 같이 적용해 볼 수 있다.

당신이 지금 분노를 느끼고 있는 그 사람과 과거에 가장 즐거웠던 경험 하나를 강렬하게 떠올려 보라. 그 즐거운 경험을 상상하고, 그 상상의 결과로 그 사람에 대한 아주 좋은 따뜻한 감정에 실제로 젖어들게 되었다면, 그 과정을 반복하라. 즐거운 경험과 좋은 감정을 떠올리고 그 감정이 적대감을 완전히 압도하도록 노력하라.

합리적·정서적 상상의 방법과 유쾌한 자기훈련의 방법은 적대감이 반복됨으로써 비합리적 신념이 형성되게 하는 것과 똑같은 원리이다. 당신은 타인에 대한 분노와 원한의 감정을 만들어냈을 뿐만 아니라, 이 감정을 계속적으로 반복하여 "자동적으로" 되살아날 때까지 연습한 셈이다. 이런 과정을 의식하지 못했겠지만, 당신은 이와 같은 연습을 꾸준히 계속하여 부적절한 부정적 정서를 만들어냈던 것이다. REI에 의해서는 적절한 부정적 정서를 획득할 수 있고, 람쎄이의 정서적 훈련기법에 의해서는 긍정적이고 유쾌한 정서를 획득할 수 있다. 당신은 정말로 정서를 선택할 수 있으며, 이 방법을 적극적으로 사용하기만 한다면 분노가 아닌 다른 감정으로 대치하는 데 성공할 수 있다.

수치심 극복활동과 모험활동을 시도하라

REBT에서는 유명한 "수치심 극복활동과 모험활동"이라는 방법을 써서 자기비하의 감정을 극복하도록 하고 있다. 분노를 줄이는 데에도 역시 이 방법을 사용할 수 있다. 사람들이 스스로를 부끄럽게 여김으로써 자신을 혼란시킨다는 것을 깨닫고 나서, 나는 수치심 극복활동과 모험활동을 고안했다. 타인이 우리의 잘못을 목격했을 때 우리를 무시할 것이라는 생각으로 부끄러워하며 수치심을 갖는다. 나는 내담자들에게 평소, "위험하고", "부끄럽고", "당황스럽고", "굴욕적인" 것으로 여겼던 일을 한번 해 보라고 촉구한다. 가령, 지나가는 사람을 붙들고 자기가 방금 정신병원에서 나온 사람이라고 말한다든지, 대낮에 공공장소에서 고함을 친다든지, 이상스러운 옷을 입는다든지 등을 시도해 보도록 하는 것이다. 이와 같은 "창피스러운" 행동을 하면서도 자기 자신이 창피하다고 느끼지 않는 한, 실제로는 당황스럽거나 자기비하감을 가져오지는 않는다는 사실을 깨달을 수 있게 된다. 또한 부끄러운 행동이 생각한 것만큼 사람의 관심을 끌지 못한다는 사실과 설령 처음엔 사람의 관심을 끌더라도 이내 곧 잊혀진다는 사실을 알게 된다. 공공장소에서 노래 부르는 것처럼, 남들에게 해가 되지 않는 행동인데도 끔찍히도 당황해하고 부끄러워하는 행동이 있을 것이다. 그런 행동 중 몇 가지를 골라서 찾아낼 수 있을 때까지(그리고 심지어는 그 행동을 즐길 수 있을 때까지) 시도해 보라.

가끔씩 우리는 부끄러움과 당황스러운 감정을 분노의 감정인 것처럼 위장하기도 한다. 부끄러워하지 않으면서 화를 내지 않는 연습을 하는 데 당신은 위에서 설명한 똑같은 방법을 사용할 수 있다.

예를 들면, 상류계층의 레스토랑에서 웨이터가 당신에게 서비스를 제대로 해 주지 않는다고 하자. 당신이 그것을 노골적으로 지적하면 그 웨이터가 당신을 혐오하거나 얕보는 언동을 할까봐 주저한다고 하자. 이 때에는 그 웨이터를 불러서 서비스가 좋지 않았다는 것을 지적하고, 수프가 차가우면 따뜻한 것으로 교체해 달라고 요청해 보도록 당신 자신을 밀어붙이는 것이다. 이렇게 해봄으로써 당신은 그것이 "부끄러운" 것이 아니라는 것을 알게 된다. 당신 스스로 "그 웨이터는 다만 인간적인 결점만을 가지고 있는 것이며, 그 행동에 대한 불쾌감만 표현할 일이지 그 웨이터의 인격 전체를 비난할 필요가 없다"는 감정을 느끼도록 노력해 보라.

당신에게 불친절하게 행동하는 것처럼 보이는 사람들에게 당신이 적대감을 느낀다면, 그들이 누군가 다른 사람과 대화하고 있을 때 끼어들거나 실제로는 만난 적이 없지만 그를 예전에 만난 적이

있다고 우겨보는 행동을 시도해볼 만하다. 이와 같은 방법을 시도
해 봄으로써, 아마도 당신은 당신이 그들과 맞닥뜨리는 일을 "부끄
러워한" 나머지 당신 쪽에서 그들이 불친절하다고 지레짐작하고
있는 자신을 발견하게 될 것이다. 그리고 실제로는 그들이 당신에
게 적대적이거나 비우호적인 감정을 갖고 있지 않으며, 처음부터
당신에게 그다지 큰 관심을 갖고 있지도 않았다는 것을 알게 될
것이다.

주장훈련을 활용하라

　모험활동과 수치심 극복활동 등의 과제물에는 주장적인 시도가
들어 있다. REBT에서는 처음부터 이런 주장훈련을 활용하여 왔다.
주장훈련은 분노의 감정을 완화시키고 예방하는 데 효과적이다.
수치심이 위장되어 화를 내는 형태로 나타나는 것처럼, 고질적인
소극성(비주장성)으로 인하여 분노가 폭발한다. 예를 들면, 친구가
어떤 요구를 할 때 거절하고 싶지만 이런 상황에서 당신을 주장하
는 것이 편치가 않다. 아마도 당신은 친구의 부탁을 거절하면 행여
나 친구에게서 거부당하지 않을까 하고 두려워 하고 있으며 그래
서 싫은 감정을 숨기고 친구의 희망대로 따라줄 것이다. 이러한 행
동을 해놓고 나서 그처럼 나약하게 행동한 자신을 쉽사리 미워하
게 되고, 원치 않는 일을 하도록 만든 그 친구를 또한 미워하게 되
는 것이다.
　이와 같은 소극적인 성격 때문에 적대감이 생긴 것이라면, 보다
주장적으로 행동하도록 당신 자신을 훈련시킴으로써 이 문제를 해
결할 수 있다. 당신에게 어떻게 하도록 요구하는 사람들에게 당신

은 정말 싫지만 억지로 "응해주기"를 단연코 거부한다면, 자신의 행동을 비난할 이유도 없고, 원치 않는 어떤 일을 "억지로 하게 했다"는 이유로 타인을 비난할 것도 없다.

주장훈련은 분노를 제거하는 행동적 방법이다. 그러나 당신이 주장적으로 행동하고자 하는 강한 욕구가 있으면서도 정작 그것을 실천하지 못하고 있을 때에는, 정서적 치료기법을 사용할 수 있다. 당신이 누군가의 부탁을 거절하고 싶지만 행여나 배척당할까봐 두려워 망설이고 있다고 하자. 이 때에는 당신이 "스스럼 없이" 편안한 기분으로 거절의 말을 할 수 있을 때까지 밀어붙이는 연습을 하기 바란다. 그와 같은 주장훈련을 연습하는 것은 합리적·정서적 절차에 해당한다.

당신이 지금까지 해오던 방식과는 다르게 행동하도록 스스로에게 강요하는 것은 중요한 정서적 요소를 포함하고 있다. "정서적" 사고나 "정서적" 행위는 강력하고 편파된 행동을 수반한다. 당신은 일이 어떻게 되어주기를 매우 원하거나 "욕구하며", 당신이 바라지 않는 것을 몹시 피하고 싶어하는 것이므로 이것은 강렬한 정서상태에 해당한다.

정서적으로 당신은 "강력하게" 어떤 사람이나 상황들에서 피하거나 가까이 가는 것이다. 이러한 관점에서 볼 때 당신의 행동을 변화시키기 위해서 의도적으로 애써 노력하는 행위는 (특히 당신이 그것을 잘 해내지 못할 때) 강렬한 감정이 개입된다. 그러므로 이런 노력은 정서적이고 극적인 자기수정의 방법을 내포하고 있는 것이다. 주장훈련은 빈번히 이러한 강제의 특성을 띤다.

⬥

역할놀이와 행동재연을 활용하라

REBT에서는 역할놀이와 행동재연기법을 사용한다. 이 기법은 모레노(J. L. Moreno)에 의해서 창안되었고, 펄스(Fritz Perls)를 비롯한 형태주의(Gestalt) 치료자들이 주로 사용했다. 모레노와 펄스 등은 어린 시절의 정서적 경험을 해방시킨다거나 그 경험에 관한 카타르시스를 위하여 주로 감정적인 발산을 목적으로 사용했다. 그러나 우리는 행동적인 입장에서 역할놀이와 행동연습을 사용한다.

예를 들어, 당신이 싫어하는 어떤 것에 관하여 누군가에게 말하고 싶은데 그렇게 표현하기가 힘들다고 가정해 보자. 이 때에는 당신이 그 상황에서 느낀 감정을 표현해 보도록 종용한다. 당신이 자기의 역할을 하고 그룹 중의 누군가가 당신의 상대 역할을 할 수도 있을 것이다. 먼저, 당신은 그 상황에서 어떻게 느끼는가를 정확하게 이야기하는데, 가능하면 정직하게 당신 자신을 표현해 보도록 시도하는 것이다. 그러면 치료 그룹의 나머지 구성원들은 당신의 표현방식에 대하여 평가를 내린다. 즉 당신이 말할 때 너무 적게 표현했는가, 너무나 정직했는가, 적대심을 가지고 말했는가, 아주 적절하게 주장했는가 등에 대한 언급을 한다. 당신이 주장적 표현을 잘 해내면 그것을 몇 번 더 반복하도록 시키고 익숙해질 때까지 연습해 보도록 한다. 당신이 잘못하면 느낌을 그대로 표현할 수 있고 바라는 결과를 성취할 수 있는 수준에 이르기까지 여러 가지 다른 방법으로 표현을 시도해 보도록 요구한다.

만약 당신이 혼자 있을 때에는 머릿속으로 거울 앞에서 혹은 녹음기를 사용하여 역할놀이와 정서적인 행동연습을 해볼 수 있다. 혹은 친구들의 도움을 받아서 연습할 수도 있다. 연극연습을 할 때

선생님이나 동료들 앞에서 하는 것이 도움이 되는 것처럼, 치료자나 치료 그룹에서 역할연습을 하는 것이 유익한 때가 많다.

　REBT식 역할놀이는 혼자서 할 수도 있고 다른 사람과 같이 할 수도 있다. 역할놀이를 통해 당신 자신을 표현하고 감정을 발산시킬뿐만 아니라 분노 감정을 만들어낸 것이 바로 당신 자신이며, 당신이 얼마든지 보다 나은 선택을 할 수 있다는 것을 스스로에게 입증시켜 줄 수 있다. 당신이 분노를 느끼는 상황에 현명하게 대처하기 위해서는 먼저 분노 감정을 발산시켜야 한다는 점을 많은 심리치료 이론가는 강조하고 있다. 그래서 누군가에게 큰 소리를 지르거나 고함을 치게 한다든지, 베개(당신이 던져 버리고 싶은 어떤 사람을 상징)를 던진다든지, 혹은 다른 방법으로 분노를 "던져 버리도록" 하는 것이다.

　그러나 당신이 위와 같은 방법으로 분노를 표출할수록 점점 더 화가 나게 된다는 것이 임상적으로 발표되었다. REBT에서는 이 현상을 다른 각도에서 명쾌하게 설명할 수 있다. 예를 들어, 만약 당신에게 '잘못'을 저지른 어떤 사람에게 고의적으로 욕을 한다든지 혹은 그 사람이라고 생각하고 베개를 내던진다든지 한다면, 거의 틀림없이 당신은 스스로에게 다음과 같이 독백하고 있을 것이다.

　'그는 나에게 명백한 잘못을 했고, 나는 그가 밉다. 그는 절대로 그렇게 행동해서는 안 되었고, 나는 정말 그가 두 번 다시 내게 그런 식으로 대하지 않기를 바란다!'

정서적 발산의 기법은 오히려 비합리적인 신념과 증오심을 강화시켜 준다

당신이 이러한 식의 자기독백으로 감정을 표현한다면, 당신은 그 사람에 대한 비합리적인 신념을 더욱 "확고하게" 다지고 있는 셈이다. "그는 100% 나쁘게 행동했다. 그가 그런 실수를 할 권리는 없다. 그런 행동을 한 그는 썩어빠진 인간이다. 그는 벌받아 마땅하다." 당신이 가진 적개심을 이렇게 적극적으로 표출하고 나면 아마도 사태의 자초지종을 검토해 보고, 그의 잘못된 행동을 다소간 용서하게 될지도 모른다. 그러나 적개심의 표출로 인하여 오히려 당신은 그 행동의 "끔찍성"을 더욱 악화시키고, 더욱 분노를 느끼게 될 수도 있다.

간혹 가다가 어떤 사람은 타인이나 세상에 대한 적개심을 신체적으로나 언어적으로 표출하고 나서, 그들이 사소한 일을 가지고 얼마나 침소봉대했는가를 깨닫고 침착을 되찾게 된다. 그 이후에 가서 타인의 행동에 대해 담담한 심경으로 다만 실망하고 유감스럽게 느끼게 되는 수준에 머무를 수도 있다. 그러나 대부분의 사람들은, 타인이 자기에게 잘못된 행동을 해서는 절대로 안 되며, 잘못된 행동을 한 사람은 전적으로 나쁜 사람이라는 비합리적인 신념을 더욱 "확고히" 굳히는 것으로 보인다. 아이러니컬하게도, 이러한 사람들이 자신의 분노를 "방출하고", "환기시키고", "발산"(즉, 어린 시절의 경험을 다시 느끼고 재현)하면 할수록 그들은 점점 더 분노하게 되고, 여타의 세상적인 오류에 대해서도 또 다시 분노하게 되는 경향을 지닌다. 따라서, 지정행의 치료집단에서는 가슴속에 응어리진 분노를 집단원 중의 어느 한 사람에게 억지로라도

표출해 보도록 할 때 우리는 항상 그 분노의 감정을 만들어낸 사람
이 바로 자신이라는 사실을 먼저 인식하도록 유도한다. 그리고 무
조건 화를 터뜨리기 보다는 다만 섭섭한 감정을 느끼는 수준에 머
무를 것을 자신이 선택할 수 있다는 것을 깨닫게 하려고 노력한다.

누군가가 당신에게 부당한 행동을 했을 때 당신의 내부에서 분
노의 감정이 끓어오르는 것을 느끼게 되었다고 하자. 이때에는 당
신 자신이 어리석게도 이러한 분노의 감정을 만들어냈다는 것을
인정하고, 이 비합리적인 정서를 가져오게 한 주원인인 당위적 사
고인 'shoulds'와 'musts'를 축출해야 한다. 이렇게 함으로써, 당신
은 분노 대신에 실망과 유감을 느끼는 것으로 마무리하고, 부적절
한 적대감을 표현하기 보다는 적절한 감정을 표현하게 될 것이다.

REBT에서는, 당신이 강렬한 감정을 느낀다는 것을 가지고 잘못
된 행동이라고 비난하려는 것은 아니다. 단지 그와 같은 감정을 충
분히 인식하고 파악하고 그러한 감정이 있다는 것을 부인하지 말
라는 것이다. REBT에서는 적절한 감정(난감함이나 불쾌감)과 부적
절한 감정(분노와 증오)을 어떻게 식별할 수 있는지를 당신에게 보
여준다. REBT에서는 어떻게 하면 전자의 적절한 감정을 유지시키
고 후자의 부적절한 감정을 변화시킬 수 있는지를 당신에게 가르
쳐 준다. 어떤 감정을 표현할 선택권은 당신에게 있다. 어떤 감정
을 가지든간에, 당신이 그런 감정을 가지고 있다는 사실을 정직하
게 인정하는 것이 좋다. 그러나 "인정한다"는 것이 꼭 찬성한다는
것을 의미하지는 않으며, 그것을 "표출한다"는 것을 의미하지도
않는다. 당신이 진정으로 느끼는 감정들 중에서 어떤 것은 전적으
로 찬동하고 표출할 수도 있다. 그러나 자기가 느끼는 모든 감정을
다 표출할 필요는 없다.

화가 나지 않도록 행동하기

 현대의 심리치료이론이 존재하기 훨씬 이전부터 지적되어온 바와 같이, 인간의 정서적인 혼란은 즐거움이나 기쁨의 감정과 마찬가지로 상당히 강한 습관적 혹은 반복적 요소를 가지고 있다. 이 습관적인 경향과 행동적 양식은 자동적이고 무의식적으로 작동하여 우리의 사고와 정서와 행동에 혼란을 야기한다. 이와 같은 반복적인 강박현상을 우리는 다음과 같이 설명할 수 있다. 어린 시절에 당신은 삶의 욕구를 만족시키기 위해서 거의 전적으로 다른 사람에게 의존할 수밖에 없었다. 그 시기에 최초로 당신은 부당한 대접을 받기 시작했을 것이다. 아마도 그 당시에 당신은 '그들은 나에게 그렇게 부당하게 행동해서는 안 돼!'라고 독백을 했을지도 모른다. 그때부터 분노를 느끼기 시작했고, 그들에게 비난을 보냈다. 그러나 점차로 시간이 지남에 따라 당신은 이러한 비합리적인 생각을 '연습함으로써' 아주 쉽게 '나는 어떠 어떠한 형태의 대우를 받아야 되며, 사람들이 나를 함부로 대해서는 안 된다'는 식의 상념을 자동적으로 갖기 시작했고, 그것이 이제는 당신의 기본 철학의 한 부분이 되어 버렸다. 그래서 지금은 이러한 사고가 습관적이고 자동적으로 일어나기 때문에 당신은 계속해서 분노를 '연습하는' 셈이 되고, 당신을 화나게 했다고 생각하는(이는 잘못된 생각) 그 대상에게 비난을 돌리는 것이다.

그러므로 당신이 느끼는 분노는 사고와 감정과 행동의 세 가지 합성물로서, 지속적이고 반사적이고 습관적인 반응으로 나타난다. 당신이 분통을 터뜨렸을 당시의 그 과정을 즉시 재현해 보면, 화를 낼 때마다 "나는 이런 대접을 받아서는 절대 안 돼!"라는 독백으로 구성되어 있다는 것을 깨닫게 될 것이다. 그리고 이것은 비합리적이고 어린아이 같은 신념에서 비롯된다는 것을 쉽게 파악할 수 있다. 화를 내게 된 당시에는 이런 요인을 매번 찾아낼 수 있었을 것이다. 그러나 곧 이어서 당신은 화를 내게 된 이런 추이과정을 곧바로 망각해 버린다. 그리고는 누군가 당신에게 부당한 행동을 하자마자 즉각적으로 분노를 느끼고 그 사람을 비난하게 된다. 아마도 당신은 곧 "이 사람의 잘못된 행동이 나를 화나게 만들었다"라고 잘못된 결론을 내리게 될 것이다. 당신의 습관적인 정서적·행동적 반응이 재빠르게 일어나기 때문에 잘못된 결론을 진실인 것처럼 믿게 만드는 것이다.

인간의 무의식적이고 자동적인 습관화 경향이 우리의 의식활동을 상당 부분 지배하고 있는 것은 사실이다. 그러나 우리의 사고와 행동을 방향짓는 인지적인 요소를 결코 간과할 수는 없다. 우리가 어떤 일을 잘 하고 있을 때면 우리는 거의 언제나 "나는 이 일을 잘 하고 싶고, 최선을 다해 노력할 것이다"라는 철학을 마음 밑바닥에 가지고 있으면서 우리 자신에게 영향을 주고 있다고 할 수 있다. 가령 다른 사람의 잘못된 행동에 대해 즉각적으로 그리고 계속해서 스스로를 화나게 만든다든가 하는 것처럼, 우리가 어떤 일을 잘 못하고 있을 때에는 우리의 마음 속에서 그 일을 잘 해보고 싶은 희망이 사라지거나 자기패배적인 행동으로 이끄는 절대적인 명령구호("~해야 한다")나 당위적 태도 등을 가지고 있을 것이다.

실행적인 숙제를 활용한다

REBT에서는, 우리가 "자동적이고" 습관화된 정서와 행동 이면에 의식적이고 건설적인 동기를 가지고 있고 또 가질 수 있다는 것을 충분히 인정하고 있다. REBT에서는 당신에게 도움이 되지 않는 철학, 특히 비합리적인 철학을 당신 내부에서 찾아내고, 확인하고, 논박하고, 의미 있게 변화시키는 방법을 당신에게 가르쳐준다. 우리는 "재습관화된" 행동이 인간의 사고와 정서에 미칠 수 있는 엄청난 힘이 있다는 것을 인정하고 있다. 그 힘을 건설적으로 활용하고 강화시키기 위해서 행동적인 숙제를 많이 내준다.

예를 들어, 당신이 테니스를 배우고 있는데 도무지 향상이 되지 않아 열등감을 느끼고 자기비하를 하기 때문에 아주 힘들어 하고 있다고 하자. 이러한 부정적인 태도가 있음에도 불구하고 당신은 진전이 있든 없든간에 날마다 연습을 하도록 강요할 수 있다. 자기비하와 열등감이 테니스 연습하는 것을 방해할지 모르지만, 당신이 아예 게임을 하지 못하도록 하는 지경에까지 방해를 하지는 않을 것이다.

그러므로 열등감과 같은 방해 요소가 있음에도 불구하고, 당신은 꾸준히 연습을 계속하여 마침내는 테니스를 좀더 잘 칠 수 있게 되는 것이다. 당신이 그 정도의 진보를 이룬 다음에야 다음과 같이 깨닫는다. "나는 처음에 테니스를 전혀 칠 수 없을 줄 알았는데, 지금 와서는 테니스를 상당히 잘 칠 수 있다는 사실을 알았다. 지금도 전혀 실수를 하지 않는 것은 아니지만 실수가 그렇게 나쁘다고만은 보지 않는다."

이처럼 자기비하적인 태도나 행동이 있었음에도 불구하고, 테니스 연습을 계속하도록 당신 스스로를 부추김으로써, 그와 같은 부정적인 태도를 없애고 테니스에 대한 두려움을 실제로 극복할 수 있게 되었던 것이다. 이때 당신이 비합리적인 상념을 찾아내고 반박하는 일을 함께 했더라면, 좀더 신속하고 효과적으로 이 과정을 극복했을지도 모른다. 그러나 당신의 신념이 행동에 영향을 미칠 수 있는 것처럼, 당신의 행동도 신념에 영향을 미칠 수 있다. 그러므로 신념과 행동 중에 두 가지를 다 다룰 것이냐 아니면 그 중 한 가지를 다루어 나머지 것을 변화시키도록 할 것이냐에 관해서는 당신이 선택하는 것이다.

REBT에서는 신념과 행동의 두 가지 방법을 다 선택해 보도록 권장한다. REBT는 태도와 감정변화에 초점을 맞추는 인지적·정서적 방법을 사용할 뿐만 아니라, 외형적인 행동변화를 위한 행동적인 방법도 사용해 보도록 시도한다. 행동적 방법 중에서 실행적 숙제가 상당한 호응을 얻고 있다. 나는 정규 내담자들에게 꾸준히 숙제를 부과하여, 그들이 스스로 일상생활 속에서 여러 가지 정서적인 문제를 극복해 보도록 하거나 자기 스스로 숙제를 부과해서 실행해 보도록 가르치기도 한다.

앞에서 든 예에서 보면, 내가 약속을 철회한 것 때문에 당신이 울화가 치밀어 REBT 치료자에게 도움을 청하러 왔다고 가정하자.

당신이 첫번째 받게 될 숙제는, 상담 중에 분노의 문제를 다루고 있는 동안에도 나와 계속해서 접촉을 유지하도록 하는 것이다. 왜냐하면 만약 당신이 나에 대한 분노 때문에 나와의 관계를 즉시 끊어버린다면, 그와 같은 행동은 포기나 도피를 의미하기 때문이다.

당신의 목표는 내가 앞으로 당신에게 그와 같은 행동을 하지 못하도록 중단시키는 것뿐만 아니라(이 목표는 당신이 나와의 관계를 끊어버린다면 아주 훌륭하게 달성될 수 있다), 앞으로도 그와 비슷한 상황에 처하게 될 때 부적절한 분노 대신 보다 적절한 불쾌감이나 실망감을 느끼는 것이다. 만약 당신을 화나게 한 사람들과의 관계를 끊어버린다면, 앞으로는 '~ 때문에' 어떤 정서적인 문제를 겪게 되는 일은 없을 것이다. 당신이 나라는 존재와 나의 행동을 완전히 망각해 버림으로써 울화가 진정된다면, 당신에게 어떠한 변화가 있을 수 있는가? 아마도 당신은 예전과 똑같은 비합리적인 철학을 여전히 견지하고 있을 것이다. 그 철학을 적용할만한 선행사건이 없었기 때문에 단지 그것을 발동시키고 있지 않을 뿐이다.

어떤 사람이나 상황을 무조건 회피하는 것은 화를 내는 습성을 결코 바꾸어 주지 않는다. 그런 생활철학은 여전히 건재하여, 또 다른 좋지 못한 일이 발생할 때마다 당신을 화나게 할 것이다. 그러나 부과된 숙제를 통하여 당신이 그와 관계를 유지하면서, 때로는 억울한 대접을 받는 체험을 또 당해보고 그 가운데에서 그의 행동에 대해 비로소 분노하지 않게 된다면, 그때서야 당신은 진정으로 그 문제를 극복해 냈고 상당한 정도로 비합리적·분노 생성적 신념을 변화시켰다고 말할 수 있게 된다.

숙제 부과나 행동적인 방법은 두 가지 부분으로 이루어진다.

첫째, 접촉을 유지하는 것과 같은 행동적 활동이 있다.

둘째, 그들과 관계를 맺으면서 그들의 행동에 대한 당신의 비합리적 생각을 다루는 것과 같은 인지적 활동이 있다.

　행동적 요소와 인지적 요소를 동시에 구비한 숙제를 우리는 즐겨 부과한다. 그리하여 내담자는 자기의 정서적 문제와 행동적 문제를 동시에 다룰 수 있게 되고, 자신의 사고와 행동에 의해서 여러 가지 요소들이 어떻게 서로 복합작용을 하는가를 분명히 이해할 수 있게 된다.

　불안은 분노를 동반하게 된다. 상대방의 잘못된 행동을 직면시키자니 불안이 느껴지기 때문에, 스스로에게 화를 내게 되는 수가 많다. 자기에게 분노함으로써 불안이 따르는 무력감을 숨기고 있는 것이다. 이와 같이, 일단 화를 내봄으로써 당신이 마치 그 상황에서 무언가를 하고 있는 것 같은 착각을 하는 것이다.

　실행적 숙제를 통하여 분노, 불안, 우울의 문제를 다룰 수 있다. 앞에서도 언급했지만 그 가운데 하나는, 불쾌하고 언짢은 상황에 머물러 보고 혼란된 감정을 다루어 보는 것이다. 그런데 나의 부당한 행동에 대하여 나에게 노골적으로 거론하기가 힘들다고 하자. 그러면 당신은 나와 사귀면서 가끔씩 나의 결점과 같이, 비교적 가벼운 문제부터 거론해 볼 수도 있을 것이다. 가령, 내가 만나러 오겠다고 약속해 놓고 약속시간에 오지 않았다든지, 나의 점잖치 못한 말투 등을 언급할 수도 있다. 불쾌한 주제에 관하여 일단 말문을 터놓으면 불안감이 훨씬 줄어들게 된다. 그리고 당면하고 있는 문제에 대해 서로 비교적 쉽게 말을 할 수 있게 된다.

　당신이 화를 내고 있는 사실에 대하여 스스로 못났다고 느끼며 불안해 한다고 하자. 이때에는 스스로에게 "나는 인간적으로 화나는 감정을 느낄 권리가 있다"는 사실을 깨닫도록 종용함으로써 해결될 수 있다. 당신의 결함을 인정하고 그 감정에 머물러 봄으로써 자기수용을 획득할 수 있다. 자신을 수용하면 자신이 느끼는 감정에 대해 다소간 마음이 편안해지고, 분노를 일으키는 상황에 대해서도 점점 둔감해질 수 있을 것이다. 이러한 마음이 되면 자신의 비합리적 신념을 인식할 수 있게 되므로 그것을 논박하는 것이 훨씬 쉬워진다.

이와 같이 행동적인 숙제는 당신을 "혼란시키는" 경험에 임하고 그것에 합리적으로 대처하는 습관을 기르는 데 도움이 된다. 그리하여 당신은 여러 가지 좌절 속에서도 행복하게 살아갈 수 있다는 것을 알게 된다. 이런 숙제를 통하여 훈련을 쌓음으로써 당신은 좌절을 인내할 수 있는 힘을 키우게 된다. 분노나 불안이나 우울과 같은 정서적인 혼란이 대부분 낮은 좌절인내도에서 비롯되었기 때문에 이런 행동적 숙제는 당신에게 유익하다.

우리는 어떤 상황을 노골적으로 직면할 때 일어날 수 있는 고통을 피하려고 하기 때문에, 누군가를 직면하는 것에 불안을 느낀다. 우리가 고통스러운 현실이나 좌절의 상황을 수용하지 않으려고 하기 때문에 스스로 분노를 느끼는 것이며, 때때로 우리가 그런 상황을 재빨리 제거할 수 없을 때 염세적으로(그러나 수동적으로) 그것을 받아들이는 경향이 있다. 직접적으로 좌절적인 상황에 맞부딪쳐 해결해 보려는 의사가 결여되어 있기 때문에 그 상황에 대한 우리의 비합리적 태도를 변화시킬 기회를 부여하지 않는다. 그리고 나서 우리는 계속하여 화를 내게 된다.

그러므로 행동적 숙제를 많이 내주는 것은 불쾌한 상황에 그대로 머무르면서 그 상황을 효과적으로 변화시킬 수 있을 때까지 그것을 인내할 수 있도록 도와준다. 또한 미래의 이득을 위해서 현재의 여러 가지 고통들을 감수할 수 있는 힘도 준다. 그러므로 REBT에서 부과하는 숙제를 많이 하면 할수록 당신의 좌절에 대한 인내도가 높아진다. 따라서 당신 스스로를 화나게 하고 우울하게 하는 경향을 최소화할 수 있다.

행동주의 치료자로서 유명한 월페(Joseph Wolpe)는 상호제지 혹은 단계적 둔화라는 효과적인 기법을 개발하였다. 이것은 실행적 행동보다는 사고와 이완에 초점을 맞춘 것이다. 먼저, 당신이 평소 매우 화를 내게 되는 어떤 상황을 머릿속에 떠올려 본다. 불쾌한 상황을 머리에 그리는 동안 요가를 한다든지, 즐거웠던 편안한 장면을 상상함으로써 매우 이완된 상태로 만들어 보라. 이완되면 당신의 분노도 사라질 것이다. 이완연습을 통하여 화를 내지 않게 되는 훈련을 상당한 기간 동안 쌓게 되면, 나중에는 그런 불쾌한 상황에 대하여 더 이상 분노를 느끼지 않게 되는 경지에 도달한다.

월페가 제안하는 또 하나의 방법은, "분노를 일으키는" 장면을 여러 가지 떠올려 그것들간의 위계표를 작성하는 방법이다. 약간씩 화를 내게 하는 일부터 몹시 화를 내게 하는 것까지 일련의 장면들을 적어 본다. 작은 분노장면부터 상상하기 시작하는데, 상상을 시작하여 분노가 느껴지면 그때 바로 당신을 이완시킴으로써 마음 속에 일어난 분노가 사라지게 한다. 이 장면에서 더 이상 분노가 느껴지지 않으면, 그 다음 단계의 좀더 강한 장면으로 넘어간다. 마음 속에서 일어난 분노를 방해하는 이와 같은 과정의 상호제지와 단계적 훈련을 계속함으로써, 점차 분노의 상황에 대해서 둔감해지는 단계를 거치게 된다. 작은 분노부터 큰 분노의 장면까지 더 이상 분노를 느끼지 않고 이완시키는 데 성공하면, 어떠한 좌절의 상황에 직면한다 할지라도 격한 감정이 둔감해지게 된다. 이러한 형태의 단계적 둔화를 통해서 당신은 화를 돋우는 자극에 대해 면역기능을 갖게 되는 경지에 도달한다.

단계적 둔화(SD)는 합리적 · 정서적 상상요법(REI)과 상당히 유사한 면이 있지만, 이들간에는 중요한 차이점이 있다. 단계적 둔화에서는 자극이 가장 약한 상황에서부터 시작하여 점차 극적인 경험으로 넘어가게 된다. 상상하는 분노장면들의 단계마다 매번 이완을 해야 한다. 반면에 REI에서는 가능한 한 최악의 상황부터 시작하도록 하여 감각이 포화상태가 되도록 한다. 이와 같이 해서, 분노와 같은 부적절한 감정으로부터 실망과 같은 적절한 감정으로 당신의 느낌을 변화시켜 보도록 적극적으로 유도한다. 위의 둘 중 어떤 방법이 더 효과적인가는 각자의 개인적인 취향이나 선호도에 따라 다르다.

조작적 조건화의 원리를 활용한다

REBT에서는 스키너(B. F. Skinner)의 조작적 조건화의 기법도 활용한다. 이 자기관리의 기법은 보상과 벌칙의 원리에 기초를 두고 있다. 바람직한 행동을 행했을 때 음식이나 칭찬, 어떤 특권 등과 같은 상을 주고, 바람직한 행동을 수행하지 못했을 때에는 벌을 주는 원칙에 따라 훈련을 수행하는 것이다.

벌칙을 준다는 것은 잘못을 했을 때 자신을 비난하고 비하하라는 의미가 아니다. 벌칙과 징벌은 명백히 다르다는 사실을 이해하기 바란다. 예를 들어, 당신이 약간 화가 나서 어떤 행동을 하지 않으려고 한다면, 자신에게 제약을 가하는 벌칙을 줄 수 있다. 그것은 합당하다. 왜냐하면 이 경우, "벌칙을 준다"는 것은 좋은 결과를 위해서 당신의 행동을 변화시킬 수 있도록 당신에게서 어떤 혜택이나 즐거움이 되는 것을 단지 박탈한다는 것을 의미한다. 이것은 행복한 삶을 살고자 하는 인생의 목표를 달성하기 위해서이다. 그러나 징벌한다는 것은 방금 위에서 언급한 대로의 벌칙부과에 더하여, 당신 자신을 인간으로서 격하시키는 것을 의미한다.

스키너의 이론은 때로 상당한 비판을 불러 일으켰다. 그 이유는, 조작적 조건화가 강화의 원칙을 사용해서 미묘하게 사람들을 조종하여 그들이 진정으로 원하지 않는 많은 일들을 하도록 만든다는 것이다. 학교나 병원, 교도소와 같은 통제된 환경에서 조작적 조건화가 남용되기도 한다. 그러나 REBT와 다른 행동치료에서는 조작적 조건화를 이용하여 자기관리나 자기통제의 효과를 기도하는 것이다. 자기패배적 행동을 변화시키고 싶어 하거나, 특히 보통 때에는 매우 실천하기 힘들어 하는 훈련을 해보고자 하는 내담자들은 치료자가 부과하는 여러 가지 형태의 과제물을 기꺼이 수행해야 한다. 그리고 그들이 과제를 성공적으로 수행했을 때에만 자신에게 즐거운 강화물을 부여하고 과제를 수행하지 못했을 때는 어떤 벌칙을 기꺼이 받아들이도록 한다.

자기관리의 원리는 자기와의 약속을 실행하고 있는 사람들에게 아주 훌륭하게 사용될 수 있다. 수세기 동안 작가나 예술가들은 매일 매일 정해진 최소한의 시간 동안 작업을 수행하고 나서야 무엇을 먹는다든지, 읽는다든지, 친구에게 이야기를 하는 행위 등을 스스로에게 허용하였다. 수많은 사람들이 다이어트나 운동 또는 하기 싫은 어떤 일을 수행해야 할 때, 자기와 정한 약속을 지키지 못하면 스스로에게 엄격한 벌칙을 부과함으로써 자기를 관리하고 있다.

이 원리를 REBT이론에 적용해 보자. 가령 비합리적 생각을 논박하거나 실행적 숙제를 하는 데, 매일 매일 정해진 시간에 실천하기가 힘들다고 하자. 이러한 상황에서, 당신은 자신과 계약을 맺을 수 있다. 자신과의 계약을 공식화하기 위하여, 자신과의 합의사항을 매우 명확한 용어로 적어 내려가 보라. 당신이 연습을 수행했을 때, 보상이나 강화물로서 특별히 좋아하는 활동이나 쾌락을 선택할 수 있다. 날마다 비합리적 신념을 토론하고 논박하기로 한 시간을 마쳤을 때에는 스스로를 강화한다. 만약 계약조건을 채우지 못했을 때는 당신이 매우 싫어하는 일이나 활동을 자신에게 부과함으로써 벌칙을 가한다. 이 계약을 엄격히 지키기 위해서는 때로 다른 사람에게 도움을 청하는 것이 매우 효과적일 수도 있다. 친한 친구나 아는 사람들이 기꺼이 당신의 계획에 협조하여 줄 것이다. 이렇게 함으로써, 강화와 벌칙이 매우 충실하게 실행될 수 있는데, 이것은 조작적 조건화에 있어서 가장 중요한 사항이다. 필요하다면 벌칙을 되도록이면 하루 일과 중 아침에 실시하도록 함으로써, 이런저런 핑계로 회피하지 못하게 하는 효과도 있다.

강화와 벌칙을 활용한다

사람의 기호는 각양각색이므로 여기서는 어떤 것이 강화와 벌칙으로 작용하는지를 나열하고 싶지는 않다. 그 대신, 강화와 벌칙에 관한 일반적인 사항을 설명하겠다. 보상을 줄 때에는 너무 과도하게 보상을 주지 않도록 유념해야 한다. 과도한 보상이 부담스러우면 애써서 약속을 지키려고 노력하지 않게 될지도 모른다. 또한, 보상은 일상적으로 접할 수 있는 것처럼 평범하거나 가벼운 것이어서도 안 된다. 비교적 갖기 힘든 것을 정하여 보상으로 선택하라. 또한 당신이 그날 그날의 과제를 완성한 직후에 즉각적으로 줄 수 있는 보상을 택하라고 권하고 싶다. 즉각 주어지는 보상이 효과적이기 때문이다. 만약 당신이 단계적 둔화나 합리적·정서적 상상 연습을 하루에 10분씩 하기로 했다면, 그 연습시간을 아침에 할당하라고 강력히 권하고 싶다. 만약 오후의 시간으로 배정한다면 연습을 자꾸 미루면서 결국 자신에게 보상이나 벌칙도 없이 잠자리에 들어가게 될 소지가 크다.

벌칙도 보상과 마찬가지로 합당한 범위 내에서 정하는 것이 좋다. 지나치게 심한 벌칙을 정하는 것은 문제의 소지가 있다. 벌칙은 효과적인 동기유발을 가져오기 위한 것이다. 당신의 일상생활과 관련하여 세 가지의 벌칙이 있을 수 있다. 예를 들면 다음과 같다.

- 보상을 주지 않는 것이다.
- 당신이 일상적으로 즐기는 어떤 즐거움을 박탈하거나 방해하는 것이다. 예를 들어, 담배를 피우는 사람이라면 과제를 수행하지 못한 날에는 벌칙으로 담배를 피우지 않는 것이다.
- 당신 자신에게 부과하는 어떤 벌칙이 될 수도 있다. 대중교통수단을 이용하는 것을 아주 싫어하여 주로 택시를 타거나 손수 운전을 한다고 하자. 이런 경우에는 당신이 싫어하고 불편하게 여기는 방법인 대중교통수단을 이용하게 하는 것도 아주 좋은 벌칙이다. 이 방법은 특히 출근하는 길과 퇴근하는 길에 두 차례나 감수해야 된다는 점에서 두 배의 효과를 내는 벌칙이라 할 수 있다. 당신은 보상과 벌칙을 혼합하는 방식을 선택할 수도 있을 것이다. 가령, 당신이 그 주일에 매일 매일 연습을 완수했다면 주말에 특별한 장소에서 외식을 하거나 영화를 보는 것과 같은 굉장한 보상을 자신에게 마련할 수 있다. 반면에 당신이 약속을 지키지 못했다면 주말 아침에 아주 일찍 일어나 하기 싫은 허드렛일을 해야 하는 것과 같은 큰 벌칙을 부과하는 것이다.

벌칙과 징벌의 차이점을 다시 한 번 반복해서 언급해 보겠다. 내가 늘 내담자들에게도 이야기하는 바이지만, 만약 실험실의 동물이 잘못된 미로를 헤매게 되면, 바른 미로를 찾게 하기 위해서 그들에게 벌칙을 부과할 수 있다는 것은 당신도 쾌히 동의할 것이다. 그러나 올바른 반응을 하지 않았다고 해서 그들에게 큰 소리를 지르거나 야만적으로 행동하지는 않을 것이다. 그런데 당신은 어떠한가? 당신은 자신이 비효과적인 행동을 했다고 해서 자신을 징벌하고(단순히 벌칙을 주는 것이 아니라) 비하시키지 않는가?

"나는 쉽게 화내는 습관을 버리기를 원한다"라는 생각을 가지고 있다면, 논리적으로 다음과 같은 생각으로 이어지게 될 것이다. "그런데 그 습관을 버리기가 이렇게도 힘들고 분노에 대처하는 훈련을 하기가 너무나 어렵구나. 그러므로 내가 이 훈련을 좀더 잘 수행할 수 있도록 벌칙을 정하기로 하자."

당신이 이러한 논리적 공식을 따라간다면, 벌칙을 수용하고자 하는 소원이 이 힘든 훈련을 회피하고자 하는 마음을 능가할 수 있을 것이다. 자기훈련의 고통을 회피하려는 습관을 개선하기 위하여, 당신은 자신에게 기꺼이 벌칙을 부과하는 것이다.

그런데 당신이 스스로에게 벌칙을 부과하는 대신 징벌을 내린다면 당신은 다음과 같은 독백을 하고 있을 것이다. "나의 화내는 습관을 버려야만 하며, 분노의 습관을 교정하는 훈련을 잘 해내야만 한다. 내가 해야만 하는 일을 하지 못하면, 나는 내 자신에게 벌칙을 내려야 한다. 그리고 나와의 약속을 지키지 못한 데 대하여 마땅히 비난받아야 한다." 이처럼 징벌의 공식은 마술적인 강요와 그 강요로 인한 어리석은 자기비하의 결과를 내포하고 있다. 많은 사람들이 벌칙과 징벌의 차이점을 잘 구분하지 못하고 있다. 그들은 무언가를 하겠다고 스스로에게 약속하고 그 약속을 지키지 못했을 때는, 마치 자신을 비난하는 어떤 힘이 우주 안에 존재하는 것처럼 느끼게 된다. REBT는 이러한 자기채찍질의 경향성을 뿌리

뽑는 것에 역점을 두고 있다.

주장훈련을 활용한다

또한 REBT에서는 주장훈련을 상당히 활용한다. 공격적으로 표현하기 보다는 적절한 자기표현의 주장적 행동을 하도록 돕는다. 여기에서, 당신이 자기주장적으로 표현한다는 것은 원하는 것을 추구하고, 원치 않는 것을 피한다는 것을 의미할 뿐이다. 그러나 당신이 공격적으로 행동한다는 것은 감정과 행동에 적대적인 요소가 들어 있다는 뜻이다. 당신의 욕구를 다른 사람이 방해할 권리가 없다고 굳게 믿기 때문에 만약 어떤 사람이 소원을 묵살할 때는 그들을 경멸하게 된다. 이것이 공격적인 자기표현이다. REBT에서는 주장성과 공격성이 어떻게 다른지를 분명하게 가르쳐 준다. 다시 말해서 우리는 당신이 주장적으로 되는 것을 가르쳐 준다. 그리하여 타인을 미워하지 않으며 부질없이 적대시하지 않으며, 타협을 거부하지 않고서 당신이 바라는 모든 것을 타인이 해주어야 한다고 요구하지 않으면서 목표를 성취할 수 있는 방법에 대하여 가르쳐 준다.

REBT에서는 당신이 공격적이 아닌 표현, 곧 주장적으로 표현하는 단계를 명확한 철학에 의해 구분하고 있으며, 이 점에서 REBT는 리치(Wilhelm Reich)나 펄스(Fritz Perls)나 바하(George Bach) 등의 이론보다 훨씬 더 분명하다. 결론적으로 말해 다른 사람이 당신을 화나게 만드는 것이 아니다. 당신이 공격성과 적대감을 느끼는 것은 오로지 당신 자신의 책임이라는 사실을 충분히 인정하게 되었을 줄로 믿는다. 당신은 다음 단계로 나아가서 여러 가지의 행동적인 주장훈련연습을 시행해 볼 때 분노와 증오를 상당히 극복할 수 있게 될 것이다.

자기주장적 행동은 상당한 정도의 위험부담을 안고 있다. 이제부터 당신은 정말 하고 싶어 하는 것을 하고, 하고 싶지 않은 일을 억지로 하지 않는 것이다. 다른 사람들은 이처럼 주장적으로 변화한 당신을 보고서 자연히 당신이 주장을 하는 것에 대하여 불쾌감을 느끼거나 비난을 할 수 있다. 그러므로 주장적으로 표현하게 될 때에는 어떤 역반응이 수반될 수도 있다는 사실을 사전에 충분히 고려해 볼 필요가 있다. 특히, 그 상대가 당신의 상사나 감독자인 경우에 그 위험부담이 너무 크다고 생각되면 당신은 자신을 주장하지 않기로 결정할 수도 있다. 경우에 따라 자기주장을 의도적으로 삼가는 것은 매우 합리적인 행동이다.

그러나 당신이 소극적으로 행동하는 데에는 이유가 있다. 당신은 다른 사람의 인정을 받으려고 지나치게 신경을 쓴다. 그리하여 보통 정도의 위험부담을 몹시 큰 위험부담으로 간주해 버리기 때문이다. 그러나 당신이 진정으로 원하는 것을 얻기 위해서는 타인의 인정을 받으려고 애쓰는 일은 미련없이 그만두는 용기가 있어야 한다. REBT는 위험을 회피하려고 하는 당신의 태도를 우선적으로 변화하게 한 다음에, 이어서 행동적이고 주장적인 단계로 나아간다.

REBT에서 흔히 제시하는 주장적 행동의 과제는 다음과 같다.

모험을 감수하기

당신이 평소 하고 싶었지만 매우 두려워하고 그래서 피해왔던 일들을 몇 가지 생각하라. 가령, 식당에서 잘못된 음식을 되돌리는 일, 화려하게 보이는 옷을 입는 일, 버스나 지하철에서 샌드위치를 먹는 일, 청중 속에서 손을 들어 연사에게 질문을 하는 일, 당신과 중요한 관계에 있는 누군가에게 그 사람 자체를 비난하지 않고 그의 행동이 어떠 어떠한 점에서 싫다고 말하는 것 등이다.

어떤 것을 요청했다가 거절당하는 것을 감수하기

당신이 정말로 하고 싶어 하지만 요청했다가 차갑게 혹은 화를 내면서 거절 당할 것같이 생각되는 몇 가지 일로서, 성관계라든지 특별한 음식을 요청하는 일, 영화관에 가는 일 등을 떠올려 보라. 당신의 친구나 친척들에게 이것을 요청해 봄으로써, 감수하게 될 쌀쌀한 감정과 분노를 경험해 보라. 만약 거절을 당하면, 이 거절을 극복하기 위하여 다른 사람에게 또 다시 시도를 해보라. 그래도 성공하지 못하면 다른 기회를 보아 다시 요청해 보라.

어떤 것을 거절하거나 "아니오"라고 말하는 위험을 감수하기

평소 당신이 정말 하고싶지 않은데 다른 사람의 기분을 상하지 않기 위해서 마지못해 하는 일로서 외식을 한다든지, 어떤 식으로 성관계를 갖는다든지, 긴 시간 동안 대화를 끌게 된다든지 등을 떠올려 보고, 이런 일들을 고의로 거부해 보는 위험을 감수하라. 거절하는 모험을 극화시키기 위하여 당신은 불쾌한 어조로 거절할 수도 있다. 또는 상냥하게 그러나 확고하게 거절하고, 상대방이 끝까지 부탁을 들어달라고 종용하여도 계속하여 거절하는 태도를 유지할 수 있다.

우스꽝스럽거나 "창피스러운" 일을 해 보기

앞장에서도 언급한 바 있지만, 당신은 부끄러움을 극복하는 연습을 해볼 수 있다. 공개석상에서 하기에는 어리석고 우스꽝스럽게 생각되는 몇 가지 일들을 생각해 보고, 이 "부끄럽고 당황스러

운" 일을 고의로 해보는 것이다. 길거리에서 큰 소리로 노래를 부른다든가, 머리띠를 매고 노란 깃털을 꽂는다든가, 길가는 노인을 붙잡고 길을 건너는 것을 도와달라고 부탁을 한다든가 등이 있다.

고의로 실수하는 모습을 다른 사람들에게 보여주기

보통 때에는 당신이 실수하는 모습을 다른 사람들에게 보여주고 싶지 않았겠지만 이제는 실수를 해보라. 그리고 당신의 실수를 그들이 알도록 해보라.

예를 들면, 야구게임을 할 때 잡을 수도 있었던 플라이 볼을 고의적으로 떨어뜨리는 것, 대중 앞에서 이야기할 때 잠시 동안 말을 더듬는 것, 실제로는 합격을 했으나 사람들에게 시험에 떨어졌다고 이야기하는 것 등이다.

침착하게 자신을 주장하기

주장훈련의 옹호자들은 상대방과 투쟁하고 자신을 강력하게 주장하라고 강조한다. 그러나 이들은 침착하게 자기주장을 하는 것이 훨씬 더 쉽게 원하는 것을 얻을 수 있게 해 준다는 사실을 간과하고 있다. 만약 당신이 누군가에게 화가 나 있는데, 그 분노 감정을 만들어낸 감정이라는 것을 알게 되었고, 그 감정을 밖으로 표현하면 원하는 바를 성취할 수 없다는 생각이 일어났다고 하자. 이때에는 솔직하게 감정을 표현하는 것만이 최선은 아니다. 당신의 이익을 위하여 감정을 표현하지 않을 권리가 있다. 표현하고 싶지 않은 감정을 표현하지 않는 것 또한 당신의 솔직한 감정이며, 하나의 자기표현이다. 그래서 억누르고 싶은 감정이 있다는 것을 부인하지 않으면서 이 감정표현을 의도적으로 억제한다면, 사람들에게 솔직하게 감정을 터트릴 때보다 당신에게 더 좋은 결과를 가져오기도 한다.

"나는 당신이 창자 속에서 어떤 것을 느끼고 있든지 개의치 않는
다. 당신이 그 감정을 모조리 꺼내어 언어로 옮길 필요는 없다. 그
감정을 가라앉힌 후에 차분하게 이야기하라."고 버드(Lois Bird)가
적절하게 지적하고 있다. 이러한 행동이야말로 가장 확실한 자기
주장이며, 모든 것을 다 이야기하는 것보다도 더 현명한 처사다.

끝까지 저항하는 연습을 해보기

바하(George Bach)와 골드버그(Herb Goldberg)는 저항연습을 강
조했다. 당신에게 어떤 요구를 하는 상대방에게 그것을 거절할 수
밖에 없는 이유를 대면서 계속해서 거절하는 것이다. 이 연습은 집
요하게 요구하는 상대방에 대하여 마침내 "당신 말이 타당해요"라
고 말하면서 타협에 들어갈 때까지 계속하라. 또는 상대방이 "당
신을 꺾을 수가 없을 것 같으니 이제 그만하는 게 낫겠군요"라고
말할 때까지 계속하라.

용감하게 직면하기

앞에서도 언급했지만, 적대감이나 폭력은 용기의 부족에서 비롯
되는 경우가 많다. 당신이 원하는 대로 실행하지 못하거나 타인의
결점을 직면할 용기가 없을 때, 약하고 비주장적인 자신을 미워하
고, 상대방에 대해 화를 내며 싸우고 싶은 감정을 느낀다. 특히 남
성의 경우, 우드(Sherwyn Woods)가 지적한 바와 같이, "폭력은 원
기를 회복시켜 주는 행동이며, 남성적인 자존심을 회복시키려는
시도이다." 수동성과 의존성의 감정은 우리 사회에서 "여성적"으
로 간주되어, 남자는 그러한 감정을 가진 것을 부인하려고 한다.

이와 같은 비주장성을 지양하면서 동시에 화를 터뜨리는 일이
없도록 하기 위해서는 당신이 동의할 수 없는 사람들에 대해 용감
하게 직면하는 것이 필요하다. 그렇게 시도하면 표면적으로 갈등

이 노출될 것은 분명하나 상황에 대한 해결책이 조만간에 나올 것이다. 심지어 심각하고 깊은 사회적 갈등의 경우에도 직면의 방법이 탁월한 메커니즘으로 사용되고 있다. 그러므로 당신이 동의하기 힘든 사람들에게 용감하게 직면하게 되면, 당신이 두려움이 없는 사람이며 당신의 권리를 찾고 싶어 한다는 것을 그들에게 알려주게 된다. 그리고 그들이 다시 한 번 생각하게 하고 타협하려는 자세도 갖게 해 줄 것이다.

어떻게 하면 이런 직접적인 직면을 실행할 수 있을까? 이것은 상대방의 반대와 무례함을 견뎌낼 수 있으며, 설사 상대방이 당신을 싫어한다 해도 당신이 자신을 싫어할 필요는 없다는 사실을 스스로 확신함으로써 가능하다. 당신은 때때로 "그 사람에게 직면시키자"라는 말을 되뇌이면서 스스로에게 강요해 보는 것도 필요하다. 처음에 이러한 노력을 시도하는 고통이 아무리 크다 할지라도, 정작 직면하지 않고 회피하며 지내는 고통이 훨씬 크다는 것을 명심하라.

피드백 받기

알버티(R. E. Alberti)와 에몬스(M. E. Emmons)는 특히 결혼상담에서 내담자를 도울 때, 치료자가 공격적이 아닌 주장적인 행동을 리허설하고 시범을 보이는 방법에 관하여 자세히 설명하고 있다. 당신은 치료자가 없이도 당신 친구에게 당신과 상대방 사이의 모의싸움을 심판해 달라고 부탁하여 이 과정을 연습해 볼 수 있다. 구체적인 갈등의 장면을 설정하고 관찰자와 함께 당신과 상대방이 어떤 행동을 할 것인지를 결정한다. 관찰자로 하여금 당신의 역할연습을 비평하게 하고 "드라마"를 재연출해 본다. 그 다음에 관찰자에게 피드백과 지도를 받는다. 이와 같은 일을 몇 번 반복한다.

만약 관찰자가 없다면, 당신이 역할연습을 하는 동안 당신과 상대방을 "관찰"하기 위하여 녹음기나 비디오를 사용할 수 있고, 이들로부터 당신의 행동과 개선방법에 관하여 피드백을 얻을 수 있다.

대처방안을 미리 준비해 두기

바하와 골드버그가 지적하고 있는 바와 같이, 수동적 공격을 취하는 사람이나 항상 사람을 기다리게 하는 습관이 있는 사람에게 대처할 수 있는 방안을 미리 준비해 두는 것도 또한 주장훈련의 한 방법이다. 당신이 하고 싶지 않은 일을 요청하는 경우 이외에도 가령, 어떤 친구가 만날 약속을 해놓고 나타나지 않거나 습관적으로 늦게 나타나는 경우가 있을 수 있다. 만약 그렇다면 당신은, "만약 네가 10시 30분까지 나타나지 않고 전화도 없으면, 나는 혼자서 영화관에 가겠다"와 같이 엄격한 약속을 정해두는 것이다. 이런 규칙을 한번 정했으면 끝까지 밀고 나가라. 흐지부지한 것으로 만들지 말고 그것을 엄격하게 지켜야 한다.

공격성과 주장성을 명확히 구분하기

알버티와 에몬스는 라자러스(Arnold Lazarus)와 나의 저술을 참고로 하여, 주장적 행동과 공격적 행동을 명확히 구분하는 방법을 지적하고 있다. 라자러스와 페이(Allen Fay)는 "주장성이란 비이성적인 요구에 저항하며 당신이 원하는 것을 요구하는 확고한 자세이다. 공격성이란 다른 사람을 인격적으로 존경하지 않는 태도를 말한다. 주장성은 긍정적인 것이고, 공격성은 부정적인 것이다."라고 설명하고 있다.

소극적(비주장적) 행동과 주장적 행동, 공격적 행동간의 중요한 차이점은 다음과 같다.

소극적(비주장적) 행동은 어떤 것을 원하고 있으면서도, 그것을 정직하게 표현하지 못하고, 그것을 얻기 위한 어떤 노력도 하지 않는다. 당신은 수동적이고, 간접적이고, 다소간 자신에게 정직하지 못하다. 당신이 진정으로 원하는 것과 원하지 않는 것을 스스로에게 허용하지 못하는 때가 많다. 당신은 필요없이 자신을 억제할 때가 많으며, 기본적인 욕구조차도 때로는 부인한다. 당신은 불안하고, 상처입고, 분노를 느낄 때가 많다.

주장적 행동은 당신이 어떤 것을 원할 때 정직하게 인정하고, 대부분 그것을 얻기 위하여 노력한다. 다른 사람들에게 개방적으로 행동하는 편이며, 당신이 원하는 것을 언제나 그들에게 전부 말하는 것은 아니지만, 그것을 얻기 위하여 지속적으로 열심히 노력한다. 자신에게 항상 흥미와 관심을 가지며, 자기향상감을 느낀다. 타인의 가치나 목표도 중요하게 여기지만, 대개는 자신의 것을 더 중요시한다. 당신은 활발하게 표현적으로 행동한다.

공격적 행동은 타인이 당신의 생활을 방해했다고 분노를 느끼며, 행복한 삶을 추구하는 데 오히려 방해가 되는 방향으로 행동한다. 그들은 절대로 그렇게 행동해서는 안 된다고 당신은 굳게 믿고 있다. 당신은 감정을 정직하게 표현하기는 하나 부적절한 방식으로 행동해서, 때로 정말 원하는 것을 오히려 얻지 못하게 된다. 당신은 활발하게 주장적으로 행동하기는 하나 상대방의 인격에 상처를 준다. 당신은 자신을 때로는 지나치게 표현한다. 당신은 자신만이 옳다고 느끼고 남들보다 우월하다고 여기며, 남들을 비난하는 경향이 있다. 그러다가 나중에는 당신이 가진 적개심 때문에 죄의식을 느끼게 된다.

당신이 이 세 가지 종류의 행동을 명확하게 구분하고, 소극적(비주장적) 행동이나 공격적 행동을 할 수밖에 없다는 생각에서 벗어나 이 책에서 제시된 대로 스스로 훈련을 쌓는다면, 참으로 주장적인 행동을 할 수 있게 될 것이다. 이것이 랑게(Arthur Lange)와 쟈쿠보우스키(Patricia Jakubowski)와 다른 REBT 치료자들이 강조하는 바이다.

  주장적으로 행동하기
  랑게와 쟈쿠보우스키와 월페가 요약한 것처럼, 주장적 행동은 다음과 같은 요소를 포함하고 있다.

- 하고 싶지 않은 것을 거절할 때에는 단호하게 "아니오"라고 말하라. 망설이거나 주저하여 상대방이 그 결정을 뒤집을 기회를 주지 마라. 결코 자신을 변명하거나 사과하는 투로 말하지 말라.
- 분명하고 확고한 음성으로 말하라. 우물쭈물하거나 변명조의 말을 피하라.
- 오랫동안 침묵하거나 주저하지 말고, 될 수 있으면 짧고 간단하게 대답하라.
- 다른 사람들이 당신을 정당하게 대해 주도록 노력하고, 그들이 섭섭한 대접을 했을 때에는 그것을 지적하라. 그러나 그것을 그들에게 고집하거나 강요하지 말라.
- 부당한 요청을 받았을 때에는 상대방에게 그 이유를 물어보고, 그것을 경청하라. 그 이유가 합당하면 대안적 행동이나 당신이 할 수 있는 해결책을 제시해 보라.
- 그 이유가 합당하면 정직하게 당신의 감정을 표현하라. 다만 왜곡된 표현이나 타인을 공격하는 말이나 자기변명은 하지 말라.
- 당신이 불쾌감이나 서운한 감정을 표현할 때는 상대방이 보인 어떤 행동에 초점을 맞추도록 하라. 그 사람 자체를 공격하여,

그가 형편없는 인간이라는 느낌을 주지 않도록 하라.

- '나 전달법'을 사용하는 것이 매우 효과적이기는 하나 만병통치약은 아니라는 점을 명심하라. 주장훈련의 개척자인 월폐는 주장성을 학습하는 데 있어 '나 전달법(I-massage)'과 분노를 표현하는 법을 강조하고 있다. 그러나 라자러스와 후이스(David D. Hewes)는 '나 전달법'도 상당히 자기 패배적인 분노를 담고 있다고 말한다. 오히려 적절한 '너 전달법(You-message)'이 더 낫다고 주장한다. 만약 당신이 한 판매원의 태도를 불쾌하게 여긴다면 화가 나서 다음과 같은 '나 전달법'으로 말할 수 있다. "내가 셔츠를 하나 사려고 했는데, 당신이 그렇게 대하니 참으로 자존심이 상하는군요!" 그런데 이것을 '너 전달법'을 사용하여 다음과 같이 화내지 않고도 말할 수 있다. "오늘처럼 짜증나는 날씨에 당신은 매우 흥분되어 있는 것 같군요. 당신의 그런 행동도 무리가 아니에요." 라자러스는 이와 같은 '너 전달법'으로서, 상대방을 이해하고 심지어 긍정적인 강화까지도 줄 수 있다고 말한다. 그러므로 '나 전달법'을 활용하되, 효력을 지나치게 과대평가하지는 말라.

주장성의 등급에 맞추어 표현하라

스메비(Marlowe H. Smaby)와 타미넨(Armas W. Tamminen)은 주장행동에는 여러 가지 등급이 있으므로, 상황이나 상대방에 따라서 각기 등급이 다른 주장성을 보여주라고 하였다. 가장 기초적인 주장행동은, 단지 자신의 입장을 고수하고 다른 사람으로부터 침해를 받지 않고자 할 때 사용된다. 가령, 어떤 사람이 새치기를 하려고 할 때 맨 뒷줄을 가리키며 그 곳으로 가는 게 좋겠다고 말하는 경우가 이에 해당된다.

그 다음 강도의 주장행동은, 자신 있게 주장적 행동을 하는 단계이다. 가령, 어떤 문제를 놓고 당신은 다른 측면에서 보고 있다는 사실을 솔직하게 이야기해 주고, 상대방에게 짜증을 내지 않고 당신의 입장을 확고하게 견지하는 것이다. 만약 어떤 친구가 자기를 위해 거짓말을 해달라고 당신에게 부탁한다면, 당신은 "네가 나에게 왜 이런 부탁을 하는지는 잘 알겠고, 내가 거절하면 네가 매우 실망하리라는 것도 잘 알고 있다. 그러나 나는 이런 일을 하기가 싫고 입장이 곤란해질 것 같다. 네가 나에게 이런 부탁을 하지 않았으면 좋겠다. 사실, 이런 부탁을 받고 보니 나는 정말로 불편하구나."와 같이 말하는 것이다.

마지막으로, 가장 높은 강도의 주장행동은 교섭적 주장행동이다. 확고하게 자신의 입장을 지키면서, 한걸음 더 나아가 상대방의 관점까지도 이해해 보고, 이어서 타협적인 해결방법을 모색해 보는 단계이다. 당신에게 거짓말을 부탁하는 친구에게 당신은 다음과 같이 말할 수 있다. "네가 지금 어떤 기분이고, 왜 나에게 이런 부탁을 하는지 그리고 내가 거절하면 네가 얼마나 실망할지는 이해할 수 있다. 그러나 나 또한 이런 일을 하고 싶지 않은 기분이 강하고, 정말로 곤란한 지경이니, 내가 왜 그 일을 하고 싶지 않은지 너도 이해할 수 있을 것이다. 하지만, 내가 너를 도울 수 있는 다른 방법을 찾아볼 수 있을 거야. 내가 너에 대하여 거짓말까지 하면서 선전해 주기보다는 너를 있는 그대로의 모습대로 소개해 주면서 네가 유능한 사람이라는 것을 알려서 그 사람이 너를 채용하도록 설득해 보겠어. 그가 원하는 경력을 지금 당장은 네가 갖추지 못하고 있다 하더라도 만약 너를 채용하게 되면 너의 능력을 충분히 알 수 있을 것이라고 추천해 보겠다."

이처럼 여러 가지 강도의 주장행동을 연습하다 보면, 당신이 원할 때에는 언제든지 주장행동을 할 수 있게 된다. 그리고 다른 사람들과도 우호적이고 친밀한 관계를 유지할 수 있을 것이다.

REBT의 범주 안에서 이러한 주장적 행동을 모험적으로 시도해 보기 바란다. 그렇게 된다면 당신은 더 이상 수치심을 느끼거나 자신을 비하하지 않게 될 것이다. 이러한 연습을 하는 목적은 모험을 위한 모험이나 단지 사회적인 인습을 깨트리자는 것에 있는 것이 아니다. 당신이 이러한 모험을 해봄으로써 얻을 수 있는 이득을 강조하는 것이다. 다른 사람들이 어떻게 생각할까에 지나치게 신경을 쓰지 않고 그런 모험을 시도해 보면, 그렇게 해보더라도 어떤 끔찍한 일도 일어나지 않는다는 사실을 당신 스스로 확인하게 될 것이다. 또한 당신은 다른 사람들의 인정을 받지 못한다는 것이 그다지 유쾌하지는 않으나, 견딜 수 없는 일은 아니라는 사실을 깨닫게 될 것이다. 또한 당신뿐만 아니라 누군가가 남들이 싫어하는 행동을 했다고 해서 "썩어빠진 인간이다"라는 식으로 인간 됨됨이의 전체를 평가하거나 비하할 합법적인 권리가 없다는 것도 깨닫게 될 것이다.

그렇다고 해서 어떤 불쾌한 일이 일어나더라도 결코 화내는 일 없이 단지 적절한 불쾌감만을 느끼는 인간이 되라고 요구하는 것은 아니다. 왜냐하면 당신이 비록 적절한 수준에서 주장적인 행동을 하더라도 세상을 원망하는 경향은 남아 있을 것이기 때문이다. 내가 강조하는 것은 분노를 불러 일으키는 중요한 인자 중의 하나가 수동적이고 비주장적인 행동이라는 점이다. 당신이 보다 주장적으로 행동하는 연습을 한다면(설사 타인이 당신을 지나치게 주장적인 사람이라고 본다 하여도, 다른 사람의 마음에 들려고 노력할 필요가 없다는 사실을 깨달으면서), 지금보다 화를 내는 정도나 빈도가 더 줄어들 것이다.

◥◣

좋은 본보기의 인물을 찾아본다

REBT에서는 내담자들에 대한 "교육"을 강조하고, 모든 형태의 심리교육적 방법을 동원한다. 독서 자료, 시청각 기자재, 차트와 도표, 표어와 본보이기 등을 사용한다. 만약 당신을 부당하게 대우한 사람들에게 자주 화를 내는 것이 문제가 되어 나에게 상담을 받으러 온다면, 나는 당신에게 REBT의 화내지 않는 철학을 실천하는 사람의 본보기를 보여주는 행동을 할 것이다. 만약 당신이 치료시간에 늦게 오거나 내가 하는 말을 귀담아 듣지 않는다거나 숙제를 해오지 않거나 저항을 보인다 하여도, 화를 내며 당신을 비난하지 않고, 단지 당신의 행동을 싫어할 뿐임을 분명히 당신에게 보여주고자 노력할 것이다.

그렇다고 해서 당신의 행동에 대해서 내가 전적으로 무관심하거나 냉정하다는 말은 아니다. 다만 나는 치료자로서의 역할을 매우 진지하게 수행해 나갈 것이다. 설령, 당신이 잘 경청하지 않더라도 계속해서 공감적인 태도로 당신의 자기패배적인 철학(비합리적 신념)을 보여주고 그것을 근절하는 방법을 가르치고자 노력할 것이다.

당신이 내게 감정적으로 의존하고, 내가 바라는 방향으로 당신 자신을 변화시키기를 원하지는 않는다. 만약 당신이 다른 사람의 "난폭한" 행동을 공개적으로 비난한다면, 그것은 그들의 방어본능을 부채질할 뿐이라는 점을 나는 앞에서 지적했다. 만약 당신이 상대방에게 그들의 행동을 스스로 비평해 보도록 허용한다면 그들은 아마도 자신의 "난폭한" 행동을 고집할 필요를 느끼지 않으리라는 점도 지적했다. 그들은 난폭한 행동에서 벗어나 다른 사람에게 보다 공정하게 대하려는 단계로 나아갈 것이다. 그리하여 자신의 행동을 변화시키려는 진정한 성장의 단계로 접어들 것이다. 이와 똑같은 원리에 입각하여 나는 당신이 진정으로 변화할 수 있도록 도와주는 역할을 할 뿐이다.

이러한 역할을 효과적으로 하기 위해서, 나는 당신이 모방할 수 있는 좋은 본보기의 행동을 보인다. 마치 당신과 정반대인 사람처럼 행동함으로써 그 대조를 통해 당신이 자신의 비합리적인 행동(분노)을 보다 잘 느낄 수 있도록 촉구한다. 이렇게 내가 당신과 대조되는 합리적인 모델로서 행동하는 것이 당신에게 도움이 된다고 하여도 문제는 여전히 남아 있다. 다시 말해서, 치료자와 더 이상 만나지 않게 되었을 때는 당신이 어떻게 계속해서 이 학습을 할 수 있을까?

해답은 이것이다. 당신의 주변에서 좋은 모델을 발견하라.

불행하게도, 우리가 만나는 대부분의 사람들은 거의 좋은 모델이 되어주지 않는다. 사람들은 사실상 사소한 일에도 자주 분노하는 경향을 지니고 있다. 그러나 예외는 있다. 당신의 친구나 선생님, 친척, 아는 사람 중에 인생의 유쾌하지 못한 일을 극복하고 적극적으로 대처해 나가는 사람을 찾아보라. 그러한 사람과 이야기해 보라.

그들이 인생의 짜증스러운 면에 직면했을 때 어떻게 이성적으로 관리해 나갔는지를 배워보라.

그들의 행동을 관찰해 보라. 그들이 하는 대로 당신의 감정이나 행동을 따라 해볼 수 있는지 주의해서 보라.

책이나 자서전 속에서 그러한 모델을 찾아보는 것도 좋다. 문학 작품 속에는 인생의 커다란 좌절과 박해에 직면했음에도 불구하고 분노하거나 압도당하지 않고 극복해낸 인물들이 무수히 많이 나온다.

이러한 합리적인 인물을 찾아보고, 그들의 행동이 적절한 것으로 판단되면 그들의 인생에서 배우려고 노력해 보라.

기타 행동적인 방법

REBT에서 화내는 습관을 고치기 위하여 사용되는 여타의 행동적 방법에는 다음과 같은 것이 있다.

적개심의 표출

당신이 개인치료나 집단치료를 하고 있다면 치료시간이나 실제 생활에서 만나는 사람들에게 적개심을 표출하는 것은 도움이 될 것이다. 이 말은 적개심 그 자체가 당신을 변화시켜 준다는 뜻은 아니다. 오히려 그것은 나쁜 모델로 작용할 때가 많다. 여기서 적개심을 표출시켜 보라는 말은 당신이 치료적인 지도를 받으면서 적개심에 대처하는 연습을 함으로써 적개심을 자세히 관찰하고 이해하게 되어 그것을 효과적으로 다룰 수 있게 된다는 의미이다. 앞에서도 이야기했듯이, 어떤 상황에서 회피하는 것은 단지 그 문제를 미해결의 상태로 남겨둘 뿐이다.

건설적인 대안을 찾아보기

왓첼(Andrew S. Wachtel)이나 데이비스(Martha Penn Davis) 등이 지적한 바와 같이 분노나 난폭성으로 가득 찬 사람은 일반적으로 소외감을 느끼고, 익명성과 비인간성을 띠는 경향이 있다. 깊고 만성적인 분노를 느끼는 사람들이 매우 건설적인 활동단체에 참여하여 헌신할 수 있게 된다면, 소외감이나 비인간성과 분노로부터 상당 부분 벗어나게 될 것이다.

초기의 바른 조건화

대댄버그(Victor H. Dedenberg)와 째로우(M. J. Zarrow)는 새로 태어난 생쥐들을 대상으로 하여 획기적인 실험을 했다. 실험집단의 생쥐는 일반쥐가 양육하고, 통제집단은 생쥐가 양육하도록 했다. 그 실험의 결과에 의하면 "일반쥐가 양육한 생쥐는 생쥐에게서 양육된 생쥐보다 무게가 더 많이 나갔다. 또한 그들은 탁 트인 장소에서 더 위축되었고, 생쥐보다는 일반쥐들 곁에서 더 머무르려 했다. 가장 주목할 만한 것은 일반쥐에게서 양육된 생쥐들이 싸움상자 안에 놓여졌을 때 싸우려고 하지 않았다는 점이다." 이는 생쥐에 의해 길러진 생쥐들(통제집단)이 매우 자주 싸우는 것과는 대조적인 현상이었다. 이 연구는 생쥐들의 "선천적인" 투쟁 경향성이 "후천적인" 양육에 의해 의미 있게 변경될 수 있다는 것을 보여준다.

다른 실험에서도, 개나 고양이들과 가까운 거리에서 길러진 생쥐들은 나중에는 이 "천적"에 의해 공격당하지 않게 된다는 것이 발견되었다. "그러므로 우리는 공격성이 경험에 의해 변경될 수 없는, 선천적으로 결정된 본능적 반응이라는 가설을 받아들일 수 없다. 이 말은 유전적인 요소가 중요하지 않다는 것은 아니다. 유전적 요소가 중요하다는 것은 명백하다. 우리가 말하고자 하는 것은 인간의 행동 양식을 잘 이해하기 위해서는 유전적 배경과 생쥐가 성장한 환경이 함께 고려되어야 한다는 사실이다."라고 대댄버그와 째로우는 결론지었다.

이 연구 결과를 받아들이고 인간의 상태와 결부시켜 보자. 분노를 줄이기 위하여 어린 시절부터 조건화를 시키면 화를 내고 난폭한 행동을 하려는 선천적인 생리적 경향을 상당히 줄여 나갈 수 있다는 것은 명백하다. 물론, 당신은 성인이 되었기 때문에 어린 시절은 어떻게 해볼 수 없다. 그러나 당신이 어린 자녀를 두었다면, 그들이 적개심을 덜 느끼며 성장하도록 조건화하는 데에는 이러한 사실을 알고 있는 것이 보탬이 될 것이다.

전환적 방법

위에서도 언급한 바와 같이, 건설적인 행동을 하는 것은 적개심을 전환시키는 좋은 수단이 된다. 제임스(William James)와 프로이트(Freud)의 견해를 따르고 있는 찐버그(Norman Zinberg)는 분노나 폭력을 승화시키는 데에는 영화나 개인적인 오락과 같은 활동보다는 조직적인 스포츠나 정치와 같은 경쟁적이고 약간은 파괴적인 활동이 더 효과가 있지 않은가 하는 의문을 가졌었다. 아무도 그 정답은 모른다. 하지만 각박한 산업경쟁이나 권투경기와 같은 고도의 공격적인 활동이 사람들의 행동이나 정서에 적대감을 증가시킨다고 REBT에서는 간주하고 있다.

앞에서 언급한 바와 같이, 일종의 전환적 방법으로서 상호제지를 사용하면 분노의 감정을 완화시킬 수 있다. 모든 종류의 즐겁고 건설적인 활동으로의 전환은 심지어 별로 재미없는 전환이라 할지라도 적개심을 해소하는 데 일시적이나마 효과가 있다는 연구결과가 발표되었다.

그러므로 화를 터뜨리는 일을 스스로 통제하고 싶다면 전환의 방법을 사용하여 일시적으로 분노를 해소하든지, 아니면 영구적으로 불쾌한 자극에 직면하여도 화를 적게 낼 수 있는 상태가 되도록 스스로를 훈련시킬 수 있다. 전환적 방법으로는 사고, 상상, 게임, 운동, 정서적 활동, 오락 등이 있을 수 있다. 이 가운데 특히 당신에게 잘 맞는 활동을 선택하면 된다.

맞서서 대항하기

정서적으로 혼란된 반응을 줄이는 방법 중의 하나는 효과적으로 대항하기의 방법이 있다. 예를 들면, 피사노(Richard Pisano)와 테일러(Stuart P. Taylor)는 매우 공격적인 성향을 지닌 40명의 사람을 대상으로 실험을 했다. 그들의 공격성을 감소시키는 데 효과적인 방법은 공격성에 대해 벌을 주거나 공격하지 않을 때 돈을 주는 식의 방법이 아니라, 자신들을 공격한 상대방에 대하여 그들이 똑같은 벌을 가하도록 허용되었을 때였다.

나는 이 실험으로부터 다음과 같은 결론을 얻었다. 사람들은 그들의 적대자에 맞서 효과적으로 대항할 수 있다고 느낄 때 훨씬 더 안정되었다. 그리고 적대감과 처벌적인 생각을 줄일 수 있게 되었다. 다른 유사한 실험들에서도 사람들은 자기가 확실히 어떤 상황에 효과적으로 대항할 수 있을 때 그 상황을 잘 다루고 그에 대한 혼란을 덜 겪는다는 사실이 밝혀졌다. 그러므로 당신이 효과적으로 대항하는 방법을 개발해 둔다면, 차후에 당신이 불쾌한 사건이나 잘못된 행동을 하는 사람들에게 부딪쳤을 때 그 방법을 활용할 수 있을 것이다. 당신에게 부당하게 행동하는 사람을 효과적으로 다룰 수 있다고 자각하고 있으면 그 사람에 대한 분노가 상당 부분 경감될 것이다. 물론 이 방법은 당신이 공격자에 대해 효과적으로 대항하지 못했을 때에 오직 자신의 무능력을 자각하게 될 것이므로, 언제나 이상적인 방법은 아니다. 그러나 때때로 도움이 될 수 있는 방법이다.

인지적인 자각과 둔감화

노바코(R. Novaco)는 사람들이 자신의 분노를 조절하는 방법으로서 이완요법만을 사용한 경우, REBT만을 사용한 경우, REBT와 이완요법을 병행한 경우의 세 집단으로 구분하여 실험을 했다. 그 결과에 의하면 REBT가 이완요법보다는 효과적이었으며, REBT와 이완요법을 병행한 경우가 분노를 조절하는 데 가장 효과적이었다. 우리는 이와 동일한 결과를 REBT의 정규적인 치료시간을 통하여도 발견할 수 있다. 우리는 내담자들이 스스로의 생각에 의해 분노 감정을 만들어 내고 있다는 사실을 깨닫게 한다. 즉 푼념하고, 불공평한 처사가 절대로 일어나지 말았어야 한다고 요구함으로써 화가 나게 된다는 것을 자각하게 된다. 그 다음 자신을 이완하고 분노에 대처하는 방법을 가르쳐주고, 화를 내지 않으면서 살 수 있는 방법과 종국에는 분노를 제거할 수 있는 방법을 터득하도록 도와준다.

REBT의 원리를 적용하면 당신은 혼자서도 이와 같은 일을 수행할 수 있다. 분노의 감정을 만들어 내는 것은 당신 자신이라는 점을 먼저 충분히 인식하라. 존재하지 않는 것을 존재해야 한다고 고집하거나 확실히 존재하는 것을 존재하지 말아야 한다고 명령함으로써 울화가 치밀어 오르는 것이다. 당신은 이것을 이해하고, 세상 사람과 우주에 대해 명령하는 습관을 수정하고 제거하는 작업을 하기 바란다. 그리고 이 장에서 소개된 다양한 행동적 방법을 적용해 보는 것도 유익할 것이다.

REBT에서는 여러 가지 치료기법들을 절충적으로 사용하고 있다. 그러나 REBT를 절충적인 이론이라고 부르지는 않는다. REBT에서는 약 30~40개가 넘는 다양한 기법들을 사용하는데, 그것들은 REBT의 전체적인 이론의 맥락에 포함될 수 있는 것들이다. 즉 서로 다른 많은 기법들이 전체적인 REBT이론의 구조 안에서 활용된다.

예를 들면, REBT에서 사용하는 행동적 방법은 단지 증상 제거에만 관심을 두는 것은 아니다. REBT 치료자가 당신에게 화내는 습관을 극복하기 위하여 몇 가지의 행동적 숙제나 조작적 조건화나 주장훈련 등을 적용해 보도록 권할 때가 있다. 그가 의도하는 것은 단지 치료시간 동안의 당장의 분노를 제거하는 데 뜻이 있는 것이 아니다. 당신이 화를 내는 마음을 어떻게 생성하는가를 이해하고, 나중에도 분노를 제거할 수 있는 방법을 터득하도록 돕고자 하는 것이다. 그리하여 장차 부딪치게 될 곤란한 상황에 직면해서도 결코 화를 내어 이성을 잃지 않도록 말이다.

REBT는 당신에게 이론적인 지식과 혼자서 실제 적용할 수 있는 기법을 가르쳐 준다. 그리하여 좀더 기분 좋게 느끼고 실제로 더 향상되고 큰 효과를 누릴 수 있도록 능력을 키워주는 것이다.

다시 한 번 생각해 보자!

REBT의 성격이론과 심리치료이론은 기본적으로 인지적 접근에 속하기는 하지만, 정서적 · 행동적 요소를 매우 강하게 지니고 있다. 그러나 우리는 지금까지 화를 내는 습관의 배후에 놓여 있는 생각과 감정을 근절하기 위해서 주로 인지적 절차만을 제시하여 왔다. 즉 ABCDE에서의 D(논박)만을 이야기해 온 것이다. 논박이 철학적 · 인지적 접근인 것은 사실이다.

당신이 이 논박의 방법을 집중적으로 꾸준히 시행한다면 여타의 인지적 방법을 사용할 필요를 느끼지 않을 것이다. 그러나 REBT 치료자들은 다년간에 걸쳐서, 내담자들이 자신의 비합리적 신념을 검토하고 제거하는 데 도움이 될 몇 가지의 다른 방법들을 개발했다. 그 가운데에서 특히 중요하고 유익한 몇 가지의 예를 여기에 소개해 보겠다.

비합리적 신념의 논박(DIBS)을 습관화하라

제일 먼저, 우리가 "비합리적 신념의 논박(DIBS : Disputing Irrational Belief Systems)"이라고 부르는 방법이 있는데, 이 방법은 당신이 신봉하는 생각 하나를 가지고 체계적으로 여러 차례 반복하여 "쪼개보는" 것이다. 당신은 이 비합리적 신념의 논박을 최소한 하루에 10분씩, 20일이나 30여일 동안 계속해 보아야 한다. DIBS의 방법은 《정신건강적 사고》의 마지막 장에서 소개한 바 있다. 화내는 습관을 통제하는 데 이 방법을 적용해 볼 수 있도록 여기서 다시 소개해 보겠다.

다시 한 번 앞의 예로 돌아가자. 내가 당신과 아파트를 함께 쓰기로 약속하고 당신에게 상당한 경비를 지불하도록 설득한 다음, 무책임하게 그 약속을 취소했다. 그리고 당신이 입은 손해나 곤란을 배상하지도 않았다고 가정하자. 당신은 나에게 극도로 화가 나서 내 얼굴을 본다든지 누군가가 나의 이름을 거론만 하여도 화가 솟구칠 것이다. 여기서 당신은, 당신을 화나게 한 최초의 비합리적 신념이, "그는 나에게 그와 같은 부당한 행동을 해서는 안 돼!"라는 것임을 알 수 있을 것이다.

이제 당신은 이 문제에 논박(DIBS)을 적용하여, 이 비합리적 사고에 도전장을 내보자. DIBS를 사용하면서, 당신은 다음과 같은 질문을 종이에 쭉 적어보고 그 해답도 역시 적어내려가 보는 방법을 취하는 것이 효과적이다. 그렇게 하면 당신은 그것을 날마다 검토하고 추가하고 변화시키며 그 생각을 굳히게 될 것이다.

질문 1 : 내가 논박하고 굴복시키고 싶은 비합리적 신념은 어떤 것인가?

　　"그는 나에게 그와 같은 부당한 행동을 해서는 안 돼!"

질문 2 : 이 신념이 옳다고 할만한 합리적인 근거가 있는가?

"아니다. 그런 증거는 없다."

질문 3 : 이 신념이 잘못되었다는 증거는 어떤 것이 있는가?

"그가 그렇게까지 심하게 부당한 행동을 한 것은 아닐지도 모른다. 내가 그의 행동을 완전히 잘못되고 틀리고 무책임한 것으로 본 것일 따름이다. 그러나 그는 (다른 사람들도 마찬가지로) 이 문제에 관해서 나와 다른 견해를 가질 수도 있다. 그리고 그의 견해도 어떤 면에서 타당할지 모른다. 그러므로 내가 그의 행동을 100% 잘못되고 무책임한 것으로 확실하게 단언할 수는 없다."

"그가 나에게 한 행동이 명백히 잘못되고 부당한 것이라고 가정하여도, 그가 그렇게 행동해서는 절대로 안 되며 반드시 공정하게 행동해야만 한다는 우주의 법칙이라도 존재하는가? 그런 법칙은 없다! 나를 포함하여 세상 사람들이 그가 공정하게 행동해 주기를 기대하는 것이지, 그가 그렇게 행동해야만 하는 것은 아니다."

"만약 그가 나에게 공정하게 행동해야만 한다는 것이 사실이라면 그는 그렇게 했을 것이다. 그렇게 해야만 하는 것을 어찌 그가 피할 수 있었겠는가! 그가 나를 공정하게 대하지 않았다는 사실이 결과적으로, 그가 무슨 일이 있어도 공정하게 행동해야만 한다는 절대적인 이유는 존재하지 않다는 것을 증명해준 셈이다."

"내가 나 자신에게 '그가 나에게 그렇게 행동해서는 안 돼!'라고 말할 때 내가 의미하는 것은 그가 나에게 그런 행동을 했을 당시에 존재했던 조건들이 존재해서는 안 된다. 그런 조건들이 존재했다 하더라도 그는 그것들을 따라 해서는 안 된다와 같은 것이다. 그러나 그 나름대로의 환경적 여건, 자라온 배경, 성격, 생리적 특성이 어쩔 수 없이 존재하고 있었을 것이다. 이러한 조건들이 존재하고 있는데 어떻게 내가 요구하는 것처럼 그가 그런 조건들을 따르지 않을 수 있었겠는가? 가령, 예를 들어 그의 어머니가 나와의 약속을 강력히 반대하므로 자기 어머니의 의견을 좇아서 나와의 약속을 깨트렸다고 가정하자. '그가 나를 그렇게 부당하게 대해서는 절대로 안 돼!'라는 나의 독백에는 그가 어머니의 의사를 따라서는 안 된다는 것을 고집하는 나의 생각이 담겨 있다. 그러나 내가 어떤 수단으로 그의 어머니가 반대의사를 표명하지 않도록 만들 수 있단 말인가? 그가 어머니의 의사를 무시하도록 할 수는 없지 않은가!"

"그가 나에게 그렇게 행동해서는 안 된다"고 명령조로 요구함으로써 나는 그것을 진실인 것처럼 믿는 경향이 있다. 이 사건을 객관적인 관점에서 설명하자면, "그가 나에게 부당한 행동을 하지 않는 쪽으로 선택할 수도 있었다"고 말할 수는 있다. 그러나 이 말이 곧 "그가 나에게 부당한 행동을 하지 않는 쪽으로 선택해야만 한다"는 뜻은 아니다.

"그가 내게 공정하게 대해 주어야 한다"고 강요하는 것 속에는, 내가 그렇게 행동하기를 강하게 원하므로 그는 무조건 내 소원을 들어주어야 한다는 뜻이 강하게 내포되어 있다. 그러나 그런 명제가 어떻게 타당하다고 볼 수 있는가? 분명히 타당성이 없는 명제이다!

"우리가 사귀는 동안 나는 그에게 공정하게 행동했으므로, 그도 나에게 똑같이 공정하게 행동해야만 한다!"고 굳게 믿고 있는데, 이것 역시 바보 같은 생각이다.

"나에게 불쾌하게 대했으니, 그는 순전히 불쾌한 사람이다" 그러나 그가 나를 불쾌하게 대한 것을 모든 사람이 다 수긍한다고 하더라도 내가 그가 취한 한두 가지의 행동을 가지고 그의 전 인격을 송두리째 판단하여 불쾌한 사람이라고 낙인찍는 것은 독단적이고 지나친 일반화이며 타당하지 않다. 그도 역시 다른 면으로는 어떤 좋은 특성과 업적을 분명히 가지고 있다. 그러므로 어떻게 내가 그의 전 인격을 버러지같은 인간이라고 정의할 수 있을 것인가?

"그가 나를 그렇게 부당하게 대해서는 절대로 안 돼!"라는 독백 속에 나는 '절대로 안 돼!'라는 단어를 사용함으로써 절대성을 가정하고 있다. '그가 나를 공정하게 대하면 더 좋겠다'라거나, '그가 나나 다른 사람에게 공정하게 행동하면 자신이나 사회를 위해 더 나은 결과를 가져올 텐데'라고 말하지 않고, '그는 나를 공정하게 대해야만 돼!'라고 절대화하는 것이다. 내가 아는 한, 절대성이란 검증할 수 없으며 그것을 진실이라고 믿고 확신하는 것은 무익할 뿐이다.

"그가 나를 그렇게 부당하게 대해서는 절대로 안 돼!"라는 신념이 진리라고 증명할 길은 없다. 나는 틀림없이 그에게 매우 분노를 느끼고, 앞으로 몇 달이고 몇 년이고 계속해서 이 분노를 지속함으로써, 그와 좀더 우호적인 관계를 맺을 기회를 박탈해 버릴 것이라는 점은 확실히 증명할 수 있다. 그러므로 그 신념을 포기하는 편이 더 이롭다!

"그가 나에게 공정하게 대해야만 한다고 고집하는 행위는 내가 그의 부당한 행동을 참을 수 없으며, 내가 행복하게 살 수 있는 길은 오직 우주의 어떤 힘이 그의 잘못을 고쳐서 나에게 정당하게 행동하도록 할 때에만 가능하다는 뜻이 내포되어 있다. 물론 나의 이런 생각은 엉터리이다. 왜냐하면 그의 부당한 행동을 비록 좋아하지는 않지만, 나는 그것을 견딜 수 있기 때문이다. 또한 내가 그에게 어리석게도 화를 내는 일을 그치기만 한다면, 그가 과거나 현재, 미래 언제든간에 부당한 행동을 한다 하여도 나는 여전히 행복한 생활을 해나갈 수 있기 때문이다."

질문 4 : 그가 나에게 부당한 행동을 해서는 안 된다는 나의 가정과 그가 괘씸하게 부당한 행동을 했으니 기생충같은 인간이라는 나의 평가가 옳다는 증거가 어디에 있는가?

"내가 그렇게 생각할 만한 증거는 아무것도 없다. 그의 행동이 잘못된 것이라는 경험적인 증거는 쉽게 얻을 수 있고, 그가 나를 부당하게 대했다는 데 다른 사람들의 동의는 얻을 수 있을 것이다. 그러므로 내가 그의 행동이 불쾌한 것이라고 주장하는 것은 타당하다. 그러나 그와 같은 행동을 했으니 그가 비열한 인간이라고 주장할 근거는 없다. 그러므로 그에 대한 나의 신념은 기껏해야 부분적으로 타당할 뿐이며 상당히 과장된 것이고 기본적으로 사실이 아니다."

질문 5 : 그가 앞으로도 계속해서 나에게 부당한 행동을 한다고 가정할 때, 좋지 못한 일이 실제로 벌어지게 될까?

"그가 아파트를 나와 함께 쓰기로 한 약속을 믿고서 내가 아파트의 내부를 장식하는 데 소요한 시간과 수고와 비용을 배상받지 못할 것이다. 따라서 그가 약속을 철회한 결과로 나는 상당한 불편을 계속 겪을 것이다."

"그가 우리의 사건에 대하여 사람들에게 거짓말을 할 수도 있다. 그래서 사람들이 그가 한 행동이 옳고 나는 그르다는 잘못된 인식을 갖게 될지도 모른다. 이것은 나의 이름과 명예에 먹칠을 할 수도 있다."

"그가 나를 싫어하게 되고 또 혹시 다른 사람들에게도 나를 악평하여 나를 싫어하게 만듦으로써 내가 더욱 불편을 겪게 될지도 모른다."

"그가 약속을 지키지 못한 결과로 내가 새 아파트에서 혼자 살게 되거나 혹은 다른 누군가와 함께 살게 된다면, 그것은 매우 짜증나는 일일지도 모른다."

"특히, 앞으로 우리가 계속해서 관계를 유지한다면 나는 그와 계속 싸우게 될지도 모른다. 우리 두 사람이 피차간의 차이점을 어느 정도 극복한다 하더라도, 항상 서로에 대해 언짢은 기분이 남아 있고, 예전의 신뢰와 우정을 잃게 될 것이다."

질문 6 : 그가 나를 계속해서 부당하게 대할 때 그의 행동을 변화시키기 위하여 노력할 수 있는 일은 무엇인가?

"나는 주장적으로 행동하여 그의 부당한 행동을 직면시키거나 그의 행동과 태도를 변화시켜 보도록 노력할 것이다."

"나는 새 아파트에서 즐겁게 혼자 살거나 함께 살 다른 사람을 찾아볼 것이다."

"그와의 우정을 유지하는 데 소비했던 시간과 정력을 이제부터는 다른 사람과의 관계를 맺는 데 투자하거나 혹은 나 혼자서 다른 방법으로 즐거움을 누리는 데 사용할 것이다."

"나는 토론과 논쟁을 통하여, 나에 대한 부당한 행동을 시정할 수 있도록 그의 태도를 변화시켜 보려고 시도할 것이다."

"나는 이 사건을 계기로, 내 자신의 태도를 고치는 절호의 기회로 삼을 것이다. 비록 세상 사람들이 나를 부당하게 대하는 일이 있다할지라도 화내는 감정을 창출한 장본인은 나 자신이라는 사실을 충분히 인식할 것이다. 그리고 앞으로는 사람들이 나에게 불공평한 대우를 하더라도 화를 터뜨려 파괴적인 관계로 발전시키기보다는 건설적으로 행동하도록 내 자신을 연마할 것이다."

DIBS의 기법은 불쾌한 상황이 일어났을 때 발생하는 비합리적 신념을 논박하는 중요한 측면을 공식화한 것일 뿐이다. 그것은 당신이 C지점에서 정서적으로 혼란될 때마다 당신 자신에게 일련의 질문을 던져봄으로써 효과적으로 논박을 해보는 것이다. 이 DIBS

의 방법은 불안, 우울, 절망, 자기연민, 낮은 좌절인내도와 같은 정서를 느낄 때에도 적용할 수 있다. 이 기법을 매일매일의 연습에 기초하여 규칙적으로 적용하라. 노트에 적거나 녹음기를 이용하여 논박한 내용을 공고히 해보는 것이 필요하다.

어의론과 유추의 기법을 활용하라

비합리적 사고를 뿌리뽑는 또 다른 인지적 기법으로 데니쉬 (Joseph Danysh)에 의해 발명된 기법이 있다. 이것은 언어식별학을 창시한 코르지브스키(Alfred Korzybski)의 일반적인 의미론의 원리를 적용한 것이다. 코르지브스키는 모든 인간은 천성적으로 단순한 흑백논리를 취하는 경향을 지니고 있다고 하였다. 그는 또한 사람들이 부정확한 어의를 사용하기 때문에 부정확한 결론을 내리게 되며, 그 결과로 부적절한 행동을 하게 되고 자기패배적인 경향을 나타낸다고 지적했다. 코르지브스키이론의 상당 부분이 REBT이론과 결합되었다. 많은 권위자들이 이것을 어의론의 효시라고 부르고 있다.

데니쉬의 이론은 위와 같은 어의적인 과잉 일반화의 원리를 담고 있다. 그가 제시한 유추의 기법은, 인간의 어리석은 생각에 관심을 기울이도록 하고, 그런 어리석은 생각을 제거할 수 있는 실질적·인지적인 기법을 제공하는 것이다.

유추의 기법을 분노의 문제에 적용하여 보면 다음과 같다. 과거에 당신을 "화나게 만든" 사건을 다시 들을 때마다 당신은 새삼스럽게 화가 치밀어 오른다고 가정하자. 그래서 당신이 이제는 그 사람에 대한 분노의 감정을 씻어버리고 싶다고 하자. 당신 자신에게

"화내지 말자, 화내지 말자"라고 말해 보았자 효과가 없다. 그런 말은 일시적으로 그 분노를 억압하는 효과는 있을지 모르나 그 분노를 없애주지는 못할 것이다.

당신은 평화적이고 지나치게 단순한 양식으로 모든 것을 하나로 묶어 해석하는 유추(혼동하거나 연합시키는 사고)의 과정을 거치게 되기 때문에 감정적인 문제가 야기된다. 그래서 만약 어떤 사람이 "당신의 머릿속에서 지금 떠오른 것을 말해 보라"고 한다면, 아마도 다음과 같이 말할 것이다. "그의 행동은 비도덕적이고 형편없고, 부당하고, 끔찍하고, 저주스럽다. 그는 좋지 않은 사람이고, 언제나 형편 없는 사람이다. 나는 그와 같은 사람을 정말로 견딜 수 없다."

이와 같이 그 사람의 행동과 사람 자체에 관하여 배타적이고 일방적이고 흑백논리로 과잉일반화된 연결을 시킴으로써, 그에 대해 극도의 적대감을 느끼게 되는 것은 당연하다. 당신이 이 연결을 고집하는 한, 화를 내지 않고서 그의 행동과 그 사람을 객관화시켜 볼 가능성은 전혀 없게 된다.

데니쉬의 유추기법을 사용하면, 편파적인 판단을 지양하고 객관적인 관점에서 사람들의 행동을 볼 수 있게 된다. 사실상 "행동"이라는 단어는 모호한 용어이다. 그러므로 유추의 기법을 써서 좀더 구체적인 의미를 찾아보도록 하는 것이다. 데니쉬의 방법에서는, 어떤 단어에 대해 다양한 의미를 많이 생각해 보도록 촉구한다. 어떤 여자의 행동을 예로 들어 본다면, 백지 위에 나쁘고, 썩어빠지고, 부당하고, 끔찍하고, 저주스럽고, 불쾌한 따위의 단어들을 나열해 보라. 그리고 나서 당신의 생각을 바꾸어, 가령 이번의 경우를 빼고는 대체로 그가 공정한 행동을 했다든가, 나의 관점이 아닌 그의 관점에서는 옳은 행동이었을 수 있다든가, 나도 그런 것처럼 그도 자신의 관심사대로 행동했을 것이라든가, 때로는 타인에 대해 훌륭하고 사려깊은 행동을 한다든가, 다른 사람들에게 관심이 많다든가 하는 좋은 점을 적어보는 것이다. 마지막으로, 그에 대한 객관적인 측면들, 가령 음악을 매우 좋아한다거나 운동을 싫어한다거나 대중 앞에서 이야기를 많이 한다거나 등과 같은 중립적인 행동을 적어본다.

가능한 한 자세하고 정확하게 목록을 나열해 보자. 당신이 그의 행동에 대한 다양한 측면을 마음에 새김으로써, 그에 대해 보다 전체적이고, 정확하고, 비교적 공정한 견해를 가지게 된다. 그 결과로 "썩어빠지고, 좋은 점이라곤 하나도 없고, 부당하고 끔찍한 것"으로 보았던 편파된 견해는 사라지게 될 것이다. 당신은 그의 행동 중 특정한 면을 부각시켜 마음대로 왜곡하고 조작하지 않고 다만 있는 그대로 허심탄회하게 볼 수 있게 될 것이다.

이와 비슷하게, 당신은 처음에는 부정적으로만 나열했던 그의 행동을 이제는 좀더 우호적인 용어를 사용하여 종이에 적어 보거나 녹음기에 녹음을 해보는 것이다. 가령, 잘못된 행동을 하기도 하고 좋은 행동을 하기도 하는 사람이고, 좋은 점과 나쁜 점을 모두 지닌 사람이며, 때로는 옳지 않게 행동하지만 대부분은 사리에 맞는 행동을 하는 사람이라고 적어나갈 수 있다. 또는 그 사람에 대해 좀더 객관적이고 중립적인 글을 쓸 수도 있다. 단순히 기술적인 차원에서 예를 들면, "키가 5피트 5인치인 여자, 다양한 일을 하는 사람, 좋은 사람을 많이 사귀고 있는 사람, 당뇨병을 앓는 사람, 좋은 책을 많이 쓴 사람" 등으로 묘사해 보는 방법도 있다.

당신이 특히 누군가에게 매우 분노를 느끼고 있을 때 이 유추기법을 자주 사용해 보면, 거의 틀림없이 그 사람의 나쁜 특성을 "희석시킬 수" 있다. 그 결과로 그 사람에 대한 좀더 정확하고, 현실적이고, 객관적인 견해를 획득하기 시작할 것이다. 그렇다고 해서 유추기법을 쓰면 모든 사람이나 모든 불쾌한 상황에 대한 분노가 자동적으로 사라진다는 말은 아니다. 하지만 유추기법은 분명히 효과가 있다. 그 기법을 자주 사용하다 보면 어느덧 사람들에게 더 이상 화를 내지 않는 자신을 발견하게 될 것이다.

인지적 방법과 행동적 방법을 병용하는 또 하나의 좋은 예로 프랑클(Viktor Franl)이 제안적 "역설적 의도"라는 것이 있다. 많은 치료자들이 이 방법을 다양한 방식으로 사용하면서 다양한 이름으로 부르고 있다.

REBT에서는 이 역설적 의도를 다음과 같은 방식으로 사용한다. 먼저 당신이 가지고 있는 어떤 비합리적 사고를 택하여 그것을 엉터리같은 수준으로 확대시킨다. 그 생각을 당신의 마음 속에서 아주 많이 부풀려 과장해 보는 것이다. 예를 들어, 당신이 어떤 사람에게 무언가를 원했는데 그것을 들어주지 않아 매우 화가 났다면, 당신이 그를 마음대로 통제할 수 있는 힘을 가졌다고 과장해 보는 것이다.

"두말할 필요도 없이, 그는 내가 원하는 대로 해야만 한다! 그는 내 손아귀에 달려 있다. 그가 나를 기쁘게 하기 위해 후프 속으로 점프하겠다고 말해놓고 실행하지 않으면, 나는 얼마든지 그를 사슬로 묶어두고 채찍질하며 밀어붙일 수 있다! 내가 만일 그에게 백만달러를 내놓으라고 하거나 내 앞에서 땅바닥에 머리를 대고 하루에 열 번씩 조아리라고 하여도, 그는 내가 시키는 대로 할 수밖에 없다! 그는 내가 원하는 대로 무엇이든지 해야만 한다! 그가 만일 거절한다면 나는 즉시 그에게 벼락을 내리거나 없애버릴 수도 있다."

만일 당신이 이와 같이 우스꽝스럽고 극단적인 수준까지 다른 사람을 통제할 수 있는 힘을 가졌다고 상상해 본다면, 상당히 재미있는 결론에 도달하게 된다. 다시 말해서 실제로는 당신이 그에 대해 아무런 통제력을 가질 수 없으며, 그도 역시 그가 원하는 대로 무엇이든지 할 수 있는 권리를 가지고 있다는 사실을 깨닫게 된다. 당신이 원하는 방식대로 사람들이 존재하지 않는다는 것을 깨닫게 되면 그 결과로 당신은 자신의 어리석은 고집을 버릴 수 있게 된다.

위에서 설명한 것은 역설적 의도를 당신의 머릿속에서 인지적으로 사용한 경우였다. 당신은 정반대되는 행동을 통하여 역설적 의도를 연습해 볼 수 있다. 만약 사람들이 당신을 부당하게 대하여 당신이 머리 끝까지 화가 났다면, 고의적으로 그들에게 상냥하고 친절하게 대하려고 노력해 보는 것이다. 그들과 여러 가지 방식으로 우정관계를 지속해 보는 것이다. 그들이 즐거워 하리라고 예상되는 일에 초대하고, 호의를 베풀고, 그들에게 각별한 배려와 친절을 보여주라. 그와 같은 역설적인 행동을 통하여 무엇보다 먼저 당신은 그들에게 화내지 않는 연습을 하게 된다. 다시 말해서 그들의 "혐오스러운" 행동에 대하여도 기분 좋게 느껴지거나 혹은 적어도 중립적인 느낌을 갖게 될 것이다.

둘째로, 이와 같이 한쪽 뺨을 얻어맞고 반대쪽 뺨을 내미는 식의 행동을 보여줌으로써 당신은 그들에게 어떤 사람들의 부당한 행동이 다른 사람에게 꼭 분노를 일으키는 것은 아니라는 사실을 보여주는 좋은 사례가 된다.

셋째, 당신의 그러한 태도는 그들이 자기의 행동을 되돌아보고 자기가 얼마나 나쁜 행동을 했는지를 알 수 있도록 해준다. 마지막으로 당신은 그들이 앞으로는 당신에게 아주 훌륭하게 행동하고 또 이미 저지른 잘못까지도 고칠 수 있도록 도와주는 역할을 할 수 있다.

그러나 이런 식의 "다른 쪽 뺨을 내미는" 철학이 항상 효과가 있다거나 당신이 이것을 언제나 효과적으로 잘 실행할 수 있다고 주장하는 것은 아니다(다른 사람이 당신을 부당하게 대했을 때마다 그렇게 하라는 것이 아니다). 다만 역설적인 행동을 가끔씩 현명하게 사용하며 의식적으로 실천하노라면 화나는 감정이 사라지는 사람들도 상당히 있을 것이라는 점을 나는 강조하고 싶다.

역설적 의도는 우리 인간의 아집을 고치는 데에도 효과가 있다. 당신이 누군가에게 부당한 대우를 받고 그 사람의 행동에 문제가 있다고 인식하면, 당신은 당신의 인격적 통합성(잘못된 통합성)을 유지하기 위하여 고집스럽게 그 사람에게 분노한다. 당신 스스로 "강하다"고 느끼기 위하여(실제로는 당신이 약한 행동을 하고 있는 것인데도) 자존심을 버리지 않는다. 이러한 현상은 어린 시절에 당신과 부모님 사이에서 일상적으로 벌어졌던 현상이다.

부모는 당신에게, 순전히 당신을 위하여 아침에 시계가 울리면 일찍 일어나서 학교에 늦지 않도록 충고한다. 당신은 일찍 일어나고 싶은 마음이 없다. 그래서 부모의 말에 저항한다. 당신은 부모 말씀을 거역함으로써 학교 선생님에게 야단을 맞게 되고, 학교에서 좋은 성적을 올리고 좋은 대학에 입학하는 것과 같은 인생목표의 달성에 큰 장애가 된다는 사실을 너무나 잘 알고 있다. 그런데도 고집스럽게 자신에게 이와 같이 말한다. "나는 부모님을 기쁘게 하기 위해서 일찍 일어날 수는 없어! 빌어먹을! 난 그렇게 못해! 내가 그렇게 한다면 나는 시키는 대로만 하는 로봇밖에는 안돼. 나는 그들에게 보여주겠어! 고의로 늦잠을 잘 거야. 내가 호락호락하지 않다는 걸 보여주고, 내 의지대로 행동하겠어!" 어린 시절이나 성인이 되어서나 이런 방식으로 저항하는 것은 어리석은 일이다. 부모님 쪽에서 일찍 일어나라고 충고를 했으므로, 부모님

의 말을 따르는 것은 그들의 규칙을 추종하는 것이며 그들을 위해
서 하는 것이라고 굳게 확신하고 있다. 규칙을 따르는 것이 실제로
는 강한 행동임에도 불구하고 당신은 비겁한 짓이라고 믿고 있다.
당신은 "강하게" 저항하고, 실제로는 어리석게(약하게) 행동한다.

　분노에 대해서도 마찬가지다. 당신은 화를 내는 것이 자기패배
적이고, 다른 사람들의 행동을 더욱 악화시킨다는 것을 너무나 잘
알고 있다. 그러면서도 타인의 행동에 대하여 당신의 철학을 고수
하고, 그들에게 분노하는 것을 당연시한다. 그들이 자신들의 잘못
을 볼 수 있도록 해야 한다고 확신하는 것이다. 당신이 화를 내지
않으면 무력한 인간으로 보일 것이라고 확신하고서 애써 화내는
습관을 고집한다. 사실은 어떤 부당한 행동이 매우 싫을 때에도 화
를 내지 않는 것이 더욱 강한 사람의 행동이며 그 결과도 또한 더
좋다. 그러나 당신이 이런 식으로 생각하지 않고 당신에게 잘못한
사람에게 집요하게 화를 내고 복수하려 한다면 분노는 사라지지
않을 것이다.

　역설적 의도를 사용하여 "강한" 고집을 꺾고, 부당한 행동을 한
사람에게 의도적으로 상냥하고 친절하게 행동한다면, 역설적으로
당신은 자신의 비합리성을 물리치게 될 것이다. 이처럼 합리적인
방식으로 행동함으로써 보다 좋은 결과를 얻을 것이다.

　헤어(Rachel T. Hare)는 또 다른 형태의 역설적 의도기법을 창안
하였다. 나는 이 기법을 내담자들에게 적용하여, 그들이 화를 터뜨
리는 습관을 없애도록 도와주었다. 그 방법은 마음대로 화를 터뜨
려볼 수 있는 상황을 만들어 주는 것이다. 내담자 중의 한 사람은
행인이 자기 옆에서 침을 뱉어 자기의 바지나 구두에 조금이라도
튄다든지 하면 그때마다 매우 화가 나고 주먹을 휘두르고 싶어지
는 사람이었다. 그를 설득하여, 침이 실제로 자기에게 닿았다는 명

백한 외부적 증거가 있는 경우에 한하여 화를 내는 것을 허용하도록 자기와의 약속을 정해 보라고 권했다. 그는 이것을 거의 증명해 내지 못했다. 그러자 화내는 습관은 크게 줄어들었다.

이와 똑같은 제한적 기법을 당신 자신에게 적용하여 보자. 당신이 억울하게 대접받았다고 느끼고 자주 화가 치밀어 오르는 상황을 생각해 보라. 이 상황에서 스스로에게 분노를 허용하는 한계를 설정해 보기 바란다. 예를 들면 다음과 같다.

- 그가 당신에게 부당하게 행동했다는 것을 모든 사람이 동의할 때
- 그 부당함이 당신에게 상당한 해를 끼쳤다고 모든 사람이 동의할 때
- 금전적으로 볼 때 그 부당한 행동 때문에 당신이 상당한 양의 돈을 손해본 것이 분명할 때 한하여 당신이 화를 내는 것을 허용해 보는 것이다.

이와 같이 역설적인 방법으로 인위적인 한도 내에서 "자유스럽게" 표현하도록 스스로에게 허용해 보면, 당신은 여러 가지를 깨닫게 될 것이다. 즉 당신은 어떤 한도 내에서 화를 낸다는 조건하에서도 얼마든지 잘 살아갈 수 있으며, 당신 스스로가 울화를 터뜨리고 있는만큼 화를 내지 않고 통제할 수 있는 것도 곧 자기 자신이라는 것을 깨닫게 된다. 그와 같이 역설적인 기법이 효과가 있는 것은, 당신이 "나는 분노를 느껴야만 돼!"라거나 "나는 분노를 느껴서는 안 돼!"와 같은 식의 절망적인 사고로부터 벗어날 수 있게 되기 때문이다. 그러한 방법은 당신에게도 여러 가지 반응이 있을 수 있다는 사실을 깨닫게 해주고, 당신이 다양한 반응을 할 수 있다는 확신을 준다.

유머를 활용하라

REBT에서는 유머도 폭넓게 활용한다. 당신이 불쾌한 상황을 아주 심각하게 봄으로써 필요 이상으로 스스로를 더욱 화나게 하기 때문에, REBT 치료자는 내담자의 심각한 성향을 일깨워주기 위하여 다양한 익살이나 농담을 사용한다. 지금은 이미 유명한 논문이 되었는데, 나는 "재미를 이용한 정신치료(Fun as Psychotherapy)"라는 논문을 워싱턴에서 미국심리학회(APA) 연례회의에서 발표하였고, 발표 도중에 "합리적 노래(Rational Songs)"라는 유머러스한 두 개의 노래를 불러 히트한 적이 있다.

이 논문에서 다음과 같이 지적했다.

"어떤 상황을 지나치게 심각하게 받아들이기 때문에 인간에게 고통과 혼란이 생긴 것이라고 한다면, 치료자가 이런 내담자의 어리석음을 타파하고 사고의 전환을 가져오기 위하여 유머나 재미보다 더 좋은 수단이 어디 있겠는가?…… 유머라고 하는 치료 상표는 지금까지 개발된 모든 종류의 해학—과장하기, 엉터리로 하기, 역설적 의도, 재담, 위트, 아이러니, 변덕, 자극적 언어, 은어, 쾌활한 외설, 기타의 익살을 모두 함축하는 것이다."

REBT의 익살을 따라가다 보면, 화를 내고 있는 자신의 모습을 보거나 다른 사람들이 당신을 만족시켜 주어야 하고 당신의 행복을 위해서는 세상사가 어찌어찌 되어야만 한다고 머릿속에서 과장하고 있는 자신을 보면서 슬그머니 웃음이 나올 것이며, 그와 같은 어리석은 견해를 인지적으로나 정서적으로 공격할 수 있게 된다.

다른 사람들에게 좋은 행동을 하도록 요구할 때면, 당신은 스스로에게 다음과 같이 말하고 있는 셈이다. "그래, 나는 언제나 완벽하게 행동해 왔어! 나는 결코 다른 사람들에게 부당하게 대한 적이 없으며, 약속을 어긴 적도 없어! 앞으로도 절대 그러지 않을 거야!"

당신이 사람들로부터 인정받는 것이 절대적으로 필요하고, 당신 뜻대로 해주지 않을 때 그들을 쥐새끼만도 못한 인간이라고 비난한다고 하자. 그것은 당신이 자신을 얼간이같이 인정에 굶주린 노예로 전락시키거나, 전지전능한 여호와의 위치로 승격시키거나, 썩어빠진 인간으로 격하시키고 있다는 점을 상기하라.

만약 당신이 처한 빈약한 경제적 · 예술적 · 사회적 여건에 대해 불평하고 한탄한다면, 다음과 같이 자신에게 말해 보라. "오, 그래. 이 우주는 나의 것이야! 내가 원하는 것이면 무엇이든지 그 즉시 손에 넣어야만 해! 모든 사람들은 좌절과 분노를 겪고 살아가지만, 나만은 예외야!"

또한 내가 나의 내담자들에게 자주 들려주는 다음과 같은 말을 떠올려 보라. "인생이란, 내가 원하든 원치 않든 싸움 그 자체이다."

당신이 기어코 어떤 확실성을 보장받아야만 하며 성공, 사랑, 공정, 편안함 등을 보장받지 않으면 견딜 수 없다고 고집한다면, 다음과 같이 말해 보라.

"내가 원하는 것이면 언제든지 정확하게 바로 그 순간에 얻을 수 있도록 절대적으로 보증하여 주는 멋진 보증서를 가져야만 해! 그렇게만 된다면 나는 신나게 살 수 있을 것이며, 어떤 일에도 화를 낼 필요조차 없을 것이다."

당신의 인격 전체에 대해서가 아니고 다만 어리석은 생각들에 대하여 여러 가지의 방법으로 유머를 사용해 보라. 그리고 만일 당신이 나의 유머 노래를 같이 불러보고자 한다면, 나의 노래집인 "A Garland of Rational Songs"에서 이러한 노래들을 찾아볼 수 있다.

우는 소리로 푸념하고, 푸념하자!

나는 내 모든 욕구를 채울 수 없어
우는 소리로 푸념하고, 푸념하자!
나는 내 모든 좌절을 달랠 수 없어
우는 소리로 푸념하고, 푸념하자!
인생은 정말 내 소망을 들어주지 않는구나!
운명은 내게 영원한 행복을 보장해 주어야 하는데!
이 정도에서 내가 만족해야 하다니 견딜 수 없어.
우는 소리로 푸념하고, 푸념하자!

완전한 이성

사람들은 세상이 옳게 되어가야 한다고 말하네
나도 그렇다네, 나도 그렇다네!
조금만 불완전하여도 참을 수 없다고 말하네
나도 그렇다네, 나도 그렇다네!
나는 사람들보다 훨씬 뛰어난 초능력을 가진 인간이어야 하네.
내가 언제나 사람들 가운데 가장 위대한 불가사의한 사람임을 보여주리라.
완전한, 완전한 이성이여
나에게는 오직 이 길 밖에 없다!
바보처럼 사는 나의 모습을
내가 어찌 상상이나 할 수 있을까?
이성이야말로 나에게는 완전한 것을!

나는 미치고 싶지 않아

에나멜 가죽처럼 부드럽고 훌륭한
오! 나는 그런 사람이 되어야 해!
이처럼 사랑스러운 상태로
완성된다면 얼마나 근사할까!
그러나 내가 타락하는 운명으로 떨어질까봐

나는 두려워
나의 어머니와 아버지처럼 미친다면,
얼마나 슬플까!
오, 나는 정말 미치고 싶지 않아!
제발 내 마음이 흐트러지지 않았으면!
물론, 내가 미치지 않도록 노력해볼 수도 있겠지.
그러나 오 하느님! 나는 너무나 게을러 노력하기도 싫어요.

사랑해줘요, 사랑해줘요, 오직 나만을!

사랑해줘요, 사랑해줘요, 오직 나만을,
당신이 없으면 나는 죽어요!
당신의 사랑을 보장해줘요
내가 당신의 사랑을 의심하지 않도록!
사랑해줘요, 나의 전부를
그래야 나는 살 수 있어요, 그대여!
나 혼자 살아가야 한다면
죽을 때까지 당신을 미워할 테요, 제기랄!
사랑해줘요, 사랑해줘요, 언제까지나!
영원히 그리고 모든 것을.
당신이 나만을 사랑해 주지 않으면
내 인생은 진흙탕으로 변하고 말아요.
아주 부드럽게 나를 사랑해줘요
어떠한 조건도 없이, 그대여!
당신의 사랑이 조금이라도 식게 되면
나는 당신을 죽도록 미워할 거예요, 빌어먹을! 그대여!

부부싸움을 해결하려면 분노를 이렇게 처리하라

사람들은 내게 어떻게 하면 자기의 배우자나 애인에게 화를 내지 않고 살 수 있는지를 곧잘 문의한다. 유명한 결혼상담가인 매이스(David Mace) 박사는 결혼과 가족상담 학술지("Journal of Marriage and Family Counseling")에 실린 논문에서, 사랑을 방해하고 친밀한 일체감을 붕괴시키는 가장 큰 원인은 속으로 품고 있는 분노의 감정이나 표면화된 분노의 감정이라고 지적하였다. 매이스 박사는 바하(G. Bach)와 그의 추종자들이 제안한 "부부싸움"의 개념을 비난하면서, 배우자와 언쟁을 할 때, 분노를 다른 데로 돌리거나 완화시켜서 표현하는 대신 REBT를 이용하여 분노를 해소하거나 사라지게 하라고 충고했다.

그는 다음과 같은 세 가지의 구체적인 방법을 제시하고 있다.

당신이 느끼는 분노를 인정하라.

당신의 배우자에게 "나는 당신에게 화가 나 있어요"라는 말을, 마치, "나는 피곤해요"라거나, "나는 무서워요"라는 말을 하는 것처럼 솔직하게 해보라.

당신의 분노를 부적절한 것으로 여기고 단념하라.

당신의 배우자가 부당하게 대한 것이 사실이라 하여도, 울화를 일으킨 것은 당신 자신이며 군이 그럴 필요가 없었다는 것을 직시하고, 당신이 분노를 느끼고 표현함으로써 부부관계를 손상시켜 왔다는 점을 인정하라.

당신의 배우자에게 도움을 청하라.

당신이 화가 나 있으니 그것이 문제라는 점을 배우자에게 알리고 화를 내지 않고 두 사람간의 관계를 개선시키는 데 도움이 될 만한 제안을 해 줄 수 있는지를 알아보라.

매이스는 여기에 첨가하여 몇 가지의 현명한 제안을 하고 있는 데, 나는 이에 전적으로 동의한다. 그의 후속연구를 나는 "결혼과 가족 상담 학술지"에 발표하였다. 거기에서 나는 당신이 배우자나 가족에게 화가 날 때 도움이 될만한 REBT적인 방법들을 추가하여 제시하였다.

당신의 분노를 스스로도 인정하라.

당신의 분노 감정을 배우자에게만 알리려고 하지 말고 자신에게 도 솔직하게 말하라.

"자, 솔직하게 직면하자. 나는 나의 배우자에게 정말로 화가 나 있다. 단순히 불쾌한 정도가 아니다. 단순히 그의 행동에 화가 난 것이 아니다. 나는 나의 배우자의 인간 그 자체에 분노를 느낀다. 나는 그를 저주하고 싶고, 그의 모든 것이 바꾸어지기를 원한다."

당신이 이와 같은 식으로 해보지 않으면 자신의 분노를 실감하 기 어려울 것이며, 단지 분노를 "인정한다"라고 말로만 하는 차원 에 머무를 것이다. 먼저 당신이 화가 나 있다는 것을 인정하는 작 업이 필요하다. 그리고 그 다음에 가서 화가 나지 않도록 하는 작 업을 할 수 있는 것이다. 그런 연후에야 당신은 배우자가 상처받을 것인가, 배우자가 당신의 분노를 지나치게 심각하게 받아들이는가 등을 고려하여 그에게 화난 감정을 표현할 것인가의 여부를 알 수 있게 된다.

당신의 화난 감정에 충분한 책임을 지라.

화난 감정을 창출한 것은 당신 자신이라는 점을 솔직하게 인정 하라. 당신에게 이와 같이 말하라.

"그래, 나의 배우자가 나에게 부당하게 대한 것은 사실이야. 하지만 그는 나에게 좌절을 주었을 뿐이다. 내가 불쾌하게 느끼고 짜증이 난 것은 적절한 감정이야. 그러나 그가 그렇게 행동해서는 안 된다고, 내가 원하는 대로 해야만 한다고, 그로 인해 내 인생 전체가 끔찍하고 엉망이 되었다고 그래서 그는 철저하게 불쾌한 인간이라고 한탄하고 명령함으로써 나 스스로를 분노하게 만든 것은 정말 부적절해. 이런 생각은 내 쪽에서 선택한 거야. 그러니까 화가 났지. 이와 반대로 생각해 볼 수도 있지 않은가? 무작정 화를 내기보다는 다만 섭섭할 뿐이라는 느낌만 가질 수도 있거든."

이와 같은 방식으로 자신의 화난 감정에 대해 충분히 책임을 진다면 화가 나는 것이 상당히 줄어들 수 있을 것이다.

분노를 느끼는 당신 자신까지도 수용하라.

당신이 분노, 불안, 우울, 무가치감 등과 같은 신경증적 증상을 가졌다고 해서 자신을 비난하고 저주하면, 당신은 전혀 진보할 수 없다. 가령 당신이 배우자에게 분노를 느낀다고 해서 자신을 버러지같이 생각한다면, 버러지뿐인 당신이 어떻게 미래에는 버러지와 같지 않은 훌륭한 모습을 보일 것이라고 기대할 수 있겠는가? 그리고 바보같이 스스로 분노를 만들어 낸다는 이유로 당신 자신을 경멸한다면, 당신이 과연 분노를 만들어낸 자신의 독백을 정확히 이해하고 또 제거하기 위해 시간과 노력을 경주할 의욕이 생길 수 있겠는가?

그러므로 당신 자신을 분노와 함께 수용하라. 그렇다고 해서 분노의 감정이 "좋고", "적절하고", "건설적"이라는 뜻은 아니다. 단지 화를 내는 것은 인간이 지닌 오류의 한 측면이며, 인간의 조건을 구성하는 한 부분이고, "정상적인" 현상이라고 수용하라는 것이다. 그러나 화를 내게 되면 거의 예외없이 당신은 인생의 게임에서 패배자가 되고 친밀한 인간관계도 피해를 받게 된다.

스스로를 불안하게 하고, 우울하게 하고, 비하하는 생각을 중단하라.

당신이 몹시 화를 내고 어리석게 행동하는 한이 있더라도 그러한 자신을 수용하라. 그렇게 되면 어떠한 그릇된 행동도 스스로 수용할 수 있게 되며 당신의 상처받기 쉬운 특성(때때로 또 분노를 일으키는 자기연민이나 상처받은 느낌)도 많이 없어질 것이다.

당신이 분통을 터뜨리게 되는 배후에 깔려 있는 생각 내지 철학적인 근원을 찾아내라.

당신이 창자 속에서부터 부글부글 끓어오르는 분노를 느낄 때마다 그 감정 뒤에는 깊은 철학적인 가정이 숨어 있다고 가정하자. 그리고 이 가정은 해야만 한다는 당위적인 사고라고 하자. 그러한 should를 파헤쳐 보고, must를 파헤쳐 보라! "당신은 나에게 친절하고, 사려깊고, 다정하고, 만족스럽게 대해야만 해!"라고 하는 원망의 요구와, "내가 원하는 모든 것을 별 수고하지 않고도 쉽게 얻을 수 있도록, 내 생활은 쾌적하고 좌절이 없어야만 해!"라고 하는 사상이 항상 들어 있다.

좀더 구체적으로 말하면, 당신이 배우자에게 화가 났을 때, 당신은 보통 다음과 같이 독백한다.

"나의 배우자는 나에게 사려깊고 다정하게 대해야만 해! 그런데 그는 부당하고 불만스럽게 행동했어. 나는 이 행동을 참을 수 없다! 이건 정말 끔찍해! 그는 얼마나 변변치 못한 사람인가!"

"내가 이 사람과 결혼한 것은 즐겁고 행복하게 살기 위해서이다. 그런데 지금 우리 두 사람 사이에는 경제적, 사회적, 성적으로, 혹은 자녀양육의 문제가 있다. 이런 식의 결혼생활이 계속되어서는 결코 안 된다! 이렇게 되다니 얼마나 끔찍한가! 나는 견딜 수 없어! 그러므로 그와 함께 산다면 싸움 밖에 할 것이 없다. 이 생활을 계속해야 한다는 생각만으로도 미칠 것 같아!"

그러므로 당신이 가지고 있는 shoulds와 musts와 oughts를 배우자에 대한 것, 자녀들에 대한 것, 당신의 여러 가지 생활 여건에 대한 것, 인척들에 대한 것, 배우자와의 성관계에 대한 것 등으로 일일이 세분하여 이와 같은 당위적 사고를 전부 다 찾아낼 때까지 작업을 계속하면, 당신이 분노하고 있는 핵심적인 근원을 찾아낼 수 있다. 이에 관한 내용을 하퍼 박사와 나는 《성공적인 결혼생활 안내서》라는 책에서 밝힌 바 있다.

소망과 강요를 확실히 구분하라.

당신의 배우자나 인척에 대해서 바라는 희망사항과 그들에 대한 해야만 된다는 식의 강요하는 마음은 분명히 다르다는 것을 깨닫기 바란다. "나는 일주일에 두 번 정도의 성관계를 가지고 싶어"라고 말하는 것은 도리에 맞다. 그러나 "그는 일주일에 두 번은 성관계를 해주어야만 돼!"라고 말한다면 사리에 맞지 않는 말이 된다. 당신이 배우자에게 강압적으로 요구하는 마음 속에는 현실적으로 타당한 소망이 내포되어 있는 것은 사실이다. 그러므로 당신의 머릿속과 가슴 속을 모두 뒤져 소망사항과 소망을 만족시켜야만 한다고 고집하는 강요의 마음을 모두 찾아보라. 그리고 이 두 가지를 아주 명확하게 구분하여 보라!

당신의 절대론적인 사상인 강요성을 토론하고 논박하라.

당신이 배우자나 이 세상에 대해 어떤 것을 강요하고 있다는 사실을 단순하게 이해하는 것만 가지고서는 문제가 해결되지 않는다. "그래, 나는 이제 내가 원하는 대로 정확하게 채워줘야 한다고 그에게 강요하기 때문에 화가 났다는 것을 깨달았다. 그러니 지금부터는 그처럼 강요하는 것을 그만두고, 가볍게 바란다는 소망의 정도로 바꾸어야겠다." 물론 이렇게 생각을 바꾸어야 한다. 그러나 이것으로는 충분하지 않다.

당신이 가지고 있는 요구를 강력하게 지속적으로 논박하고 질문하고 도전하지 않으면, 아마도 그것을 포기할 수 없을 것이다. 당신의 인생관의 배경이 되는 절대론적인 사상을 철저하게 변화시킴으로써만이 증오나 분노 감정을 해결할 수 있게 될 것이다. 여기서 분노를 해결한다는 의미는 분노를 억압하거나 회피한다는 것을 말하는 것이 아니다. 분노의 뿌리를 뽑는다는 것이며 또한 나중에도 다시 분노에 휩싸이지 않게 통제한다는 뜻이다.

분노 감정을 근절하기 위하여 행동적·정서적 방법을 사용하라.

이 책에서 지적하고 있는 바와 같이, 분노 감정을 만들어낸 사람은 당신 자신이다. 그리고 당신은 여러 가지 정서적·행동적 행위를 통해서 분노의 감정을 계속 강화한다. 그러므로 분노를 제거하기 위해서는 환경적-정서적-극적인 방법과 행위적-직접적-행동적 방법을 함께 사용하는 것이 효과가 있다. 정서적 방법으로는 당신의 배우자에 대해서 화난 감정보다는 사랑스러운 감정으로 대하도록 의도적으로 행동해 보는 것이다. 배우자의 관점에서 보도록 당신 자신을 훈련시키는 것이다. 이것은 로저스(Carl Rogers)가 말하는 "무조건적인 긍정적 배려(존경)"이고, REBT에서 말하는 "그 사람에 대한 수용"이다. 당신 배우자의 행동에 대해서 비난하는 "너 진술"의 방식 대신에, 비난의 요소가 섞이지 않는 "나 진술"의 방식을 사용해 보는 것이다. 또 배우자에게 느끼는 적대감을 직접적으로 표현하는 대신 제3자(가령, 친구)에게 표현해 볼 수도 있다.

배우자에 대한 분노 반응을 역할놀이로 표현해 볼 수도 있다. 또는 합리적-정서적 상상기법(REI)을 이용하여 배우자의 좋지 못한 행동을 상상해 보도록 한다. 그리하여 처음에는 그에 대한 심한 분노 감정을 느껴보고, 그 다음에는 당신의 감정을 분노가 아닌 실망의 감정으로 변화시켜보는 연습을 할 수도 있다.

행동적 방법으로는, 당신의 분노 감정에서 "해야만 된다 주의"를 타파하기 위한 몇 가지 방법을 사용할 수 있다. 분노를 일으키는 장면에 고의적으로 머물러 본다든지, 일부러 상상을 하여 그러한 상황에 대처하는 연습을 해 보고, 그 과정에서 화가 치밀어 오르게 하는 기본 철학을 변화시켜 보도록 하는 것이다. 주장적인 태도를 연습하여 보라. 그리하여 배우자에 대하여 당신 자신을 적절하게 주장하지 못함으로써 가슴 속에 울화를 쌓아가는 일이 없도록 하는 것이다.

또는 조작적 조건화의 기법이나 자기관리의 방법을 사용하여, 당신이 배우자에게 화내지 않고 반응했을 때에는 보상을 주고, 반대로 화를 내는 반응을 했을 때는 자신에게 벌칙을 주는(자신을 비난하는 것이 아니라) 방법을 써보는 것이다.

혹은 행동적 연습의 방법을 사용하라. 당신의 배우자가 당신의 속을 뒤집는 어떤 행동을 했다고 가정하고, 어떤 모델이나 역할놀이의 역할을 해줄 사람과 함께 그에 대한 적절한 반응을 연습해 보는 것이다. 혹은 당신의 배우자와 서면이나 구두로 약속할 수 있다. 만약 당신이 원하는 일을 배우자가 해주면, 당신도 그가 원하는 어떤 일을 해주겠다고 할 수도 있다.

혹은 당신이 잠시나마 울화가 치밀어 오르게 하는 상황에서 벗어나고 비합리적인 철학을 바꾸어 볼 작업을 할 수 있는 시간적인 여유를 당신 스스로 갖기 위하여 이완요법이나 명상, 사고중지 기법이나 둔감화기법, 전환적 방법을 사용해 볼 수 있다.

　이 책에서 제시한 여러 가지 방법들을 실제로 적용하여 당신이 배우자나 친밀한 관계에 있는 사람들에게 화를 내는 것은 스스로 자초한 것이라는 사실을 자각하고, 이러한 분노 감정을 제거하여 보다 좋은 감정을 즐길 수 있는 관계로 만들어 갈 수 있다.

　내가 저술한 책《인간주의적 심리치료 : 합리적 정서적 접근》과 로버트 하퍼 박사의 공저인《정신건강적 사고》에는 화를 내지 않게 하는 방법들이 실려 있다. 수만 명의 사람들이 이 책을 읽고 도움을 받았다. 그리고 뉴욕에 있는 "합리적 생활연구소"에서는 당신의 분노를 제거하는 데 도움이 될 포스터, 녹음 테이프, 주머니 카드, 비디오테이프, 필름 등을 발간하고 있다. 나는 많은 사람들이 실제로는 REBT 치료를 전혀 받지 않았음에도 불구하고, 이 자료들을 꾸준하게 활용함으로써 화내는 습관을 수정하는 데 많은 도움을 받았노라는 이야기를 자주 듣는다.

　뉴욕의 연구소에서 열리는 토론회, 세미나, 워크숍, 마라톤 그룹과 다른 대중 발표회 등을 통해 많은 사람들이 화를 내지 않는 면에서 도움을 받고 있다. "일상생활의 문제들"이라는 제목으로 열리는 금요일 밤의 워크숍은 지금까지 수십 년 동안을 내가 거의 매주 진행을 해오고 있다(30여년의 기록을 가지고 있다 : 편집자 주). 참여한 사람들이 개인적인 문제를 가져오면 나나 혹은 청중들로부터 직접적인 도움을 받을 수 있다. 또 직접적으로 참여하지 않고 다만 나와 다른 사람들의 상담과정을 관찰만 함으로써, 자신의 문제를 해결하는 방법을 간접적으로 배울 수도 있다.

　REBT에서는 사람들이 분노와 같은 자기패배적인 감정을 타파하기 위하여 가능한 한 모든 심리교육적 방법을 총망라하여 사용한다. 당신이 어떤 독백을 함으로써 스스로를 화나게 하고 있나 인식하고, 분노를 만드는 비합리성에 어떻게 도전하고 논박할 것인가를 연구하라. 그리고 화내는 것과 반대의 방향으로 꾸준하게 느끼고 행동할 수 있도록 많은 방법을 탐색해 보라. 그리고 그 중에서 당신에게 알맞는 방법을 선택하여 사용하도록 하라.

분노에 대한 이유를 달지 말라

화를 내지 않는 것이 유익하다는 것은 누구나 다 알고 있고, 분노를 통제하는 방법도 잘 알고 있지만 실제로는 실천이 잘 되지 않는 이유는 무엇일까? 우리가 분노의 상태에 머무르려 하고, 때로는 즐기기까지 하려는 이유는 무엇일까? 무엇보다도 가장 큰 이유는 분노 감정이 분명한 생물학적 뿌리를 가지고 있기 때문일 것이다. 이 문제를 올바로 이해하기 위하여 분노가 가지는 생물학적 근원을 자세하게 살펴보자.

화를 내는 데에는 생물학적인 원인이 있다

생리학자와 성격이론자나 사회학자 등이 밝힌 바에 의하면, 스스로를 화나게 하는 데에는 비록 결론적으로 증명하기는 어렵지만 부분적으로 생물학적 원인에 근거한다. 예를 들면, 룬데(Donald T. Lunde)와 햄버그(David H. Hamburg)에 따르면, 인간과 마찬가지로 동물들의 싸우는 행동(거친 놀이나 협박 등과 같은 형태의 적개심도 포함하여)이 암컷보다는 수컷에서 더 많이 나타난다. 그것은 남성호르몬의 일종인 안드로겐이 적대적 행동에 영향을 미치기 때문인 것으로 보고 있다. 또한 자페(Yoram Jaffe) 등에 따르면, 성적으로 자극된 남성과 여성은 공격성을 외부적으로 더 나타낸다. 돈너슈타인(Edward Donnerstein) 등은 고도로 에로틱한 자극이 남성 피험자의 공격성을 촉진시킨다는 사실을 발견하였다.

뵐킨스(R. C. Boelkins)와 하이슈터(J. F. Heister)는 동물과 인간에 대한 생물학적 연구결과를 검토하였다. 그리하여 공격성이란 "적응적 행동의 하나로서 유전학적으로 기호화된 신경 메커니즘에 근원을 두고 있으며, 호르몬과 심리사회학적 요인에 의해 행사된다"고 결론지었다. 유명한 심리학자인 할로우(Harry F. Harlow)는 "공격성이란 그 사람의 생물학적 유전인자에 의해 나타나는 현상"이라고 주장한다.

프로이트는 방대한 양의 임상적·인류학적 증거들을 종합하여 다음과 같이 요약하고 있다.

"이 모든 사실의 이면에 숨어 있는 진실은, 인간이란 사랑을 추구하는 부드럽고 친절한 존재이며, 공격을 받았을 때만 자신을 방어하는 존재가 아니라, 본능적으로 공격에 대한 강한 욕구를 지닌 존재로 이해되어야 한다는 것이다. 인간 상호간에 이러한 원초적인 적대감을 가지고 대하기 때문에 문명사회는 끊임없이 위협을 받는다…… 공격하려는 경향성은 인간에게 있어서 내면적이고, 본능적이고, 독립적인 성향이며…… 이 점이 바로 문화에 대한 가장 강력한 장애물이다."

국립 정신건강심리실험연구소의 소장인 로젠탈(David Rosenthal) 박사는, 미국 과학진흥협회에서 범죄에 관한 심리학적·생리학적 연구를 실시하였다. 그가 발표한 "범죄의 유전성"이라는 논문에서 그는 환경적 요인뿐만 아니라 상당히 강한 유전적인 요인이 범죄의 원인으로 작용한다고 결론짓고 있다.

솔로몬(Philip Solomon)과 클리만(Susan T. kleeman)은 "폭력의 의학적 측면"이라는 논문을 발표하였다. 그들은 수족의 질환이나 뇌의 피질질환으로 인해 의식의 손상, 혼돈, 비합리성이 나타나고 이런 현상 때문에 폭력이 나타날 수도 있다고 결론짓고 있다. 영국의 정신의학자인 군(John Gunn) 등은 비정상적인 뇌파를 가진 사람들이 정상적인 뇌파를 가진 사람들보다 이유없이 난폭한 범죄를 저지를 가능성이 더 많은 것으로 밝혀냈다.

멀도치(B. D. Murdoch)는 범죄자들의 뇌파에 관한 연구에서 공격적인 정신과 환자들이 정신질환이 없는 죄수들보다는 대뇌의 불안정성 수준이 높은 것으로 결론지었다. 윌리암스(Denis Williams) 역시 공격적인 범죄자들이 다른 "정상적인" 범죄자들보다 비정상적인 뇌파를 훨씬 많이 만든다고 밝혔다.

공격성이 생화학적 요소나 호르몬과 관계가 있다는 구체적인 연구 결과들이 또 다른 연구자에 의해 밝혀지고 있다. 예를 들면, 케르마니(E. J. Kermani)는 남성에게 있어서 테스토스테론이라는 호르몬(여성의 경우는 그보다 더 약하게)이 공격성을 조장하는 데 큰 역할을 하는 것을 발견했다. 고트샬크(L. A. Gottschalk)는 여자들의 생리주기에 관한 바이오리듬을 연구한 결과, 불안과 적대감이 배란기에 일시적으로 감소한다는 사실을 발견하고 그 감소 이유가 아마도 호르몬 변화일 것으로 추정하였다. 에컬스(C. L. Ekkers)는 젊은 남성에게 있어서 공격적 행동과 "틸로아드레날린"이라는 호르몬의 분비간에는 정적인 상호관계가 있다는 학설을 확인하였다. 라이언(J. R. Lion)과 리타(G. Bach-y-Rita)와 에르빈(F. R. Ervin)은 폭력적인 사람들에 관한 연구에서, "적어도 천만명 내지 이천만의 미국인들이 뇌기능 손상을 입고 있기 때문에 공격적인 에너지를 인식하고 통제하고 조정할 능력이 결여되어 있다"고 밝히고 있다.

사회학과 심리학자들은 인간의 공격성에 심리적·사회적 학습의 요소와 더불어 생물학적·유전적·화학적 요소가 크게 작용한다고 밝히고 있다. 프랑크(Jerome D. Frank)는 젊은 남성들에게서 많은 양의 남성호르몬이 방출된다는 점을 강조하고, 전쟁 발발의 패턴과 연결시키려는 시도를 하고 있다. 델가도(Jose M. R. Delgado) 박사는 원숭이들을 대상으로 뇌의 주요 부분에 미세한 전극을 장치하는 실험을 했다. 그가 버튼을 누르고 방사신호를 보내면 평화롭던 원숭이는 갑자기 격분하면서 다른 원숭이를 공격한다. 로센펠드(Albert Rosenfeld)가 지적한 바와 같이, 그가 버튼에서 손을 떼면 원숭이는 다시 평화로워진다. 매슬로우(Abraham Maslow)는 공격욕구를 포함하여 인간의 결핍욕구는 본능적인 특성을 가지고 있으며 다소간 "유전적인 근거"를 가지고 있다고 주장한다.

미일(Paul Meehl) 등의 심리학자도 인간이란 "순한 양과 같은 동물이 아니라, 분노와 공격성의 경향을 본능적으로 지니고 있는 존재"라고 말한다. 스포크(Benjamin Spock) 박사도 아동발달에 대한 연구를 종합하여, 인간이란 "타고난 격한 기질"과 "즉시적인 적대감"과 "본성상 불가결한 강한 욕구"를 지니고 있다고 보았다. 일펠드(Frederick W. Ilfeld, Jr.)는 "공격의 한 형태인 폭력은 선천적으로 향유한 인간의 특성이라고 볼 수 있다"고 주장한다.

몬테구(Ashley Montagu)와 같은 사회적 사상가는 이러한 견해를 신랄하게 비판한다. 몬테구는 "인간이 지닌 공격성은 학습된 행동이다. 인간이 공격적으로 행동하게끔 선천적으로 '프로그램화' 되어 있다는 절대적인 증거는 없다."고 하였다.

몬테구의 이 말은 부분적으로 옳다. 인간에게 공격성, 분노, 폭력이 프로그램화 되어 있다는 결정적인 증거가 없기 때문이다. 그러나 대부분의 권위 있는 학자들은 인간이 공격성, 분노 등을 내면에서 쉽게 작동시킬 수 있는 선천적인 경향을 가지고 있다는 데 동의한다. 이처럼 여러 가지 이유로 인하여, 우리 인간이 지닌 생물학적 경향성은 쉽게 분노 반응을 일으키도록 미리 규정되어 있는 것이다.

모이어(K. E. Moyer)는 호르몬 주입, 전기 자극, 외과적인 뇌 손상 등의 신체에 관한 연구를 하였다. 그리고 그는 인간의 자극적인 공격성은 통제할 수 있다고 말했다. 그가 쓴 《공격의 심리학》이라는 저서에서, 알레르기를 일으키는 어떤 물질들은 신경조직에 직접적으로 영향을 주어, 비염증성 뇌의 팽창을 가져온다고 밝혀졌다. 그 결과로, 어떤 사람들의 경우에는 날카롭고 만성적인 신체적 폭력행동을 하게 만든다고 지적한다.

인류학자인 볼튼(Ralph Bolton)은 페루의 쿠올라족과 같은 극도로 험악한 투쟁심리를 가지고 있는 부족을 대상으로 연구하였다. 그 결과, 고단백 음식을 섭취하면 살인율이 낮아지고 평화스러운 행동을 하며, 단백질 섭취를 거의 하지 않으면 살인과 적대적 행동을 하게 된다는 사실을 발견했다.

유전학자인 반덴버그(Steven G. Vandenberg) 교수는 일란성 쌍생아의 경우, 공격적인 경향에 있어서 이란성 쌍생아보다 훨씬 유사한 행동을 나타낸 것을 밝혀냈다. 그리하여 적대감을 느끼는 데에는 유전적 요소가 의미 있게 작용한다고 주장했다.

최근 들어 많은 성격이론가들도 인간의 적대감이 명백한 생물학적인 뿌리를 가지고 있다는 사실에 동의하고 있다. 심지어는, 그들의 "발견"에 비판적이었던 라이터밴드(Edward C. Ryterband) 같은 사람까지도 성격이론가들의 주장이 타당성이 있다고 인정하고 있다. 라이터밴드는 다음과 같이 지적하고 있다.

> 인간의 행동에 있어서 환경이 중요한 영향을 미친다는 사실을 부인할 만한 사람은 없을 것이다. 최근 들어 우리 행동의 대부분은 유전과 환경의 양자의 영향으로 결정된다는 증거가 축적되어가고 있다. 인간의 지능이나 행동장애에 유전과 환경이 동시에 영향을 준다는 자료는 이미 풍부하게 나와 있으며 새로운 지식이 아니다. 인간의 공격성 등에도 똑같은 논리가 적용될 수 있다. 어떤 사람이 지닌 공격성은 그의 현재의 환경적 요소뿐만 아니라 과거의 유전적 요소의 산물이기도 하다.

에리히 프롬(Erich Fromm)은 《인간의 파괴성의 해부》라는 저서에서, 인간은 스스로를 파괴하거나 끊임없는 불화와 싸움을 벌이려는 본능을 지닌 것이 아니라는 것을 밝히려고 노력했다. 인간은 선천적으로 파괴적이고 공격적인 에너지를 가지고 있기 때문에 그 에너지를 직접적으로 표출하고 활용하지 않으면 우리를 전쟁이라든지 대량학살, 자살 등과 같은 극단적인 형태의 폭력으로 몰고 갈 것이라고 로랑(Frend Loreng) 등은 주장한다. 그러나 프롬은 이 이론을 완강하게 반대한다. 그 대신에 그는 신경과학의 연구 결과를 통하여 생명을 보존하며, 생물학적으로 적응하는 데 필요한 방어적 공격성의 개념을 수립하게 되었다고 말했다. 이러한 생물학적인 공격성 개념은, 인간이 생존의 위협에 직면하여 발동시킬 수 있는 잠재적인 공격성을 지니고 있다는 사실을 보여주는 데 유용하다는 점을 인정하고 있다.

여기에서 볼 수 있는 것처럼, 프롬도 분명히 분노와 공격성에는 생물학적인 원인이 작용한다는 이론을 완전히 부인하지는 않고 있다. 단지 그는 프로이트와 같은 학자들이 말한 것처럼 그러한 유전적 배경을 가지고 있기 때문에 분노가 대량학살과 같은 극단적인 공격의 형태로 우리를 몰고 가지는 않을 것이라고 보는 것이다. 또한 프롬은 인간의 무력감이나 무지, 죽음에 대해 자각하는 것과 같은 실존적인 상황 안에서 우리의 욕구충족과 사회적인 조건간의 상호작용 과정 중에 인간의 파괴성이 나타난다고 보고 있다. 그러나 이러한 실존적인 욕구 자체가 분명히 생물학적인 기초를 가진 것은 아니다. 나는 프롬도 기꺼이 이를 인정하리라고 생각한다. 그러므로 우리의 본성에 대한 생물학적 영향력에 대해서 반대하는 이론은 타당성이 미약하다.

화를 내는 것은 스스로가 비합리적 신념체제를 고수하기 때문이다

거의 모든 학자들이 인간의 분노에는 사회적인 원인뿐만 아니라 생물학적인 원인이 있다고 인정한다. 그러나 그 이론을 구실로 하여 당신이 화내는 행동을 교정하려고 노력하지 않는다면 그것은 잘못이다. 당신에게는 세상의 불공평한 처사에 대해서 스스로를 화나게 만드는 선천적인 경향성이 있다는 것은 인정하자. 다른 사람의 부분적인 행동을 가지고 그 사람 전체를 비난하고, "비도덕적인" "틀린" 행동을 했다고 해서 그들이 세상에서 없어져야 한다고 생각하는 강한 경향성을 지니고 태어났다는 사실을 인정하자. 그렇지만 나는 당신에게 묻겠다. 그러한 생리학적인 경향성에 당신이 순종해야만 하는 이유가 어디에 있는가? 화내는 행위를 변명하려고 그와 같은 이론을 거론하는 것이 과연 정당한가?

이와 관련해서, 당신이 수많은 생물학적인 충동을 가지고 있지만 이런저런 합당한 이유 때문에 그 충동을 잘 통제하고 있다는 사실을 상기해 보아야 한다. 당신이 침을 뱉고 트림을 하는 것은 선천적으로 타고난 생물학적 현상이다. 그렇다고 하여 때와 장소도 가리지 않고 항상 침을 뱉고 트림을 하는가?

그러므로 다른 사람들이 당신에게 크게 잘못을 했을 때 그들을 비난하고 매도하려는 경향성을 선천적으로 가지고 태어났다 하더라도, 이러한 일들을 당연시 해야만 하는 것은 아니다. 또한 노력만 한다면 상당 부분 이러한 행동을 근절할 수 있다는 것은 분명한 사실이다.

사회의 한 구성원으로서 나는 거의 매일, 거의 매시간 사적·생리적인 쾌락추구의 욕구를 억제하고 살아간다. 먹고 싶은 양보다 적게 먹고, 성생활도 횟수를 제한하고, 말을 삼가고, 날씨가 뜨거운 날에도 정장을 하고, 이 밖에도 셀 수 없이 많은 방법으로 생물학적인 욕구들을 억제한다. 이런 식으로 나를 제약하는 것은 상당한 불편을 주지만, 또한 그와 같은 제약에서 얻는 즐거움도 종종 있다. 예를 들면, 나에게는 당뇨병이 있는데 나는 즐거이 식욕을 억제하고, 내가 단 것을 좋아하지만 설탕은 내 몸에 치명적이므로 스스로 피하려고 애쓴다. 나의 분노를 억제하는 것이 나를 견딜 수 없게 좌절시키는 것은 아니다. 사실상 어떤 면에서 보면, 나는 그러한 식의 자기억제를 기꺼이 즐기고 있는 셈이다.

화를 내지 않고서도 단호한 조처를 강구할 수 있다

사람들은 보통 자기들이 느끼는 분노에 대하여 다른 대안을 발견하지 못하기 때문에 그 상태를 고수한다. 심지어 소수 민족이나 여성들의 경우와 같이 우리 문화권에서 학대받는 사람들이라 할지라도, 분노를 터트리지 않고서도 결코 착취와 압박에 굴복하지 않을 수도 있다. 그들은 다음 중의 하나를 불가피하게 선택할지도 모른다. 예를 들면 다음과 같다.

- 그들의 정복자에게 수동적으로 굴복하고, 자신들을 "짓밟히도록" 방치한다.
- 폭력에 의지하여 (상징적으로, 혹은 실질적으로) 분노와 폭언을 터트린다.

후자의 이 방법은 아마도 억눌린 감정을 해소시켜 주고 기분전환과 자신감을 줄 수 있을 것이다. 이 두 가지 중에서, 전자의 방법은 분명하게 최악의 선택이고, 소극적인 비굴성을 나타낸다. 그러므로 나는 절대로 그 방법을 권하고 싶지 않다. 그리하여 REBT에서 우리는 제3의 방법을 제시한다.

- 당신이 원하는 것을 비겁하게 포기하는 것과 상대방과 정면대결하여 싸우는 것 사이의 중간지점에 있는 방법이다. 나는 이것을 단호한 반대의 방법이라고 표현한다. 예를 들면, 만일 내가 여성차별적인 우리 사회에서 여자라는 이유로 많은 불공평과 손해를 감수하였고 나의 출세에 지장이 되는 장애물을 지독히도 싫어하고 증오한다고 하자. 그러나 나는 (나를 억누르는 남성들이 여성의 권리에 대해 집요하게 반대하고 투덜대는 것과 똑같은 방식으로) 미련스럽게 나 자신에게 다음과 같이 독백하지는 않는다.
  "사회의 규칙이 여성인 나에게 차별적인 대우를 하므로 그런 규칙은 결코 존재해서는 안 된다! 그런 규칙이 존재한다는 것은 얼마나 끔찍한가! 여성에 대한 차별을 견딜 수 없다! 이러한 규칙을 만들어 유지시키는 사람들은 전적으로 썩어빠진 폭군들이다! 우리가 이러한 끔찍한 관습을 변화시키려면 그들을 완전히 전멸시켜야 한다!"

다른 말로 표현하자면, 사회구조 속에 여성을 차별대우하는 전통이 깊게 뿌리박혀 있기 때문에 좌절감을 느끼는 한이 있다 할지라도, 나의 시간과 정력을 그러한 사회적 인습에 대해 푸념하고 울부짖는 데 낭비하지 않을 것이다. 그 대신에 나는 그들을 변화시키고 그들에 대항할 수 있도록 뜻을 같이 하는 여성들과 굳게 뭉쳐 조직적인 움직임을 취할 것이다.

클라인 나프지거(Claudeen Cline-Naffziger)는 분노하지 않고 사회적인 변화를 도모하기 위한 단호한 방안인 이 제3의 방법을 어느 정도 인식한 것으로 보인다. 그녀는 다음과 같이 지적하고 있다.

"케네디(Florynce Kennedy)의 '행동화하는 분노'는 모두 교육적인 효과가 있다. 그녀는 여성이 다른 여성이나 자기의 남편, 가족, 후견인들을 비난하지 말고, 대신 그들의 분노 에너지를 힘의 원천으로 모아볼 것을 장려하고 있다. 분노 에너지는 그들의 주변이나 아래로 향할 때보다 위로 모아질 때 더욱 강력한 힘을 발휘할 수 있다."

클라인 나프지거는 또한 위의 글에서 "대부분의 여성들은 한맺힌 분노를 마음 속에 담고 있다. 그것 때문에 너무 많은 에너지를 축적하고 있으므로, 이와 같은 과다한 분노의 에너지를 방출하고 통제 가능한 수준으로 조절하도록 상담과 치료시간 중에 외치고, 차고, 울부짖는 시간을 가져야만 한다."고 지적하고 있다. 그러나 그녀는 외치고, 때리는 행동이 분명히 분노의 철학을 수반하게 된

다는 점을 간과하고 있다. 또한 치료시간에 여성의 분노 에너지를
표출하게 하는 것은 그러한 사회체제를 변화시키도록 건설적으로
투쟁할 수 있는 여성들의 에너지를 헛되이 방출해 버리는 셈이 된
다는 것을 간과하고 있다.

게다가 수천 년의 인류 역사가 증명하고 있는 것처럼, 압박받은
집단이 압박을 가한 통치자 집단에게 분노어린 폭력으로 대항하
면, 그들의 유아적인 요구와 고집이 반대자들의 유아적인 비합리
성과 빈번히 충돌하게 된다. 그래서 기존의 통치자들이 다시 힘을
발휘하여 반란을 진압하게 된다. 또한 프랑스 혁명과 러시아 혁명
에서 전형적으로 볼 수 있듯이 처음의 반란집단에서 더욱 극단적
인 집단이 파생되어 무시무시하고 피비린내 나는 저항의 잔학성이
나타나거나 인간의 자유에 끊임없는 억압이 지속된다.

나 역시 오랫동안 성적인 수동성이나 심리치료를 개혁하려는 분
야에서 혁명적인 일을 해오면서 "보수적인" 반대자들에게 분노를
터트리는 경우가 자주 있었고, 지금도 때로는 그렇다. 그러나 분통
을 터트리는 것은 목적달성에 있어서 항상 득보다는 해가 된다는
사실을 발견했다. 내가 원하는 바를 효과적으로 달성하기 위해서
그리고 내가 원치않는 어리석은 실수를 피하기 위해서는 분노하지
않고 투쟁해야 한다는 사실을 깨닫게 되었다.

우리가 화를 참는 데에는 신경증적인 원인이 있다

바하나 골드버그 등의 권위자들은, "우리가 느끼는 분노의 감정
을 인식하고 표출하지 않으면 우리 자신에게 굉장히 해가 된다"고
말한다. 사람들에게 공손하고 예의바르게 대해야 한다는 의식적인

이유에서 우리는 노골적으로 공격성을 표현하지 못할 수 있다. 또한 피차간에 언성을 높이는 것이 두려워서 공격성을 억압할 수 있다. 이럴 경우에는 "적대감정이 결코 사라지는 것이 아니라 마음 깊은 곳으로 들어가 사회적으로 용인된 가면을 쓰고 변형되어 다시 나타난다"고 주장한다.

그와 같은 주장은 조심스럽게 재고해 볼 필요가 있다. 바하나 골드버그는, 당신이 분노의 감정을 억압하고 억누르는 데에는 신경증적인 이유가 있다고 말하는 것으로 보인다. 그래서 만약 내가 당신에게 부당한 행동을 했을 때에도, 처음에는 당신이 얼마나 "인격자인지"를 나에게 보여주기 위해서 공손히 행동해야 한다고 느낄 것이다. 우리가 이것을 "신경증적인" 것이라고 부르는 이유는 당신이 인생을 자신을 위해서가 아니라 남을 위해서 영위하려고 하기 때문이다. 당신은 나나 다른 사람의 의견을 너무나 고려한 나머지, 자신의 인생에서 진정으로 무엇을 원하는가를 질문하지 않는다. 그리고 반대의견에 너무나 쉽게 굴복함으로써 좌절감과 불행을 느낀다.

당신이 신경증적으로 분노를 억압하는 두 번째의 이유는, 당신이 만약 내게 불쾌하다는 것을 표시하면 내가 당신을 배척하든지 당신에게 화를 내게 될까봐 두려워하기 때문이다. 당신은 진정으로 내 행동의 부당성을 지적하고, 내가 당신에게 좀더 잘 행동할 수 있도록 말하고 싶지만, 그와 같이 솔직하게 말함으로써 나와의 사이에 언성이 높아질지도 모른다는 것을 심히 두려워하는 것이다. 당신은 내가 당신을 어떻게 생각할까에 대해 너무나 신경 쓴 나머지 당신이 진정으로 원하는 것이 무엇인가에 대해서는 오히려 신경을 쓰지 않게 된다. 다시 말하지만 이는 당신이 스스로를 완전히 "점잖은 사람", 즉 누구와도 싸우지 않고 비난받는 위험을 감수하지 않으려는 사람이 되어야 한다고 느끼고 있음을 의미한다. 이 것이 소극성 또는 비주장성의 특징이다. 다른 사람의 인정을 얻기 위하여 당신의 인생에서 진정으로 원하는 것을 포기하는 것은 삶을 포기하는 것이며, 건강한 욕구를 포기하는 것이고 개성이 실현되지 못하도록 하는 것이다.

그래서 만일 당신이 "인격자"로 평가받기를 원하고, 사람들에게서 거부당하지 않을까 하는 두려움 때문에 분노의 감정을 억누르고 있다면, 당신이 이 세상에서 존재할 권리가 있으며, 다른 사람들이 당신에게 정당하게 대하도록 요청할 권리가 있다는 감정까지도 마음 속 깊은 곳으로 쫓아버리는 꼴이 된다. 바하와 골드버그는 바로 이 점을 적절하게 지적한 것이다. 그러나 당신은 사람들과 우호적이고 친근한 관계를 맺고자 하는 소망과 당신이 원하는 것을 좀더 성취하기 위해서 분노를 느끼고 표현하는 것을 삼가할 수도 있다. 이와 같은 건전한 이유 때문에 분노의 표현을 자제할 수 있다는 것을 망각하고 있는 듯 하다.

다른 말로 하면, 바하와 골드버그는 다음 사항을 간과하고 있다. 타인이 당신을 좋아하도록 비합리적으로 강요하고 고집할 수도 있지만, 반면에 타인과 원만하게 잘 지낼 수 있도록 합리적으로 소망하고 원할 수도 있다는 사실이다. 당신이 강요성을 띤 욕구를 가지고 있다면, 당신은 아마도 소망하는 수준의 감정을 억누르게 될 것이다. 게다가 자기 자신의 욕망간에도 갈등을 느끼지 않고 지내고자 하는 소망과 당신이 진정으로 인생에서 원하는 것을 성취하려는 소망을 억누르게 된다. 이것이 문제다. 그러므로 타인이 당신을 좋아해 줄 것을 원하고, 그러면서도 당신의 인생에서 원하는 것도 또한 얻고자 할 수도 있다. 다른 사람의 인정을 기어코 받아야 하겠다는 절실한 욕구를 포기하고, 다만 그들의 애정을 얻으려는 소망만을 합리적으로 간직할 수도 있다. 이 점을 그들은 간과하고 있다. 그러므로 당신은 분노 감정을 의식적으로 억압하는 대신 의식적으로 진정시킬 수 있다. 그렇게 함으로써 타인들 뿐만 아니라 당신 자신과도 갈등 없이 잘 지낼 수 있게 될 것이다. 지나친 공손은 마음을 정서적으로 경직시키지만, 정상적인 공손은 대인관계와 당신 자신과의 관계를 좋게 만들어줄 것이다.

분노와 증오를 정의감과 혼동하지 말아야 한다

무조건 참을 것이 아니라 경우에 따라서는 화를 터뜨려야 한다는 말에는 일리가 있다. 그러나 그것은 너무 단순한 말이기도 하다. 물론 분노가 좋은 측면을 가지고 있는 것도 사실이다! 그렇게 따지자면 살인도, 독재도, 혁명도, 어린 물개 사냥도, 식인 풍습도 마찬가지다. 인간의 의식을 표현하는 이 모든 행위들도 시대와 장소에 따라 합법적이며 자기충족적인 방식으로 존재한다. 그리고 때로는 이득을 가져다 준다. 뿐만 아니라, 우리가 잔인성을 그러한 하나의 인간조건으로서 인정하지 않는다면, 인류는 분명히 고통을 겪을 것이다.

분노도 마찬가지다. 많은 학자들이 분노에는 인도주의적인 요소가 있다고 지적한다. 챠니(Israel Charny)는 "분노는 인간의 생활 속에서 어디에나 존재하는 본능적인 요소이며, 목적을 향하여 샘솟는 에너지와 힘으로서, 개인의 삶의 원천이다"라고 주장한다. 솔니트(Albert Solnit)는 "어린이들이 보이는 공격적인 행동은 애정의 대상과 접촉을 하게 해주고 리비도의 만족을 얻어준다"고 피력한다. 로스(Martin Roth)는 "정치적·종교적·혁명적인 전쟁은 분명히 이

타적인 요소를 지니고 있다. 왜냐하면 '자기희생'이라는 인간고유
의 특성이 없었다면 전쟁은 결코 일어나지 않았을 것이기 때문이
다"라고 지적한다.

사가린(Edward Sagarin)은 억압받는 사람들이 타인에 대한 증오
를 통하여 결국은 스스로를 존중하게 된다는 것을 보여주었다. 마
이쓰너(W. W. Meissner)는 "인간의 공격성은 종교적인 영혼을 발달
시키는 데 긍정적이고 건설적인 역할을 한다"라고 주장한다. 죠세
프(Edward D. Joseph)는 공격성이란 대상에 대한 직접적인 영향력
을 지닌 강력한 행위를 포함하는 것으로 보고 있다. 쎈포드(Nevitt
Sanford)는 우리가 아이들에게 "정의를 위하여(예를 들면, 인간에 대
한 착취 등) 분노할 줄 알고, 파괴성에 대항하여 분노를 표현할 줄
알기를" 원하고 있다고 지적한다. 메도우스(Chris Meadows)는 분노
를 "삶과 통합성을 방어하기 위하여 공격적인 행동으로 대비하려
는 정서"라고 설명하고 있다. 파커(Rolland S. Parker)는 분노와 공
격성을 표현하는 행위로 인하여 사람들은 어려운 상황에 직면하고
극복해 나갈 수 있다고 지적한다.

이러한 모든 사실은 상당한 진리를 말하고 있다. 그러나 또한
상당한 오류도 동시에 범하고 있다. 왜냐하면 그들은 "분노"와
"공격성"을 "주장성"과 혼동하고 있기 때문이다. 불쾌한 자극을
변화시키려는 강한 동기와 그러한 변화를 일으키려는 확고한 노력
은 주장성에 해당한다. 적대감 속에는 그러한 건설적인 요소가 들
어 있다. 그러나 불쾌한 자극을 변화시키려는 강한 동기와 노력을
시도하면서 동시에 증오심과 분노도 척결할 수 있는 것이다. 분노
나 공격성을 옹호하는 자들은 분명히 이 점을 간과하고 있다. 그들
은 용어를 충분히 정의하지 않을 것 같다. 그리고 불쾌한 상황에
직면했을 때 "일이 이렇게 되지 말아야 하는데"라는 식으로 유아

적 요구나 한탄과 분노의 감정으로 자신을 표현할 수밖에 별 도리가 없다고 생각해 버렸을 것이다. 이는 잘못된 것이다. 이 책에서 제시된 원칙을 잘 따라가면서 신중하게 생각해 보고 행동한다면, 엄청난 분노의 폭발이 없이도 얼마든지 당신의 결정과 주장을 지킬 수 있다.

스토르(Anthony Storr)는, "두 사람 사이에 깊은 공격성이 존재하고 있다면 …… 사랑이 생길 수 있다"라고 말한다. 이것은 어느 정도 맞는 말이다. 만일 당신이 전적으로 무감각하게, 당신의 삶에서 아무런 정열도 갖지 않고(인간으로서 이것이 가능한 일인지는 모르겠지만) 느끼고 행동하도록 자신을 훈련시킨다면 적대감과 같은 "나쁜" 감정을 없애버릴 수 있을 것이다(물론, 사랑과 같은 "좋은" 정서도 함께 없어질 것이지만). 그러나 "합리적"이라는 것은 "무감각하다"는 것을 의미하는 것이 아니다. "합리적"이라는 의미는 적절하게 감정을 느끼라는 뜻이다.

스토르는 당신이 사랑을 느끼기 위해서는 공격성을 느껴야 한다고 믿는 것 같다. 나는 그렇지 않다고 믿는다. 그러나 설령 우리들 중 누군가가 잘못된 견해를 가지고 있다고 하더라도, 나의 견해만이 절대적으로 우세하다고는 믿지 않는다. 나는 인간이 독단적일 때에는 비논리성에 빠질 가능성이 높지만 정열적일 때에는 비논리성에 빠지지는 않는다고 본다. "건설적인" 공격성을 옹호하는 사람들은 만일 당신이 상대방에게 비교적 단기간 동안 약한 분노를 느낀다면 매우 잘 조절할 수 있지만, 장기간에 걸쳐 증오심을 불태우게 되면 자기조절을 잘 하지 못할 것으로 믿는 것 같다. 이 생각은 다소간 옳기도 하다. 보통 고질적인 증오는 경미한 증오보다 더 나쁜 결과를 초래하기 때문이다. 그러나 분노의 방출을 장려하는 대부분의 치료자나 학자들은 모든 분노는(비록 1%의 분노라 할지라도) 그 안에 당위적 사고를 지니고 있다는 점을 깨닫지 못하고 있다. 그리고 그런 독단적 사고에 입각한 분노는 제아무리 경미하다 할지라도 자칫하면 나의 인간성 전체에 대하여 비난하고 분노하는 것이 되므로, 내가 취한 어떤 행동에 대하여 당신이 느끼는 감정 (다만 "속이 상한다"의 정도에 그치는)보다는 훨씬 더 강도가 크다는 사실도 간과하고 있다.

내가 당신에게 부당한 행동을 했을 때 적절한 방식으로 자제한다면 당신은 자신에게 다음과 같이 강력하게 말할 것이다. "나는 그의 행동이 싫다! 그가 그런 식으로 행동하지 않았으면 정말 좋겠다! 그가 앞으로는 내게 좀더 잘 행동하도록 만들어 보아야지!" 이와 같이, 당신은 나의 행동에 대해서만 불쾌해하고, 내가 그와 같은 행동을 중단하도록 단호하게 대처할 수 있을 것이다. 그리고 "나에게 그렇게 행동하다니, 나는 정말로 그가 싫어! 내게 그렇게 해서는 절대로 안 돼!"라고는 말하지 않을 것이다.

이와 관련해서, 어떤 부인에 관한 오래된 유머 하나를 상기해 보자. 그녀의 부모는 매우 엄격했다. 그녀는 부모에게 "저는 약간 임신을 한 것 같아요"라고 말했다. 임신이 되었든지 되지 않았든지 어느 하나에 해당되는 것이지, 임신에 있어서 "약간" 임신된 것 같다는 표현은 말이 되지 않는다. 그녀가 "약간" 임신을 한 것 같다고 표현한 것은 진짜 문제(그녀가 실제로 임신을 했다는 문제)를 직면하지 못하게 해준다.

당신이 "잠시 동안" 화를 냈을 뿐이라고 표현하는 것은 당신이 그릇된 생각을 가지고 있다는 사실을 직시하지 못하게 한다. 즉 당신은 상대방의 인격과 행동을 구분하지 못하고 있으며, 내심 그가 그런 식으로 행동해서는 안 된다고 명령하고 있다는 점을 깨닫지 못한다. 100명을 죽이는 것은 한 사람을 죽이는 것보다 분명히 더 나쁘다. 그러나 그렇다고 해서 한 사람을 살인하는 것이 옳다거나 정당화될 수는 없다.

도거티(Robert I. Daugherty) 박사는 "때때로 분노는 재미가 있을 수도 있다. 만일 논쟁이 짧게 끝나고 해결책을 보여주는 논쟁을 할 수만 있다면, 그런 논쟁은 당신에게서 아드레날린이 분비되도록 할 수도 있고, 논쟁의 시간은 오히려 가장 신나는 시간이 될 수도 있다."고 말하고 있다.

그러나 여기서 잊지 말아야 할 것은 히틀러가 수백만 명의 유태인과 집시들을 가스실로 보내는 것을 즐겼다는 사실이다. 스탈린과 다른 독재자들도 많은 정적을 가두고, 고문하고, 죽이는 데 희열을 느꼈다. 가령 과식, 과음, 약물복용이라든지 또는 어려운 일에 부딪쳤을 때 직장이나 학교를 나가지 않고 지내는 것과 같은 유해한 행동을 할 때에도 인간은 재미를 느낀다. 그러나 이와 같이 "재미있는" 상황은 대부분 즉각적인 쾌락만을 줄뿐이고, 종국에 가서는 여러 가지로 어려움을 가져올 것이다. 삶의 목표가 쾌락과 행복과 즐거움의 추구인 것만은 사실이다. 그러나 당신이 분노나 폭력을 통하여 즉각적인 쾌락의 추구를 목표로 한다면 인생의 행복은 얻기 어려울 것이다.

헤이그(Patti Hague)는 이러한 말을 하고 있다. "스스로 나 자신을 위안하고 내가 사랑스러우며 사람들과 좋은 관계를 맺을 수 있다고 믿게 됨으로써 다른 사람들이 나에게 화내는 것을 두려워하지 않게 된다. 그리고 내가 화가 났을 때에도 눈물만 흘리며 움츠러드는 것이 아니라 자유롭게 표출시킬 것이다." 그녀는 불쾌한 상황에서는 화를 터뜨리거나 눈물을 흘릴 수밖에 별 뾰족한 대안이 없다고 가정하고 있는 것 같다. 또한 그녀는 자신이 사랑스럽고 좋은 인간관계를 지닐 수만 있다면 분노를 어떠한 불이익도 받지 않고 표현할 수 있는 여지를 갖게 되고, 그럼으로써 정직과 자기존중감을 얻을 수 있을 것으로 암시하고 있다.

이것도 또한 절반만 옳은 이야기다. 왜냐하면 만약 그녀가 상황을 보다 합리적으로 볼 수 있다면, 사랑스럽지 못함과 빈약한 인간관계와 같은 실패까지도 함께 수용할 수 있어야 할 것이기 때문이다. 자신의 좋은 특성만을 수용한다는 것은 매우 위험한 과정이다! 만일 헤이그가 자신을 무조건적으로 수용할 수 있었다고 가정해 보자. 그녀는 훨씬 더 여유 있게, "당신이 내게 하는 그런 행동을 정말 좋아하지 않고, 그렇게 행동하지 않기를 바란다!"고 의연하게 말하면서 자기의 불쾌감을 표현할 수 있었을 것이다. 그러나 분노는 이런 정도의 불쾌감을 훨씬 넘어서는 것이다. 분노는 "당신이 내게 이런 식으로 행동하는 것이 싫으므로, 당신은 그렇게 해서는 절대로 안 되고, 만일 계속 그런 식으로 행동한다면 당신을 형편없는 인간으로 볼 수밖에 없다"는 사고방식에서 나오는 것이다. 헤이그가 제아무리 자신을 완전하게 무조건적으로 수용한다고 하더라도, 이처럼 과대망상적으로 화를 낸다면 그것은 타인을 비난하는 행동이다. 기실은 자기에게 향해야 할 비난을 거꾸로 타인에 대한 통렬한 비난으로 대치한 것이다. 바로 여기에 잘못이 있다!

여러 정신치료 이론들에서는, 치료시간 중에 사람들이 화를 터뜨리며 거칠게 행동하면 적대감을 해소하고 실제 생활에서는 분노가 줄어든다고 주장한다. 그러나 이와 같은 치료를 받은 대다수의 사람들이 치료에서 얻은 "진전"보다 훨씬 더 큰 분노의 감정을 갖게 되는 사례를 나는 무수히 목격했다. 나는 게슈탈트 치료, 정신분석치료 및 여타의 "투쟁"의 치료기법을 "성공적으로" 했다는 수백 명의 사람들과 이야기해 보았지만 그들의 대부분은 "치료"를 받기 이전보다 훨씬 더 적대적으로 느끼고 행동했다.

벨코위츠(Leonard Berkowitz) 박사는 수많은 심리학자들의 연구 논문들을 검토한 결과 잘못을 저지른 사람들에게 벌주고, 비난하고, 공격한 사람들은 그 결과로 분노를 해소하고 적대감을 덜 느끼게 되기보다는, 오히려 더 심한 분노를 느끼기 시작했다고 보고했다. 이것만 보더라도 나의 논리가 타당한 것을 알 수 있다.

물론, 분노를 표출하거나 부정을 행한 사람들에게 신체적 · 언어적으로 보복을 한 사람들은 때때로 분노가 경감되기도 한다. 여기에는 몇 가지의 이유가 있다.

- 그들에게 일시적으로 에너지가 떨어졌거나 계속 화를 내기에는 너무나 지쳐 있는 상태이기 때문이다.
- 그들이 자기의 분노 감정을 인식하고 직면하게 되어 스스로를 둔감화시키기 때문이다.
- 분노를 표현함으로써 자신의 행동이 얼마나 우둔했던가를 깨닫고 앞으로는 그렇게 행동할 필요가 없다는 것을 스스로 알게 되기 때문이다.
- 자기가 상대방에게 나쁜 행동을 하지 말라고 지적했으므로 그 사람은 이제 용서받아도 된다는 마술적인 신념이 생겼기 때문이다.
- 그들이 자기를 주장했다는 것 자체가 흡족스럽게 여겨지고, 그 결과로 다른 사람의 "잘못된 행동"에 대해 더 너그럽게 수용할 수 있는 것으로 느끼기 때문이다.
- 그들이 분노를 표현함으로써(불쾌감을 지적으로 표현하는 차원이 아니라), 상대방의 행동을 잠시나마 변화시키도록 유도하기 때문이다. 상대방이 약간 변화한 것을 보고 그들은 대단히 기분이 좋아지며, 그 결과로 분노가 진정된다.

- 그들이 때때로 분노를 장려하는 치료자들이나 집단으로부터 많은 인정을 받았기 때문이다. 이처럼 인정을 받게 되면 기분이 대단히 좋아져서 일시적이나마 자기가 화가 나 있는 것을 망각하게 된다.

이와 같은 여러 가지 이유 때문에 분노를 자극하는 치료법들은 때때로 효과를 발휘한다. 그러나 이러한 효과가 있다 하더라도 그것은 분노의 철학을 증대시킨다. 잘못된 행동을 한 사람에게 소리치고 그들을 비난하는 동안에 그들이 그러한 행동을 해서는 안 되며, 그처럼 끔찍한 행동을 하다니 쓰레기같은 인간이라고 생각하는 당신의 견해를 강화하게 된다. 결과적으로 이 "쓰레기 같은 인간"에 대한 현재의 분노가 가라앉는다고 해도, 당신은 앞으로 또 다시 그들에게(혹은 다른 잘못된 행동을 하는 사람들에게) 화를 낼 가능성이 높아진다. 그러므로 분노를 자극하는 치료법이 다소간 "효과를 본다"고 하더라도, 결국에는 당신에게 득보다는 해를 주게 된다.

바하와 골드버그는 "해로운 적대감이 감소하고, 깨우침을 주는 충격이 증가할 때, 건설적인 공격성은 증가하게 된다"고 주장한다. 그러므로 그들은 가령 화가 난 사람들끼리 제한된 방식 내에서 서로 싸우게 한다든지 하는 약간의 "공격적인 의식"을 사용한다. 이 싸움의 의식에 참여한 사람에게 명확한 한계가 있다는 사실을 알려주고, 짧은 시간 동안만 싸우도록 허용한다. 여러 가지의 제한적인 규칙을 설정하고, 연극적인 요소를 상당히 활용하며, 때로는 "버지니아 울프"의 기법에서처럼 의도적으로 이상스럽고 극단적인 방법으로 울게 한다. 그런 행동을 하면서 우스꽝스러움이나 유머의 요소를 가미한다. 그와 같은 상황 하에서 그들은 쌓였던 감정을 자유로이 방출한다. 그리고 아무런 제재가 주어지지 않은 채 진짜로 싸우는 것은 아주 나쁜 결과를 가져오므로 그러한 투쟁은 하지 않는 것이 좋다는 사실을 깨달을 수 있게 된다.

그런데 연극과 같은 형태 안에서 제한된 방식으로 하는 싸움에는 분명한 한계가 있다. 참가자들이 실제로 서로에게 소리치고, 무해한 종이 방망이 같은 것으로 서로를 때리는 동안에, 그들은 보통 상대방이 100% 잘못을 했으며, 그런 행동을 중단해야만 되고, 그렇지 않으면 버러지 같은 인간이라는 생각을 다시 자신에게 주입시키게 된다. 물론 그와 같이 통제된 싸움이 일시적으로는 참가자들에게 도움을 줄 수 있다. 그러나 문제는, 자기는 의심할 것도 없이 바르게 행동했으며 상대방이 매우 잘못된 행동을 했다고 생각하게 된다는 점이다. 그 결과 그들은 상대방에게 앞으로는 더 나은 행동을 해야 한다고 요청한다. 그와 같은 싸움의 의식에서는 인간의 오류에 대한 진정한 용서나 수용은 전혀 찾아볼 수 없다. 그래서 "공격적 의식"은 궁극적으로 우리에게 득보다는 해가 될 수 있다는 것이다. 그러므로 그러한 기법은 일시적인 효과는 있을지 모르나 분명한 한계가 있다.

윌리암 제임스(William James) 또한 분노를 고수해야 한다고 주장하였다. "우리는 선천적으로 폭력적 경향성을 가지고 태어났다. 그러므로 인간에게 강렬한 감정배출의 출구를 제공함으로써 전쟁을 방지하게 하자." 그러나 프롬은 이러한 가설에 매우 회의적이다. 프롬은 "만일 히틀러의 강제수용소의 감시원이 성관계를 통하여 그들의 억압된 성적 가학주의가 해소할 수 있었다면, 죄수들에게 훨씬 더 친절하게 대했을 것이다"라는 가설을 인용한다.

나는 프롬에게 전적으로 동의한다. 몇몇 연구들은 성적으로 자극을 받은 사람들이 자극받지 않는 사람들보다 훨씬 가학적이고 폭력적으로 행동하여 성적으로 학대하는 피해를 준다는 사실을 밝혀주었다. 그렇다. 어떤 사람들이 정치적인 선동에 가담하거나 방탕스런 섹스파티에 적극적으로 가담했던 적이 있기 때문에 그 이후에 비슷한 상황이 벌어지면 동료나 부하직원에게 난폭하게 공격하는 행동이 더 줄어들 수 있다. 그러나 어떤 사람들은 그와 정반대의 행동을 보인다는 것도 역시 사실이다. 그들은 죄수들과의 첫번째의 경험에서 공격적이고 성도착적인 행동을 배워가지고 그 경험을 살려 두 번, 세 번, 네 번째에는 점점 더 공격적이고 성도착적인 행동으로 나올 수 있다. 그 결과 분노가 줄어들기 보다는 더욱 분노하며 행동한다.

사람들은 동일한 경험에서 서로 다른 메시지를 얻는다. 행실이 나쁜 알코올 의존증 환자인 어머니에게서 자란 딸 중에, 어떤 딸은 자기는 결코 어머니처럼 살지 않겠다고 결심하는가 하면, 또 다른 딸은 어머니를 닮아 술을 마시는 것이 좋다고 생각하고 알코올 의존증 환자가 되기도 한다. 우리가 REBT에서 계속 강조하는 것은 A지점에서의 선행경험이 결코 당신에게 C지점의 정서적 결과를 유발하는 것은 아니라는 점이다. 이 경험에 대하여 당신이 어떻게 생각하느냐가 어떻게 느끼느냐를 결정한다.

가령 "카타르시스적인" 정서적 경험을 한 100명의 사람들이 있다고 하자. A에 대하여 분노하느냐 분노하지 않느냐의 특성에 따라서 반응이 다를 수 있다. 예를 들어, 20명은 그들을 "화나게 한" 사람들에 대하여 별로 적대감을 보이지 않고, 80명은 보다 적대감을 보일 수도 있는 것이다.

독일계 치료이론이나 신체 에너지 치료법과 같은 신체치료이론에서는 사람들에게 그들의 분노를 억제하지 말고 방출하며 분노의 표출을 차단시키고 있는 신체의 빗장을 풀게 함으로써 분노의 카타르시스를 경험하게 한다. 이러한 기법은 실제로 분노를 많이 감

소시키는 결과를 가져오기도 하지만, 그와 정반대의 현상도 많이
나타난다. 이러한 치료법은 대부분 분노를 장려하고 증가시키는
경향이 있다. 신체치료를 받은 대다수의 내담자들은(나는 개인적으
로 이들을 희생자라고 표현하는데) 치료가 진전되어감에 따라 점점
더 적대적으로 되어간다.

  물론, 신체치료자들도 매우 다양하다. 로웬(Alexander Lowen)과
그의 추종자들은 상당히 합리적으로 보인다. 그들은 화를 내지 않
는 치료이론의 철학을 구축하고 있다. 로웬은 사람들의 신체를 조
정할 때 여러 가지 형태의 인지치료를 병용한다고 수년 전에 나에
게 말했다. 그의 저서를 주의깊게 읽어보면, 그가 심리운동적 측면
을 우선적으로 강조하지만, 지금도 그러한 인지치료적 방법을 계
속 쓰고 있다는 것을 알 수 있다.

  로웬의 추종자의 한 사람인 라다스(Alice Kahn Ladas) 박사는 이
점에 관해서 다음과 같이 적고 있다.

  신체에너지 분석법은 통풍적인 치료만을 중시하는 것은 아니다. 가장 중
  요한 개념은 화가 난 감정을 통풍시켜 주는 것이 아니라 자기의 두 발로 설
  수 있는 능력을 심어주는 것이다. 이것은 과거로 부터 현재에 이르기까지 계
  속하여 억압되었던 분노와 증오를 자각하는 것을 내포한다. 오랫동안 분노를
  억압하면 필연적으로 만성적인 근육긴장과 같은 현상을 가져온다. 신체에너
  지 분석기법의 치료자가 하는 일은 그와 같은 만성적인 긴장을 완화시키고,
  신체가 이완되면 분노나 증오의 감정을 재경험시키는 것이다. 내담자는 치료
  시간 도중에 그런 감정을 털어놓도록 촉구된다. 치료시간 밖에서는 내담자가
  그의 문제들을 발산시키지 않도록 확실하게 자제시킬 수 있는 사람이 유능
  한 치료자이다. 이 치료법에서는 치료시간 도중 떠오르는 감정을 이해하고
  통합하기 위하여 분석적 방법도 사용하는데, 이것은 주로 토론을 통해 이루
  어진다.

이처럼, 라다스 박사는 주로 분노를 표현하는 데 신체 자료를 사

용하고 있고, 화가 난 감정을 풀어나가는 데에는 합리적인 토론을
적용한다. REBT에서도 우리는 이와 유사하게 먼저 사람들에게 자
신의 적대감정을 인식하고 어떻게 자기가 그 감정을 만들어 내는
가를 이해하게 한다. 다음에 그 감정을 제거하기 위해 노력하도록
촉구한다. 그러나 우리는 신체치료기법보다 훨씬 더 효과적으로
이러한 일을 추진한다고 자신 있게 주장할 수 있다.

　많은 임상자료와 자기관찰에서 볼 수 있는 바와 같이 분노를 외
부적으로 표현하거나 다른 사람들에게 말로 표현하여 방출하거나
또는 잔학한 소설을 읽거나 폭력 영화를 보는 것 등은 사람의 분
노를 감소시키고 감정을 완화시키는 데 도움이 된다. 이것도 일리
가 있어 보인다. 화가 난 감정을 직·간접적으로 다른 사람에게 표
현하고 나면 일시적으로 기분이 좋아지고 분노가 덜어질 것이다.
그러나 당신은 일시적으로 기분을 해소하는 것일 뿐이다. 당신을
괴롭히는 사람들이 그렇게 행동해서는 절대 안 된다는 철학, 즉 당
신에게 적대감을 느끼게 하는 사상을 더욱 공고히 해나갈 뿐이며,
계속해서 분노 반응을 하게 한다. 곰곰이 따져보면 상대방을 그토
록 맹렬하게 비난할 필요는 없다는 것을 깨달을 수 있음에도 불구
하고, 당신은 예전보다 더 비난하고 더욱 미워하는 것이 상례이다.

　피험자가 분노를 다른 사람에게 표출하고 나면 통상적으로 그들
의 분노가 더욱 증가한다는 연구결과가 많이 나와 있다. 베르코위
츠(Leonard Berkowitz)와 그린(James A. Green) 등은 좌절을 경험한
피험자들의 집단을 대상으로 하여, 한 집단은 좌절을 준 사람을 공
격하게 하고 다른 집단은 공격하지 않도록 하는 실험을 하였다. 공
격한 집단의 피험자들은 그 후에 더욱더 상대방에게 분노하는 경
향을 나타낸 것으로 증명되었다. 베르코위츠와 버쓰(Arnold Buss)
등은 각각 피험자들의 공격성을 억제시키는 실험을 행했는데, 그

들 모두의 실험에서 직접적 혹은 간접적 억제가 공격적인 행동을 감소시키는 경향이 있는 것으로 나타났다. 그와 같은 연구결과를 종합하여 페슈바하(Feshbach)는 "우리가 관찰한 바에 따르면, 분노라는 감정을 인식하고 명명하는 것만으로도 충분한 정도의 표출이 이루어진다"라고 지적했다. 그러므로 분노를 외부적으로 표현하는 것이 꼭 필요하지는 않다고 본다.

페슈바하는 또한 다음과 같이 의미 있는 말을 했다. "대부분의 정신치료자들은 화가 나서 고통스러워하는 내담자는 그 감정을 카타르시스적으로 표출하는 것보다는 통찰의 방법을 통하여 분노 감정을 줄일 수 있다고 동의하고 있다. 폭력을 감소시키는 데에는 그 감정을 순화시키거나 자유롭게 표현하도록 조장하는 방법보다는 인지적인 재조직화가 훨씬 더 효과적인 수단이다."

유명한 애들러(Adler) 학파인 파파네크(Helene Papanek)는 적대감을 표출하여 치료적 변화를 시도하는 경우에는, 표출하는 방법에 학습초점을 맞춘다든가 혹은 자신을 새롭게 긍정적인 방식으로 경험해 보도록 안내하는 것이 효과적이라고 지적했다.

TV의 폭력장면은 폭력성을 증가시킨다

특히 어린아이의 경우, 분노와 폭력행위를 책을 통해서나 영화나 TV시청을 통해 접할 때, 그들이 본 것을 그대로 난폭하게 다른 사람들에게 적용하기 보다는 대리적으로 카타르시스 효과를 느끼고 자기 내부의 분노를 무해한 방법으로 방출한다고 보는 견해는 분명히 일리가 있다.

그러나 이 말은 극히 일부분에 한해서이다. 어떤 사람은 폭력영화 시청과 독서를 통하여 자기 내부의 분노를 해소하는 경우도 있을 것이다. 그러나 리이버트(Robert M. Liebert) 박사와 그의 동료들이 밝힌 것처럼, 그 반대의 경우가 훨씬 더 많다. 그들이 밝힌 바에 의하면 "어린이에게 공격적인 화면을 반복적으로 보여주면 어린이는 자기가 본 것을 행동에 대한 어떤 길잡이로 받아들인다. 그 결과로 텔레비전 매체의 오락물이 어떤 측면에서는 정상적인 아이에게 공격적인 행동을 하게 하는 데 공헌하고 있는 것이다. 그와 같은 결과가 이제는 아주 여러 가지 상황에서 나타나고 있다."라고 결론지었다.

이와 같은 현상이 여타의 심리적인 혼란 상황에도 똑같이 일어난다. 대부분의 사람들이 성적으로, 사회적으로, 도덕적으로 혼란된 행동을 하는 것을 보았을 때 그러한 행동이 옳지 않으며 자신들은 결코 그런 행동을 하지 않겠다고 굳게 결심할 것이다. 그러나 어떤 소수의 사람의 경우에는 자기패배적인 혹은 반사회적인 행동을 목격했을 때 그들을 "좋은" 모델로 생각하거나 자기도 그와 비슷하게 행동해야 되겠다고 생각한다. 때로는 그처럼 나쁜 행동을 하는 사람들과 비슷한 욕구를 지니고 있다는 사실을 인식하고 가혹하게 자기학대를 한다. 그와 같이 마음이 여린 사람들은 모델에게서 가장 나쁜 측면을 취하고, 커다란 해를 자초하며 자신을 심각하게 손상시킨다. 그러므로 인간이 평상적으로 분노나 폭력행위를 목격하게 되면 자신이 가진 공격성을 무해하게 방출한다는 관점은 사실에 부합되지 않는다. 오히려 이와 반대되는 증거들이 많이 있다.

영화나 소설, 공상을 통해서 간접적인 방법으로 자신의 분노를 표현하는 방법에 관한 연구에 의하면, 직접적으로 적대감을 표출시키는 것보다는 정화의 효과가 더 적은 것으로 나타났다. 베르코위츠는 그의 논문인 "폭력관찰의 효과"에서 폭력을 관찰하는 것이 사람들에게 보다 더 난폭한 행동을 불러 일으킨다는 사실을 발견했다.

폭력의 원인과 예방에 관해 국가위원회는 다음과 같은 보고서를 제출했다고 "뉴스위크와 월드 리포트"지가 발표했다. "텔레비전이 폭력으로 가득 차 있다. 그것은 미국의 어린이들에게 문명사회에 맞지 않는 도덕과 사회적 가치를 가르치고 있다. 텔레비전과 사회적 행동에 관한 위생국의 과학자문위원회는 폭력을 시청한 후에 일시적인 공격성이 나타나는 어린이들이 있다는 실제적인 실험적 증거가 존재한다."고 결론을 내리고 있고, 다른 현장연구에서는 "광범위한 폭력의 시청이 장기적으로 공격적 행동 현상을 야기한다"고 밝히고 있다.

많은 학자들은 폭력영화 감상이 인간의 공격적인 정서와 행동을 증가시킨다고 밝히고 있다. 밴듀라와 위텐베르그(Clarissa Wittenberg)는 자료들을 종합하여 다음과 같이 요약하고 있다.

> "이들은 사회의 보편적인 생각에 오류가 있음을 지적하고 있다. 사람들은 폭력범이나 이탈자나 공격성에 물들어 있는 사람들에게만 폭력영화가 나쁜 영향을 미친다고 생각한다. 그러나 실제로는 폭력영화를 시청한 모든 사람들이 나쁜 영향을 받았다. 정상적인 아이들도 폭력을 시청함으로써 공격적인 행동을 학습하고 폭력적 행동이 장려되었다. 만약 부모가 자녀에게 무엇이 옳고 그른가에 대한 적절한 기준을 주입시켜 두면 폭력영화를 시청하더라도 별로 나쁜 영향은 없을 것이라는 생각 또한 오류인 것으로 판명되었다. 관찰된 내용에 따르면, 아이들은 어떤 행동이건 그 행동이 성공적으로 여겨지면 그것을 모방한다. 공격적인 행동에 대한 도덕적인 평가보다는 공격적 행동이 성공적이냐 아니냐가 아이들에게는 더욱 중요했다. 또 카타르시스에 관한 기존관념도 오류인 것으로 판명되었다. 폭력을 시청하는 것이 공격적인 욕구를 감소시키고 사람들을 보다 건강하게 만들어 준다는 증거는 전혀 찾아 볼 수 없었다. 오히려 좌절을 경험한 자가 폭력영화를 시청했을 때 실제 폭력적인 충동에 따라서 행동하는 경향을 보이는 것으로 밝혀졌다."

만약 분노를 상징화된 형태로 외적으로 표출하지 않으면, 분노
는 폭력 등의 새로운 방식으로 외부로 분출하게 될 것이라는 견해
가 옳지 않다는 것을 많은 연구에서 밝히고 있다. 호칸슨(Jack E.
Hokanson)은 이 분야에 대한 연구들을 종합하여 "외적으로 공격성
을 표현하는 것이 언제나 생리적인 긴장을 감소시켜 주고 공격성
을 감소시켜 주는 것은 아니다"고 지적한다. 이 연구는 또한 "우리
의 문화권에서 공격성은 기껏해야 일시적으로 흥분을 감소시켜 주
는 효과가 있을 뿐이며, 오히려 미래의 폭력을 더욱 조장하는 경향
이 있다"고 지적한다.

분노를 조장하는 연구들에 대하여 월터스(Richard Walters)도 맹
렬히 비난하고 있다. 그는 "여러 연구를 통하여 실제 생활에서나
영화나 텔레비전 속에서 폭력을 관찰하는 것은 사회적으로 해로운
결과를 가져온다는 신념을 지지하는 자료들이 많이 있다"고 결론
을 내리고 있다.

그렇다면 어찌하여 분노는 표출하는 것이 낫고, 카타르시스적으
로 방출하여 자기의 감정을 다른 사람에게 알려야 한다고 믿고 있
는가? 그리고 영화감상과 같은 상징적 표출과 해소가 유익하다는
이론이 편재하는 것은 무엇을 의미하는가?

메이(Rollo May)는 폭력이란 순진함과 고지식함에서 나오는 것이
라고 규정했다. 그리고 만일 이 세상에 존재하는 악을 충분히 인식
하고 수용하면서 자기의 사회적 책임을 인정하고 각자의 개성을
실현하기 위하여 노력한다면, 우리는 훨씬 적대감을 덜 느끼게 될
것이라고 했다.

그의 이론에는 일리가 있다. 인식하는 것 자체만으로는 타인에
대한 분노가 줄어지지 않는다. 그러나 만약 자신과 타인을 있는 그
대로 수용한다면 세상에 악이 존재하지 않아야 한다고 고집하지

않고, 우리 스스로 적대감을 갖지 않게 될 것이다. 사회적 책임감을 인식하는 것 역시 그 자체로는 적대감을 없애 주지 못하며, 실제로는 오히려 증가시킬 수도 있다. 만약 내가 당신에게 공정하게 행동해야 하며, 나의 생활을 크게 방해하지 않는 한 당신도 자신이 하고 싶은 일을 하며 살도록 해야 한다는 사실을 인식한다면, 나는 사회적 인간으로서의 내 삶의 현실을 수용하게 될 것이다. 그리하여 당신이 나에게서 정당한 대접을 받기를 원한다 하여도 당신을 미워하지 않게 될 것이다. 그러한 의미에서 보면 '책임감'이란 나에게 높은 좌절인내도를 요구하는 것이고, 내가 당신이나 세상에 대하여 분노를 덜 느끼도록 해주는 것이다.

그러나 그와 동시에, "나도 책임 있게 행동하므로, 당신도 역시 그렇게 해야만 한다! 그리고 당신이 의무나 책임을 이행하지 않는다면, 당신은 살 가치조차 없는 형편없는 인간이다!"라는 결론에 쉽게 도달할 수 있다. 이와 같이 "책임감을 강조하는" 사고로 인하여 나는 쉽게 당신에게 분노를 느낀다. 이와 비슷하게 개성을 실현하려는 개인주의의 철학을 갖고 있다면 나는 아래와 같은 생각을 하게 될 것이다. "나는 원하는 것을 얻어야만 해. 그것을 얻지 못하면 그리고 당신이 내게 그것을 주지 못하면 그건 얼마나 삭막한가!" 혹은 "나는 원하는 것을 얻어야 해. 그것을 얻지 못하면 그리고 당신이 나를 방해한다면 정말로 끔찍해!" 후자의 경우에는 적대감을 갖게 될 것이다.

순진함이란 내가 이 세상을 선하고 신비스러운 곳으로 본다는 것만을 의미하지는 않는다. 순진함 속에 세상에 대한 나의 요구조건이 들어 있고 세상에는 악이 존재해서는 안 되며, 내가 원하는 방식대로 돌아가야만 한다는 나의 믿음이 들어 있다는 뜻이다. 이와 같은 종류의 맹목적 순진성을 가지고 있는 한, 나는 거의 언제나 스스로를 분노하게 만들 것이다.

분노의 표출을 조장하는 정신치료이론은 오류를 내포하고 있다

　정신분석이나 초기의 치료이론은 모두 환자들이 현재 지니고 있는 적대감을 치료하기 위해서는 어렸을 때 느꼈던 깊은 분노와 부모에 대한 과거의 적개심을 되살려서 다뤄야 한다고 믿고 있다. 이것은 극히 잘못된 견해다. "모든 아동들은 어린 시절에 깊은 좌절과 분노를 느끼기 마련이다. 이 분노를 되살려서 밖으로 표출시키지 않으면, 억압된 분노로 인하여 겪게 되는 내면의 고통 때문에 성장이 방해받고 분노를 없애기가 힘들게 된다."라고 주장한다. 그러나 이러한 잘못된 가설을 지지할 만한 증거는 아무것도 없으며, 오히려 실제로 그 가설을 부정하는 증거가 많이 있다. 이것을 요약해 보면 다음과 같다.

　첫째, 많은 어린이들은 좌절을 당했을 때 그토록 심하게 화를 내지는 않는다. 물론, 어린이들은 좌절적인 상황을 좋아하지는 않지만, 그들은 상당히 점잖게 인내할 줄 알며 "좌절을 당해서는 절대 안 된다"고 하면서 망나니나 폭군처럼 구는 행동은 하지 않는다.

　둘째, 부모의 잘못된 행동에 대해 속으로 투덜거리거나 밖으로 소리친다면, 부모의 행동만 문제가 되는 것이 아니라 그러한 행동을 선택하는 아동의 행동에도 문제가 있다. 부모의 행동 때문에 아이들이 소리지르는 행동을 하게 된다는 결론은 잘못된 것이라는 말이다. 어린이 스스로 소리치는 행동을 한 것이니 만큼, 그에 대한 책임을 지는 것이 옳다. 비슷한 비유를 들어보자. 만약, 어떤 아동이 포도에 대해 알레르기를 가지고 있는데 부모가 그에게 포도를 먹였다고 하자. 이때 엄밀하게 결론을 내리자면 부모가 그에게 (유전적인 경우를 제외하고) 알레르기를 일으키거나 발진을 돋게 한 원인은 아니다. 그 아동의 부모가 알레르기 반응을 일으키는 데 공헌은 했지만, 진정한 원인은 아니다.

셋째, 비록 마음이 대단히 여린 어린이일망정 어린 시절에 좌절을 겪고 소리치며 칭얼대다가 어찌하여 그 문제가 해결이 되면 칭얼대는 것을 그치고 그 사건을 그런대로 수용하며 망각하게 된다. 아주 드문 경우의 어린이들만이 어린 시절의 쓰라린 경험을 기억하고 계속해서 울부짖으며 그 사건이 발생한지 20여 년이 지난 성인이 되어서도 그 일을 가지고 스스로를 괴롭힌다.

넷째, 20여년 전에 일어난 일로 오늘날까지 스스로를 괴롭히는 이 희귀한 성인들의 경우, 그들은 부모에게서 받은 좌절이나 세상이 가져다 준 "모욕"과 "공포"에 대하여 분노를 줄이기 보다는 더욱 심한 분노를 느끼게 된다. 자신의 분노를 "파헤치는 것"으로 인하여 분노를 제거해 나가는 것이 아니라 분노를 더욱 상승시킨다. 지금이라도 그가 "나의 부모가 나에게 좀더 잘 대해 주었어야만 하는데, 그러지 못한 그들은 벌레같은 인간이다"라는 믿음만 버린다면, 그들이 느끼는 분노는 자연히 사라질 것이다. 그와 같은 신념체제의 변화는 초기의 치료이론들에서는 거의 찾아볼 수 없다.

심한 분노를 느끼고 있는 사람들은 자신이 어떻게 느끼고 있는가를 잘 알고 있다. 그들은 걸핏하면 화를 내기 때문에 대부분 분노 속에서 살고 있다.

물론 치료자들이 내담자를 부추겨 베개로 때린다든지 소리를 지르게 한다든지, 고통스러운 신체적 활동을 하게 하여 "끔찍했던" 어린 시절의 사건을 회상시킴으로써 "숨겨진" 분노를 찾아내도록 노력할 수는 있다. 그러나 이러한 분노 중에서 어느 정도가 무의식적이고 억압된 적개심을 나타내는 것이고, 또 어느 정도가 현재 치료자가 부추겨 끌어낸 것일까? 그에 대한 답은 통상적으로 보면, 거의 대부분의 분노가 전자에 속하는 것이기보다는 후자의 것이다.

이와 관련하여 우리 인간이 천성적으로 쉽게 화를 내는 경향이 있는 데는 나름대로의 신체적·사회적 경향성을 가지고 있다는 점을 상기해 보자. 그 결과로, 만일 내가 당신의 치료자로서 당신으로 하여금 나나 혹은 치료집단원에게 분노 연기를 해 보도록 부추긴다고 하자. 가령, 당신이 움직일 수 없도록 꼼짝 못하게 붙잡아맨다든지 당신의 배를 쿡쿡 찔러서 숨을 쉴 수 없게 만든다든지, 혹은 당신의 어머니가 못된 성격의 소유자이기 때문에 당신이 움츠러들게 되었다고 핀잔을 주면 나는 힘들이지 않고 지금 당장에라도 당신을 화나게 만들 수 있다. 인간은 쉽게 화를 내는 재능을 타고 났기 때문에 당신은 내 부추김에 그대로 넘어가 내가 원하는 대로 화를 내게 된다. 그러나 이렇게 해서 당신이 화가 난 것을 보고 당신이 정말로 나나 다른 사람이나 당신의 어머니를 몹시 증오한다거나, 혹은 당신이 분노 감정을 의식화시킬 수 있었다고 증명하여 주는 것은 아니다. 아마도 당신은 평소에 나나 다른 집단원이나 어머니를 좋아하면서, 어쩌다 가끔씩만 적대감을 느낄 것이다. 그러므로 이것이 당신의 편에서 볼 때 심각한 "무의식적" 분노라고 보기는 어렵다.

그러므로 치료 도중에 자극된 분노는 진짜 근본적인 감정이라고 보기는 어렵다. 다만 가끔씩 느껴왔던 원망스런 감정을 이때 표출한 것이다. 그리하여 치료시간에 나타난 분노는 과장된 것이고 실제로 과거에 느낀 것보다 더 크게 화를 내도록 부추기는 경향이 있다. 그것은 치료자의 어리석은 자아를 부풀려 주고, 당신에게는 분명히 손해가 된다. 만일 당신이 당신의 분노 감정을 자각하고 제거하도록 돕지 않고 오히려 분노 감정을 자꾸만 불러 일으키는 치료자를 만나게 된다면, 당신은 그 치료자가 가진 동기나 문제를 의심해 보아야 하고, 가능하면 빨리 건전한 다른 치료자에게로 뛰어가야 한다.

루빈(Theodore Isaac Rubin)은 "진정한 분노는 온화함과 건강으로 이끄는 것이며, 먹는 것이나 사랑하는 것처럼 우리에게 필수적인 것이다"라고 주장한다. 그가 암시하는 것은 만약 당신이 자연스럽고 직접적인 불쾌감의 표현형태로 분노를 나타낸다면 그것이 바로 "진정한" 분노이며, 그러한 분노는 억압하기 보다는 오히려 개발해야 한다는 것이다.

이 견해는 위험스러운 것이다. "진정한 분노"라는 용어를 사용하는 것은 "진정한 사랑"이라는 용어를 사용하는 것과 같다. 내가 《미국인들의 성적 비극》이라는 책에서 지적한 것처럼, 모든 사랑은 "진정한 사랑"이다. 짧은 사랑이든 지속적인 사랑이든, 부드러운 사랑이든 정열적인 사랑이든, 결혼을 했든 안했든, 부부간의 사랑이든 연인간의 사랑이든. "진정한"이라는 말은 상상 속의 것이 아니라 실제 존재하는 것이라는 의미이기 때문이다. 분노의 경우도 마찬가지다. 사실상 모든 분노는 "진정한" 분노라 할 수 있고, 그 안에는 언제나 두 가지의 명확한 요소가 들어 있다.

첫째, 누군가가 당신에게 부당하게 행동했을 때 심각하고 깊게 느끼는 실망감과 둘째, 부당한 행동을 해서는 안 되는 것이며, 그 행동을 한 사람은 형편없는 인간이라는 비합리적인 신념. 당신이 분노를 더 심각하고 직접적이며 더 진지하게 느끼면 느낀 만큼, 그 안에는 위의 두 요소가 분명히 들어 있다.

루빈이 의미하는 것은 사람들이 당신에게 부당하게 대했을 때,

당신이 심히 실망하고, 서운해하고, 원망하고, 좌절하는 것은 자연
스러운 것이며, 분노의 이러한 요소들은 보통 건강한 것이라고 볼
수 있다는 것이다. 왜냐하면 그렇게 함으로써 당신이 원하는 바를
추구할 수 있고, 세상의 불공평에 대항할 수 있기 때문이라는 것이
다. 루빈은 분노를 정확하게 정의하지 못하고 있으며 분노가 사랑
을 잉태할 수 있다고 믿는다. 그러나 나는 이 말의 정반대 사실을
믿는다. 당신이 어떤 사람의 행동에 심각하게 실망했다고 표현하
면 할수록, 그들은 더욱 마음이 돌아서고 사랑을 덜 느끼게 된다.
물론 때로는 그들이 당신을 실망시켰다는 데 동의하고 자기의 행
동을 바꾸면서 당신과 더욱 따뜻하고 건강한 관계를 맺어갈 수도
있을 것이다. 그러나 그러한 일은 좀체로 일어나지 않는다.

　그 밖에도 당신이 아무리 솔직하고 자연스럽게 분노를 표현한다
고 하더라도, 그것은 은연 중에 그들이 당신을 실망시킬 권리는 없
다는 것과 함께 당신은 그들을 과소평가할 것이라는 것을 암시하
게 된다. 이것은 거의 언제나 그들의 마음을 돌아서게 만들며, 당
신을 사랑하기 보다는 미워하게 만드는 것이다. 가끔은 당신이 보
살펴야 할 누군가에게 아주 심하게 적대감을 표현한 후, 뉘우친 나
머지 그에게 훨씬 더 잘해주려 노력하게 되고, 그에 대한 당신 사
랑이 그리고 당신에 대한 그의 사랑이 더 생겨나는 수도 있을 것
이다. 또한 당신과 그와의 관계가 처음부터 아주 좋은 관계였다면
당신의 심한 분노가 그에게 자기의 행동을 수정하도록 자극하여
두 사람의 관계가 더욱 돈독하게 될 수도 있다. 그러나 이런 일은
극히 드문 현상이다. 이것을 기대하지 말라! 실제로는 그 반대의
현상이 훨씬 더 잘 벌어진다. 대부분의 경우, 사랑은 사랑을 낳고
미움은 미움을 낳는다.

　쿠텐은 루빈과 바하의 견해에 동의하고 있다. 그는 개인의 인격

적 통합과 개체감이 유지될 때 기분 좋은 성애의 관계가 이루어지며, 이런 관계는 가끔씩 분노와 적대감을 서로 교환함으로써 이루어진다는 이론을 펼치고 있다. 첫번째 부분은 일리가 있는 말이다. 먼저 자기 자신을 수용할 수 있어야 하며, 자신의 인격완성과 개체감을 추구하기 위하여 상당히 노력한 연후에야 누군가 타인을 사랑할 수 있기 때문이다. 그러나 일반적으로 당신은 적대감이 아니라 자기주장에 의해 원만한 인격을 쌓을 수 있다. 만약 당신의 파트너에게 어느 정도의 자기만의 세계와 자기만의 시간이 있는 것을 원하며 이러한 개체감이 전혀 없다면 두 사람의 관계는 끝낼 수 있다고 말한다고 하자. 그리고 상대방이 그런 부탁을 잘 들어주지 않을 때에도 화를 내거나 칭얼대지 않는다고 하자. 그러면 당신이 마치 하느님인 것처럼 당신이 바라는 바를 명령하고 화를 내며 고집할 때보다 훨씬 더 따뜻하고 지속적인 관계를 형성할 수 있을 것이다. 자기주장성과 좋은 애정관계는 높은 상관을 가지고 있다. 그러나 적대감과 사랑은 역의 상관이 있다.

자슬로우(Robert Zaslow) 박사가 고안한 분노감소기법이 있다. 치료자와 치료집단의 멤버들은 고의적으로 한 사람을 간지럽히고, 때려눕히고, 그에게 욕설과 조롱을 퍼붓는다. 이 행위는 내담자가 마침내 화내기를 그치고 이완이 될 때까지 계속한다. 어떤 치료기법이라도 경우에 따라서는 효과가 있을 수 있다. 자슬로우가 처음으로 자폐아들을 대상으로 실시하여 이 기법을 고안했을 때에는 매우 화제가 되었다. 바하와 같은 투쟁치료자들은 이 기법을 열광적으로 찬양하고, 그 이론이 타당성이 있다고 확신했다. 자슬로우는 이렇게 말하고 있다.

"프로이트가 성을 다루었던 것처럼 나는 분노를 다루고 있다. 성이 그 당시에 받아들여지지 않았던 것처럼 오늘날 분노는 사회적으로 수용되지 않고 있다. 그러나 분노는 참으로 아름다운 것이다. 호랑이가 정글에서 먹이를 찾아 나설 때 그것은 아름다운 표현행위이다. 그것은 그가 살아남을 수 있는 유일한 길이다. 그래서 호랑이의 분노행위는 아름다운 것이다. 단테가 말했듯이, 지옥이란 천국이 빛나게 열리기를 기다리는 장소이다. 분노는 지옥이다. 그리고 분노를 줄이는 것은 당신을 천국으로 안내할 것이다."

이 말은 참으로 담력이 있는 말이다. 그러나 실제의 결과는 그들의 말대로 되지 않았다. 이러한 치료법을 경험한 내담자들은 자신이 감정적으로 굉장히 상처를 입었다고 보고했다. 비록 몇몇 사람들은 이 과격한 방법을 사용하여 어느 정도 도움을 받았을지 모르나, 나는 그들이 받은 도움이 과연 마음깊이 내재된 적대감정을 장기적으로 극복하게 해 주었을까를 의심한다. 아마도 그들 대부분은 결국에는 적대감만 더욱 커졌을 것으로 추측한다. 이와 같은 종류의 치료기법으로 야기된 결과는 매우 심각하고 불행하다. 스포트니츠(Hyman Spotnitz) 박사는 이 점에 관해서 언급하고 있다.

"여러 해 전에 나 스스로 경험한 바에 의하면, 환자들과 신체적인 접촉을 권장하는 새로운 이론은 치료과정에서 폭력의 분출로 이어진다. 나는 이런 치료를 대단히 유감스럽게 생각한다. 나는 그와 같은 행동을 권장하지 않는다. 여러 가지 문헌연구나 사례보고에서 나타난 바와 같이, 치료자가 환자들과 불필요한 접촉을 하거나 신체적으로 투쟁하는 경우에 치료는 항상 실패한다."

프릿츠 펄스(Fritz Perls)는 우리는 우리의 공격성에 항복해야 하며, 그 공격성을 타인이나 세상에 대해 직접적으로 표현해야 한다고 주장한다. 그렇지 않으면 그 공격성은 방향을 바꾸어 우리 자신에게로 되돌아오기 때문이라는 것이다. 나는 여기에 동의하지 않는다. 물론 우리는 화가 났을 때 상대방에게 그런 감정을 표현하지 못한 우리 자신을 비난하게 될 수도 있다. 이 경우에 분노는 반사되어 우리 자신에게로 되돌아온다. 그러나 다른 사람들에게 화를 직접적으로 표현하고 나서도 우리 스스로를 비난할 수 있다.

분노에 관한 이론이나 치료법에서 많은 사람들이 깨닫지 못하고 있는 중요한 사실이 있다. 마치 수압의 원리처럼, 분노를 다른 사람에게 표현하는 길을 막고 있다고 해서 그 분노가 우리 자신에게 되돌아오는 그러한 힘이란 존재하지 않는다. 우리는 화가 난 것을 표현하지 못함으로써 우울하고 자기비하에 빠질 수도 있다. 그러나 화를 터뜨리지 않음으로써 느끼게 되는 긴장은 여타의 긴장과 똑같은 성질의 것으로서 우리가 쉽게 극복하고 이겨낼 수 있는 보통 정도의 긴장이다. 당뇨병 환자인 나는 좋아하는 단 음식을 먹지 못할 때 긴장을 느낀다. 그러나 나는 나 자신에게 이렇게 말한다. "이것 참 힘들구나! 설탕은 내게 득이 되기보다는 해가 훨씬 커! 그러니 나는 그것을 먹지 말아야 해!" 그래서 나는 약간의 긴장을 느끼는 것은 사실이지만, 내가 단 음식을 참기로 결정한 것을 가지고 세상에 대해 분노를 느끼지는 않는다.

나도 때로는 윗사람이나 친구에게 느끼는 분노를 표현하고 싶지만 어쩔 수 없이 참아야 할 때가 가끔씩 있다. 그럴 때 나는 자신에게 다음과 같이 어리석게 말할지도 모른다.

"나는 내가 느끼는 분노를 통제해서는 절대 안 된다. 사실 그 못된 인간이 그렇게 행동하지만 않았더라도 이렇게 화가 나지는 않았을 거야. 그는 왜 행동을 고쳐서 내 화를 풀어주지 않는 거지? 나는 왜 화가 났다는 것을 표현할 수 없는 거지? 화가 났다는 것을 표현해서 효과가 나타나 내가 고고한 인물이라는 것을 입증해야 될 것 아닌가?"

이러한 비합리적인 생각을 가지고, 분노를 표현하지 않는 자신을 크게 힐책하여 분노를 내 안으로 돌려서 스스로를 심문할 수도 있다. 그러나 마음먹기에 따라 나는 이런 미치광이같은 생각을 얼마든지 중단시킬 수가 있다.

분노를 극복하는 그 밖의 방법

합리적인 방법을 사용하여 화내는 습관을 교정하는 데에는 집요한 노력이 필요하다. 구체적으로 당신은 다음과 같은 점을 깨달을 필요가 있다.

- 자신이 단지 불쾌감을 느끼는 정도 이상의 수준에서 분노하고 있다는 점을 인식하라.
- 화가 나는 감정을 만들어 내고 지속시키는 책임은 자신에게 있다.
- 분노의 감정을 상당 부분 제거할 수 있는 사람도 바로 자신이라는 점을 인식하라.
- 분명히 당신은 화가 난 감정을 상당 부분 통제하고 감소시킬 수 있다는 점을 인식하라.

- 당신이 화를 내면 당신과 주변의 사람들에게 득보다는 해를 끼친다는 점을 인식하라.
- 화를 터뜨리는 습관을 교정하는 것이 당신에게 유익하다는 것도 인식하라. 그리고 이러한 방향으로 끊임없이 노력해야 한다.

당신은 다음과 같은 방법을 통해서 이것을 성취할 수 있다.

화를 냄으로써 얻게 되는 실용적인 결과를 검토하라

밴두라(Bandura)의 적대감에 대한 연구와 스키너의 조작적 조건화이론은 우리에게 다음과 같은 세 가지 중요한 사실에 주의를 촉구한다.

- 분노와 폭력은 "좋은" 사회적 상호작용에서는 거의 파생되지 않으며, 일반적으로 심각한 좌절이나 박탈을 경험한 후에 일어난다.
- 일단 우리가 좌절과 불쾌한 자극에 대해 적대적인 방식으로 행동하고 나면, 우리는 강화나 벌칙을 얻게 된다. 우리가 불쾌하게 여겼던 그 자극을 없애는 데 도움을 주거나 또는 상대방보다 우월감을 느끼는 것과 같은 만족감을 느끼는 것에서 강화를 받는다. 가령, 우리가 미워하고 공격했던 그 사람들에게서 다시 반격을 당하는 것은 적대감이 우리에게 주는 벌칙이 된다.
- 공격적인 감정이나 행동을 하고 나서 이처럼 강화와 벌칙을 받게 되면, 그 뒤부터는 우리가 적대적으로 대할 때 얻게 될

단기·장기적 이득과 손실을 계산할 수 있게 된다. 그리하여 다음부터는 실용적인 토대 위에서 미래에는 좀더 좌절을 덜 느끼도록 상황을 만들어갈 수 있게 되거나, 적어도 어쩔 수 없이 부딪치게 될 좌절에 어느 정도나마 합리적으로 반응하려는 결정을 내릴 수 있게 된다.

예를 들어, 내가 당신에게 아파트를 함께 쓰자고 제안했으므로 당신이 아파트를 치장하는 데 상당한 비용을 지출했는데, 갑자기 나는 당신과 함께 살기를 거부했다. 이렇게 해서 나는 당신에게 좌절의 상황을 설정한 셈이다. 만약 당신이 나에게 화가 난 행동을 하기로 작정한다면, 당신은 그에 따른 어떤 강화와 벌칙을 얻게 될 것이다.

먼저 강화라고 할 수 있는 것으로, 당신은 좌절을 안겨준 나를 더 이상 만나지 않기로 하면서 나에게 금전적인 보상을 요구하며, 정당하지 못한 나에 대하여 인격적으로 굉장한 우월감을 느낄 수 있을 것이다.

벌칙적으로는, 당신이 나를 반격했기 때문에 내가 앞으로는 당신에게 더욱 나쁘게 행동할 수 있다는 것이다. 그리고 당신이 내게 한 복수로 인해 우리의 친구들에게 비난받을 수 있고, 나에게서 배상을 받아내는 데 귀중한 시간과 정력을 낭비하게 될 것이다. 이러한 강화와 벌칙들을 근거로 해서 당신은 앞으로 일어날 수도 있는 유사한 좌절적 상황에서 더 화를 낼 것인가 말 것인가를 의식적으로나 무의식적으로 결정한다.

상당한 기간 동안 내게 앙심을 품고 불화를 계속한 후에, 최종적으로 당신은 나와의 관계에 관한 전체적인 상황을 검토해 볼 것이다. 그리고 그 결과를 당신의 전반적인 생활에 적용하게 될 것이다. 예를 들면, 당신이 분개한 것이 어떤 점에서 이득이 있었지만, 반면에 위장병과 고혈압을 얻었다는 점에서 해가 되었다는 결론을 내릴 수 있게 된다. 또한 당신이 화를 냄으로써 나에 대한 우월감을 느끼기도 했지만 이런 식의 자기고양의식은 별 가치가 없다는 생각도 할 수 있다. 당신은 또한 나에게 화를 내면서도 그런대로 잘 살아갈 수는 있을 것이다. 그러나 앞으로는 차라리 나와 같은 사람과 아예 접촉하지 않도록 주의하는 것이 좌절상황을 "차단"할 수 있다는 점에서 삶을 훨씬 행복하게 해 줄 것이라고 생각할 수도 있다.

다른 말로 표현하자면, 당신이 만약 좌절적 상황이 어떤 작용을 해서 화나게 하는가, 화를 내게 됨으로써 곧바로 어떤 강화와 벌칙이 뒤따르는가, 분노함으로써 얻어진 "승리"에서 파생되는 장기적인 결과는 무엇인가 등을 충분히 인식할 필요가 있다. 그리하여 적대감의 뿌리나 지속 요인에 대한 종합적인 분석을 해 볼 수 있을 것이다. 그 후에 당신이 택할 수 있는 여러 가지의 해결방법을 생각해 볼 수 있을 것이다. 즉 화나게 하는 자극이나 선행사건을 변화시키는 것, 불쾌한 자극에 직면했을 때 분노를 덜 느끼게 해줄 다른 강화나 벌칙들을 찾아보는 것, 적대감의 득과 실에 대하여 장기적 관점을 취하는 것 그리고 또 다시 그와 유사한 상황이 벌어졌을 때 좌절을 일으킨 사람이나 사건들을 보는 관점을 변화시켜서 벌칙을 받지 않게 하는 것 등을 생각할 것이다.

밴두라와 스키너 등과 같은 사회적 강화이론의 지지자들은 그들 나름의 방식으로 고대 그리스의 격언을 되새기는 것 같다. "아는 것이 힘이다" 당신이 화를 내는 행위에 대하여 생물학적·사회적·인지적인 근원을 잘 이해하면 할수록, 당신은 보다 자유롭게 될 수 있으며 보다 실용적인 해답을 찾아낼 기회가 많아질 것이다.

좌절적 경험을 줄이도록 노력하라

욕구좌절을 경험하는 것 때문에 화가 나는 것은 아니지만, 욕구 좌절이 분노를 일으키는 것 또한 사실이다! 상당한 기간 동안 심한 박탈로 고통받는 사람들은 대부분 정신적인 고통과 혼란을 겪게 된다. 그래서 결국에는 좌절을 안겨준 사람이나 상황에 화를 내며 폭언을 퍼붓게 된다. 그러므로 당신의 좌절인내도를 높이고 세상의 언짢은 일에 대하여 푸념하는 것을 줄이도록 열심히 노력하는 것이 좋으나, 무엇보다도 이러한 좌절적 상황 자체를 줄이기 위해 노력하는 것도 매우 현명하다.

지루한 일을 계속한다든가, 짜증나는 친구와 함께 지내지 말라. 귀찮게 구는 친구나 자녀와 매번 같이 지내야 한다든가, 매일매일 두 시간 이상씩의 오르가즘을 느끼기를 요구하는 섹스 파트너와 함께 지내는 일 따위를 계속해야 할 필요가 없다. 일시적으로는 당신이 이와 같은 불쾌한 상황에 의도적으로 머물면서 당신의 낮은 좌절인내도를 키우고, "이젠 내가 원치 않는 일도 견딜 수 있어"라고 스스로 확인할 수도 있을 것이다. 그러나 이는 일시적으로만 할 일이다. 당신은 항상 좀더 현명한 대안을 발견할 수 있을 것이다. 그 대안을 찾아보고 그런 대안을 만들기 위해 노력하라. 그러나 좌절이 0점 상태인 삶을 추구하려고 노력하지는 말라(왜냐하면 그런 삶은 불가능할 테니까!). 오로지 좌절을 느끼지 않는 일에만 신경을 쓰게 되면 삶의 즐거움을 많이 잃게 된다. 그러나 부질없는 좌절과 방해는 당신에게 필요하지 않다. 지금 당장 꾸준하게 좌절을 줄이는 작업을 하라.

❤

좌절인내도를 키우라

당신이 격노하고 있다면, 기본적으로 이런 생각을 하고 있을 것이다.

"나를 실망시키는 어떤 것도 존재해서는 안 되며, 그것은 부당할 뿐 아니라, 이 부당성도 역시 있어서는 안 되고, 나는 그런 좌절을 견딜 수 없으며, 나를 골탕먹인 사람들은 벌레와 같은 인간들이고, 그런 행동을 해서는 절대로 안 된다!"

그러나 당신은 자신에게 높은 좌절인내도를 가르침으로써 이러한 사고를 교정할 수 있다. 어떤 방법으로 가르칠 수 있을까?

그것은 실망스런 상황이 존재해서는 안 된다는 생각을 바꾸는 것이다. 이 세상에는 항상 좌절적 상황이 존재하기 때문이다. 이러한 점에서 당신은 다음과 같은 프롬의 말에 주의를 기울일 필요가 있다.

"인생에서 무엇보다도 중요한 것은 어떤 것이든지 좌절을 겪지 않고 쉽게 얻어질 수 있는 것은 없다."

노력하지 않고도, 즉 좌절하지 않고도 무엇을 배울 수 있다는 말은 광고 표어로서는 좋을지 모르나 맞지 않는 말이다. 좌절을 수용하는 능력이 없었더라면 인류는 전혀 발전할 수 없었을 것이다. 그리고 우리가 매일 관찰할 수 있는 바와 같이 사람들은 흔히 공격적인 반응을 보이지 않고서도 좌절을 이겨내지 않던가? 각자가 좌절을 어떻게 해석하느냐에 따라 좌절은 공격성을 낳기도 하고 그렇지 않기도 한다. 그리고 각자가 좌절에 대하여 심리적으로 받아들이는 의미는 좌절이 일어나는 전체적인 상황에 따라서 달라진다.

프롬은 그렇게 말하고 있지 않지만, "좌절이 일어나는 전체적인 상황"이라는 말에는 다음과 같은 의미를 반추해야 한다는 뜻이다.

- 그와 같은 좌절이 일어나지 말아야 한다고 고집하는 당신의 기본적 경향성
- 당신이 그렇게 고집하는 마음을 가지고 있다는 것을 충분히 인정하는 것
- 그러한 고집을 버리지 않는다면, 당신은 자기패배적으로 되고 만다는 사실을 깨닫는 것
- 당신이 그런 고집을 버리고 다만 가벼운 소망사항으로 마음가짐을 낮추기로 단호히 결단하는 것
- 그러한 결단에 따라 살기 위하여 인지적 · 정서적 · 행동적으로 꾸준하게 노력하는 것

당신이 좌절적 상황에 처하여 어떠한 생각이나 기본관념을 가지고 있느냐는 실제적인 문제다. 그리고 당신이 겪게 되는 좌절을 당신의 힘으로 통제할 수는 없다 하더라도 생각은 변화할 수 있다.

자기도취와 과대망상증을 반격하라

로크린(Gregory Rochlin)이 지적한 것처럼, 자기도취와 유아적인 과대망상증은 인간의 성격에 깊이 뿌리박고 있으며, 행동의 밑바닥에 깔려 있다. 우리는 다른 사람들이 우리를 사랑해 주고 관심을 가져주기를 단지 원하기만 하는 것이 아니라, 그들이 그렇게 해야 한다고 고집하고 그렇게 해주지 않았을 때에는 기분이 엉망이 된다. 그와 같은 기분은 순전히 자기로부터 나온다. 왜냐하면 우리 자신이 다른 사람의 인정을 얻으려는 절박한 요구로 인하여 스스

로를 낮추었기 때문이다. 우리는 어리석게도, 그들이 우리의 "욕구"를 거부함으로써 망쳐놓았다고 곧잘 주장한다. 이렇게 생각하기 때문에 "실패하게 한" 그 사람들에게 극단적으로 화를 내고 난폭하게 행동하는 기분이 되는 것이다. 로크린은 "적대감이란 상처받은 자존심에서 나온다"는 사실을 강조하고, 다른 중요한 이유들은 무시하고 있다. 그의 말에도 일리는 있다. 우리가 다른 사람들에 대해 분노하는 이유는, 그들이 우리에게 준 "상처"(인정받고자하는 우리의 자기도취에 대한 "상처")에서 연유된다.

만일 당신의 분노가 주로 유아적인 자기도취에서부터 나온다면, 당신은 그 자기도취를 버릴 수 있다. 당신은 이 우주를 모두 장악해야 할 필요는 없다. 다른 사람들에게 당신의 뛰어남을 인정받음으로써 자신에 대해 적어도 기분 좋게 느낄 필요도 없다. 당신이 항상 무대의 중앙에 서 있어야만 할 이유나 다른 사람으로부터 존경을 받아야만 한다는 이유는 존재하지 않는다.

세상은 결코 당신에게 많은 관심을 두고 있지 않으며, 그런 일은 일어나지 않을 것이다. 뿐만 아니라, 유명해질수록 당신은 적도 많이 만들게 된다. 당신이 많은 사람들에게 좋은 행동을 하면 할수록 그들은 더욱 당신을 이용하려 들 것이다. 현실은 그렇게 돌아간다. 이 우주는 당신에게 어떠한 특별한 관심도 갖고 있지 않다. 영원히 그럴 것이다. 이제 당신이 어떻게 이 "잔인하고", "냉엄한" 현실을 직면하고 받아들이며, 그럼에도 불구하고 어떻게 행복하게 살 수 있을 것인가가 문제다. 당신이 그렇게만 할 수 있다면, 타인에 대한 적개심의 중요한 원천이 없어질 것이다.

프로이트와 애들러도 오래 전에 지적했듯이, 거의 모든 분노는 유아적인 과대망상증에서 일어난다. 우리는 인간이기 때문에 다른 사람들이 우리를 잘 대해 줄 수 있다고 믿고 있다. 그리고 우리는 실제로 그러한 배려와 대접을 많이 받고 살아왔기 때문에 의당 우리에게 그렇게 해야 한다고 믿는다. 피터스(H. Peters)는 다음과 같이 지적한다.

> 버트런트 러셀같은 철학자들은 질투심이란 근본적으로 다른 사람과 특별한 관계를 맺어야만 한다는 부당한 요구에서 나온 것이므로 부적절한 감정이라고 주장한다. 만일 심리학자들이 인간이 항상 비교되고 평가되는 상황에서 불가피하게 살아가야 한다는 것을 증명할 수만 있다면 러셀의 말은 지당하다고 본다. 왜냐하면 "다른 사람들이 자기를 특별대우해야만 한다는 생각에는 '그들이 자기에게 특별대우를 해 줄 수 있다'는 뜻이 함축되어 있기 때문이다."

피터스는 여기에서 상황을 좀 과장하고 있는 것 같다. 인간이 피차간에 비교되고 평가되며 사는 것을 적어도 어느 정도는 피할 수 있다. 만일 당신이 누군가에게 극도로 화가 났을 때마다 "그가 나에게 특별한 대우를 해주어야 하는데!"라고 하느님처럼 명령하는 독백을 하고 있다는 사실을 충분히 직면한다면, 그리고 당신이 그 "해야만 된다"는 생각을 여러 번 반복해서 뿌리뽑고, "그가 나에게 특별하게 대접해 주면 더 좋겠지만, 그가 그러지 않을 가능성도 언제나 있지"라는 생각으로 교체한다면, 당신의 속이 상하고 분노하는 감정은 크게 줄어들 수 있다.

유아적인 과대망상증이나 자아비대증은, 영리한 사람들로부터 미련한 사람들에 이르기까지 모든 사람들에게서 극단적인 분노와 폭력행사를 촉발시킨다. 미련한 사람들의 경우를 보자. 토취(Hans Toch)는 교육정도나 지능 면에서 낮은 척도에 속하는 다수의 범죄자들을 대상으로 연구하였는데, 그들은 "자기 이미지를 상승시키려 했던 사람" 혹은 "명예를 지키려 했던 사람"으로 분류될 수 있었다. 그들이 난폭한 범죄를 저질렀던 이유는 대부분 그들이 사회적 지위, 체격, 혹은 계층지위가 낮았기 때문에 물리적 폭력적인 방법으로 자신들을 보상하려는 "의무감", 소위 "도덕적인 의무감" 때문이었던 것으로 나타났다.

이와 반대로, 교육수준이 높고 지적인 혁명가들도 "압제" 나 "자아 모욕"에 대해 심한 분노를 느낄 때 폭력으로써 과잉반응을 한다. 타이거(Lionel Tiger)가 지적한 바와 같이, 머슬린스(Black Mus-lins)같은 사람은 (백인들에 의한) 사회적 정복에 대항해서 투쟁하였다. 그 이유는 그들의 "인간다움"이 박탈당했다고 느끼고, 폭력에 내포된 "남성다움"을 추구했기 때문이다. 헨토프(Nat Hentoff)가 지적한 것처럼, 자유주의자들은 그들의 신조가 어떤 것이든간에 "열광하고", 쉽게 권위적으로 행동하며, 자신들이 "생을 부정하고, 개인주의를 부정하고, 자발성을 부정하며, 나를 부정한다"는 것을 진심으로 맹세한다고 공포한다. 스물 세 살의 기상대원이었던 골드는 뉴욕에서 "자유"를 위해 투쟁하려는 용도로 폭탄을 조립하는 도중에 다이너마이트 폭발사고로 죽었다. 그는 죽기 전에 그의 오래된 대학 친구에게 이렇게 말했다고 한다. "나는 극적인 지하활동을 많이 해왔어. 그리고 이제 난 죽음이 두렵지 않아." 그의 기상대원 친구 중의 한 사람은 자신을 이렇게 변호했다. "우리는 행복해지려고 생각하지 않는다. 우리는 강한 사람이 되기를 원한다."

당신이 혹시나 이러한 과대망상이나 과잉반동적인 생각을 하고 있는지 주의해 보라. 물론 당신이 항거하는 대상에는 많은 오류와 부정이 있을 것이다. 당신에게는 옳고 인간적인 대의명분이 서 있는 것은 틀림없다. 그러나 당신이 취한 길만이 항상 유익하고 상대방의 방법은 최악의 길이라고 자신 있게 단언할 수 있는가? 당신의 생각만이 옳다는 것을 증명하기 위하여 모든 수단을 동원하여 투쟁할 것인가? 만약 당신의 대답이 "예"라고 나온다면 그것은 당신의 과대망상이다! 당신의 독단이다! 당신의 사상을 절대적으로 신봉할수록 사상의 한계와 단점을 무시하게 된다. 이 점을 분명하게 새겨 두도록 노력하라. 당신이 옳다고 생각한다고 해서 그것만이 받아들여져야 한다고 고집하거나 자신을 분노하게 만드는 일이 없이 다만 원하는 바를 의연하게 추구해 나가도록 노력하라.

인간에 대한 자유로운 태도를 지니도록 노력하라

타인에 대한 태도와 자신에게 잘못 행동한 사람들에게 대하는 태도는 각자가 가지고 있는 인간관이나 "행동규범"과 밀접한 상관이 있다. 테일러(Stuart Taylor)와 스미스(Jan Smith)는 보수주의적인 (전통적인 신념을 가진) 남성이 자유론적 신념을 가진 남성보다 반대자들에게 보다 적대적으로 반응한다는 사실을 밝혀냈다. 그러므로 만약 타인에 대한 분노의 경향을 줄이고, 당신에게 잘못한 사람들에 대해 공격적이고 폭력적인 행동을 하는 것을 억제하고 싶다면, 세상에 대하여 보수적이고 전통적인 견해를 갖기보다는 자유론적인 견해로 바꾸도록 하는 것도 좋다.

역사로부터 배우라

부어스틴(Daniel J. Boorstin)이 지적하듯이 역사는 우리에게 적대감의 결과가 어떻게 나타나는가를 뚜렷하게 예시해 주고 있다. 고대 이스라엘과 그리스의 장구한 전쟁, 히틀러와 스탈린의 대학살, 현재까지도 만연하고 있는 수많은 종교적·정치적·경제적인 잔인한 전쟁을 생각해 보라. 역사는 또한 우리에게 허구적인 지상낙원

주의를 버리고 인간이 지닌 진보의 가능성을 존경하도록 상기시켜 준다고 지적한다.

프로이트는 (비합리성의 개념을 중시한 사람임에도 불구하고) 1928년에 다음과 같이 말했다. "지성의 목소리는 부드러우나, 귀기울이는 자가 있을 때까지 계속된다. 끝없는 묵살이 반복된 끝에 그것은 궁극적으로 성공한다. 이 점이 바로 인류의 미래에 대하여 낙관할 수 있게 하는 견해 중 하나다." 현재의 삐걱거리는 목소리 아래에서도 우리는 끊임없는 이성의 속삭임을 듣기 위해서 노력해야 한다. 이성의 목소리는 오직 들을 귀가 있는 사람에게만 들린다. 이성의 목소리는 언제나 친숙하지 않은 언어로, 때로는 고리타분한 언어로 말한다. 그것은 과거 모든 시대와 장소의 언어로, 즉 역사의 언어로 말한다.

분노와 폭력의 해로움을 자각하라

당신은 아마도, 모든 사람들이 분노와 폭력의 해악성을 충분히 인식하고 있으며 사람들이 적대적인 반응을 하지 않도록 주의하고 있노라고 말할지도 모른다. 그러나 이것은 대단히 잘못된 결론이다. 당신은 분노가 야기하는 엄청난 해악을 어느 정도는 인식하고 있을른지 모른다. 그러나 당신이 이처럼 실제로 인식하고 있다고 해서, 어떤 상황에 처하여 당신이 화를 낼 때면 구체적으로 어느 정도로 자타에게 피해를 주는지를 정확하게 알 수 있다는 말은 아니다. 수세기 동안에 걸쳐 학자들은 원한과 분노가 가져다 주는 엄연한 해악에 대하여 다음과 같이 기술하고 있다.

보복을 부른다.

당신이 표면상으로는 권익을 지키고 또한 그들의 잘못된 생각과 행동을 고쳐주기 위하여 분노한다고 하지만, 일단 이 "못된" 사람들에게 분노하기 시작하면 당신은 진짜 문제에 대한 객관적인 안목을 잃게 되고 원한과 복수로 자신을 몰아가게 된다. 슈에벨 (Milton Schwebel)이 지적한 것처럼, 제아무리 정당한 이유와 선의의 동기에서 출발한 선봉대라 할지라도, 대결을 종용하기 위하여 어떠한 구실이나 조직을 이용할 수도 있게 된다. 그 결과로 부정부패를 척결하는 것이 아니라 오히려 보복과 억압을 촉발하여 대다수의 선량한 시민을 혁명과 무정부주의의 소용돌이로 몰고 간다.

약한 사람들을 학대한다.

이 책의 다른 부분에서도 지적했지만, 당신이 정의감에 사로잡혀 분노한다 할지라도 어쨌든 분노는 그 대상을 심지어는 당신이 지도하는 연약한 어린이까지도 학대하게 하는 방향으로 몰고 간다. 최근 들어서 아동학대에 관한 연구 결과에 의하면 수천 명의 분노한 부모들이 자녀를 불구로 만들거나 죽이는 사례가 보고되었다. 이러한 통계는 대부분 미국과 같은 고도로 "문명화된"사회에서 나온 것들이다(국립 지역사회 정신건강센터에서 발간한 "학대받고 매맞는 아동들에 관한 참고문헌들"의 자료목록 참조). 영국의 정신의학자인 하우엘스(John Howells) 박사는 가정에서 부모에 의해 맞아 죽은 아동들의 수가 빅토리아 시대에 소년원에서 죽은 아동의 수보다 더 많다고 말하고 있다. 그는 이어서, "매일 두 명의 아이가 영국에서 그들의 부모에 의해 죽어간다 …… 그보다 더 많은 수가 정신적으로 혹은 신체적으로 불구가 된다."고 말한다.

정치적인 폭력을 부른다.

UN의 국가들이 다시는 1차대전이나 2차대전과 같은 대량학살이 일어나지 않도록 최대한 관리하고 있으나 아직도 수없이 많은 국가적·국내적 갈등들이 존재하고 있다. 게릴라전, 습격, 정치적 암살, 유괴, 정당간의 공개전, 기타 모든 종류의 유혈사태가 문명화된 사회나 미개한 사회를 막론하고 세계 도처에서 나타나고 있다.

종교 전쟁을 일으킨다.

정치적 전쟁이 집단간의 증오와 편견에서 발생하는 것처럼, 종교적 전쟁도 마찬가지다. 종교전쟁은 오늘날 전 세계에 퍼져 있다. 구교와 신교, 유대교와 기독교, 유대교와 모슬렘, 모슬렘과 기독교, 힌두교와 비힌두교 등 다양한 전쟁들이 상존한다. 각 집단은 대체로 그들의 견해만이 전적으로 옳고 반대자들의 견해는 악마와 같이 잘못된 것이라고 본다. 그렇기 때문에 반대자들은 비난받아야되고, 형편없는 것들이고, 송두리째 괴멸되어야 한다고 믿는 경향이 있다. 심지어 평화를 사랑하는 집단인 유대교나 기독교인들도 타 종교집단에 대한 분노가 극에 달하면 살인과 유혈사태를 일으키는 것이다.

혐오스러운 해악의 힘을 믿는다.

"만약 당신에게 반대하거나 당신의 행동을 방해하는 사람들에게 불쾌한 반응을 보이면 그들은 당신의 의사를 알아차리고 행동이 달라질 것이다"라는 터무니없는 생각 때문에 우리는 짐짓 화내는 행동을 하게 된다. 그러나 그것은 사실과 다르다. 마우러(Adah Maurer)와 그의 동료들이 지적한 것처럼, 자기 쪽에서 기분나쁘게 대했기 때문에 상대방으로부터 불쾌한 반응을 받게 되는데, 이들은 다시 상대방에게 상처를 주는 행위를 통하여 힘을 행사한다. 그리하여 보복행위를 하게 된다. 사랑은 사랑을 낳고, 미움은 미움을 낳는다. 다른 사람을 징벌하면 자기에게 징벌로 되돌아온다. 폭력의 악순환은 더 많은 폭력을 부른다.

자신과 타인에 대한 편견을 갖게 한다.

다른 사람에 대한 증오는 당신이 그들을 악마처럼 보게 하고, 그들이 가진 "악마와 같은" 특성을 과장하게 한다. 믿기지 않겠지만, 그들이 악마같기 때문에 증오한다고 말한다면, 이 말은 당신 자신에게서도 악마같은 특성이 있다는 해석이 된다. 그렇게 되면 인간성 전반에 대하여 대단히 부정적인 관념을 갖게 된다. 그리하여 점점 자신을 미워하게 되고 타인에 대한 편견을 더욱 키워 증오하게 된다. 야호다(Marie Jahoda)는 다음과 같이 지적한다. "타인을 경멸하는 것은, 그들이 열등하고 혐오스럽다고 봄으로써 흔들리는 자존심을 강화하기 위한 한 방법이다. 실제로 어떤 사람들은 자신이 다행히 흑인이 아니고, 가톨릭이 아니고, 이탈리아인이 아니고, 혹은 어떠 어떠한 사람이 아니라는 사실을 '행운으로' 여기며 자존심을 구제하려고 한다."

당신이 미워하는 사람의 특성을 닮아간다.

다른 사람들의 야만성이라든지, 편견, 폭력, 교만 등을 교정할 목적으로 당신이 어떤 행동을 취하는 것이라고 자신을 정당화할 수 있다. 그런데 아이러니하게도 당신이 취한 행동은 종종 당신이 경멸하는 바로 그 특성들을 닮아가게 된다. 수년 전에도 내가 지적한 바 있지만, 만일 당신이 히틀러를 철저하게 증오한다면 그를 증오하면서 히틀러처럼 되어 간다. 어윈(William Irwin)과 톰슨(Thompson)은, "흉보면서 닮는다"는 속담처럼 "우리는 미워하는 대로 되어 간다"고 말했다. 아일랜드의 전쟁을 관찰하면서 더블린의 요가 수행자인 러셀(George William Russell)은 정치학의 원리에 해당하는 격언을 만들어냈다. "누군가가 적을 미워하는 강도만큼 자기네 안에도 적들이 가지고 있는 특성을 창조한다. 그리하여 모든 격렬한 갈등간에는 동일한 특성을 상호교환하는 결과를 초래한다."

분노는 "애간장을 녹이는 고통"이다.

우리는 화를 내면서 가끔씩은 강한 희열과 자기정의감을 느끼게 된다. 그런 이유 때문에 화를 내면 "애간장을 녹이고 강박적으로 만들어 사랑하거나 좋은 일을 못하게 방해하고, 자기파괴적으로 인도한다"는 사실을 망각하는 수가 많다.

호우크(Paul Hauck)는 《분노와 좌절의 극복》이라는 책에서, 누군가 당신을 "골려주려고" 할 때 당신이 화를 내는 것은 당신에게 이중의 상처를 안겨줄 뿐이라고 지적하고 있다.

내가 스스로 평온을 유지하기 위하여 곧잘 사용하는 두 가지 문장이 있다. 첫번째는 "나는 신이 아니며, 내 뜻만을 고집한다면 나는 신경증 환자이다"라는 말이다. 이 말을 외우고 있으면 내 기분은 답답하게 가라앉는다. 그러나 이 첫번째 문장으로 내 자신을 설득할 수 없을 때 두 번째 문장을 떠올린다. "호오크야, 머리를 써서 생각하라. 누군가가 지금 너를 넘어뜨리려고 하고 있다. 그것만으로도 충분하다. 네 스스로 악화시키지 말아라. 얘야! 바보처럼 그 녀석의 의도에 말려들어가 네 스스로를 괴롭히지 마라. 넌 그런 얼간이가 되어서는 안 돼! 그러니 이제 너를 짓누르기 시작하는 이 분노의 감정에서 벗어나도록 단호하게 자신에게 말하라." 때때로 문젯거리가 생기는 것은 우리가 피할 수 없는 일이다. 그러나 내 스스로 분노하며 고통스러워함으로써 이중의 문제를 만드는 것은 별개의 문제이다.

집단 내에서 개성의 충돌을 가져온다.

맥클렁리(Alfred McClung-Lee)가 지적하듯이, 집단결속주의나 집단이기주의에는 이득이 있기도 하다. 그러나 집단이기주의는 집단의 구성원들이 한결같이 똑같은 취미와 기호를 가진 동질적인 사람들이 아니기 때문에 손해도 감수한다. 집단결속주의의 폐단 중의 하나는 집단 내에서 거대한 편견과 적대감을 파생시킨다는 것이다. 맥클렁리는 이렇게 말한다. "집단주의는 집단의 구성원들이 다원적인 사회에서 어떤 한 특수한 부면에 맞추어 결집하게 함으로써 구성원들의 자아정체감 형성에 공헌한다고 찬양한다. 그러나 그로 인하여 야기되는 집단 상호간의 적대감, 착취, 유혈사태 등의 대가는 얼마나 큰가! 그들의 집단정체감 때문에 모든 것을 빼앗기고 죽어간 말없는 수백만의 원혼을 생각해 보라!"

맥클렁리 박사는 집단이기주의의 또 다른 형태로, 성 투쟁을 들고 있다. 집단이기주의와 사회적 개성을 무시한 탓으로 인하여 여성들은 수세기 동안 우리 사회에서 열등한 지위 속에 살아왔고, 남성들은 우세한 위치를 지키기 위하여 광신적으로 행동해 왔다. 이제는 일부 여성론자들이 남성들이 밟았던 전철을 따라 똑같이 극단으로 치달으며 남성에 대한 적개심으로 가득 차 있다. 모든 남성을 비정상적인 사람으로 평가하며, 가히 투쟁이라 할 만한 상황으로 이끌어가는 극단적 현상을 똑같이 보여주고 있다. 이러한 여성운동으로 인하여 여성들은 남성을 인간으로 보지 못하고, 결국에는 보다 더 큰 성적 파벌주의를 만들어낸다. 여성운동에 과격하게 대항하는 남성들도 이와 똑같은 방어와 증오에 차 있는 것은 물론이다. 이 두 극단론자들은 자신들이 모두 이상적이고 "완벽한" 남성이나 여성(기실은 이런 사람들은 존재하지도 않지만)이라는 "정체감"을 그럴 듯하게 지니고 있으며, 인류의 절반에 대하여 대적함으로써 일종의 "힘"(내가 보기에는 이는 "잘못된 통합성")을 얻고 있다.

실천주의가 되지 못한다.

혁명가는 불의와 불평등에 대해 비장한 분개만이 빈약한 사회적 조건을 변화시킬 수 있다고 주장한다. 이것도 일리는 있지만 결코 옳은 말은 아니다. 아렌트(Hannah Arendt)가 지적하듯이, 폭동이나 반란은 그 참가자들에게 오히려 잘못된 행동관을 심어주어 궁극적으로는 신중한 계획, 건설적 행동, 효과적인 사회변화로 이끌어져야 하는 장기적인 후속조처를 취할 수 없게 방해한다. 극적인 폭발은 때로 건설적인 재조직화를 수반하는 효과도 있다. 그러나 그렇지 못한 경우가 더 많다. 게다가 힘든 싸움은 몇 년이고 몇십 년이고 지속될 수 있으며, 그런 적대상태 때문에 정작 개선되어야 할 상황에는 손도 대지 못하고 세월만 낭비하게 된다.

반면에 사회개혁을 위한 단호한 반항(신경질적인 반항이 아닌)은 분명한 이점을 가지고 있다. 첫째, 기성세대의 생활여건을 개선하도록 당신을 견지해 준다. 둘째, 두려움에 압도되지 않고 의연하게 건설적인 일을 할 수 있도록 해준다. 당신의 속마음을 표현함으로써 당당하게 감정을 해소하고, 당신이 활동적이고 협력적으로 일할 수 있는 사명감을 부여해 준다. 그럼으로써 당신을 강박적인 사고와 불건전한 분노에서 자유롭게 해준다. 셋째, 건설적인 반항을 통하여 당신이 분노하지 않을 수 없었던 여건을 개선할 수 있다.

그러므로 분노를 줄인다는 것이 단순히 다른 쪽 뺨을 내민다거나 불쾌한 일을 그저 참아야 한다는 것으로 생각하지는 말라. 만약 당신이 분통을 터뜨리기 보다는 불행한 상황을 수정하려고 의연하게 결단한다면, 어리석게 화를 내지도 않으며 어린이처럼 푸념하지도 않고 다만 여건을 개선하는 일에 매진하게 될 것이다.

타인의 권리와 충돌한다.

월페가 지적하듯이, 주장성은 공격성과는 판이하게 다르다. "주장성은 타인을 공격하거나 권리를 침해하지 않고, 자기의 감정을 표현하거나 자기의 권리를 정당하게 쟁취하는 능력이다. 반면에, 공격적인 행동은 타인의 권리를 침해한다." 분노 역시 자기 자신의 '특수한' 권리만을 의식한 채 타인의 권리를 부인한다는 점에서, 근본적으로 파시스트적이고 엘리트 의식적인 철학을 깔고 있다.

모든 공격성을 신격화한다.

분노한 나머지 공격적인 행동을 취하게 될 때 사람들은 의례 자신의 공격성을 신성시하며, '선하고', '건강한' 것으로 합리화한다. 실제로 인간의 기본적인 행복을 추구하기 위하여 공격성이 사용될 때 우리는 그것을 "건강한"것으로 간주하는 경향이 있다. 여기서 인간의 기본적인 행복의 추구란, 개인이 사회집단 내에서 집단원과 사이좋게 살면서 행복하고 생산적인 직업생활을 영위하며 만족스런 오락을 추구하는 방식으로 살고자 하는 목표이다. 그러나 몹시 화를 내면서 이런 목표를 추구할 때는 불건강한 삶의 목표까지 추구하게 된다. 우리에게 있는 건전하지 못한 삶의 목표가 어떤 것인가를 화내지 않은 상태에서 음미해 보라. 그것은 분명히 저속한 것들이다.

흑백논리적인 과잉일반화와 편파적인 식별을 하게 한다.

우리가 어떤 사람들에 대해 분노하면 우리는 그들을 단순한 흑백논리로써 평가하며 과잉일반화하는 경향을 나타낸다. 그 결과로 당신은 단지 타인들과 좀 다르게 행동하는 사람들까지도 싫어하는 형태로 받아들인다.

장기적인 가치를 무시하게 된다.

분노는 당신으로 하여금 장기적인 가치나 이득보다는 단기적인 것들에 눈을 돌리게 만든다. 길룰라(Marshall Gilula)와 다니엘(David L. Daniels)이 밝힌 바처럼 우리 사회에서 폭력을 제거하는 데 가장 큰 장애물 중의 하나는 폭력을 제압하기 위하여 폭력을 사용한다는 것이다. 폭력에 의지하면 곧바로 기분을 진정시켜 주고 즉각적인 만족을 줄지 모르나, 결국에는 우리를 파괴시키고 인류 전체를 파멸시킬 수도 있다는 사실을 간과하기 쉽다.

혼란을 지속시킨다.

적대감은 보통 정서적 혼란을 가져온다. 당신이 몹시 화가 나있는 상태에서는 자신이 혼란하다는 사실도 부인하게 되고, 그럼으로써 그 혼란을 다룰 수 있는 당신의 능력을 차단시키게 된다. 극단적인 경우에는 적대감은 신경증이나 정신병적 요소와도 동일하게 볼 수 있다. 그와 같은 경우에는 그 사람이 분노에 굴복하여 화가 난 행동을 하면 할수록 더욱더 자신의 정서장애를 깨닫지 못하게 된다. 그리하여 자기가 화를 내는 데에는 정당한 이유가 있다고 믿게 되어 그들에게 신경증적 구실을 제공하며, 그들을 분노와 폭력으로 몰고 간다.

타인이 변화할 수 있도록 도움을 주지 못한다.

당신에게 반대하는 사람들에게 화를 내면 낼수록 그들은 점점 더 당신에게서 멀어져 간다. 오히려 그들은 당신에게 반대하는 것에 대하여 더욱 확고하게 정당화하게 된다. 그리고 당신이 그처럼 화를 내는 것이 바로 당신이 잘못되었다는 것을 증명해 준다고 주장할 것이다.

우울의 감정을 부추긴다.

화를 냄으로써 우울한 감정이 은폐되는 수가 있다. 그런 면에서 분노는 유익한 것처럼 보인다. 그러나 화를 냄으로써 우울한 감정이 생겨난다는 것을 알아야 한다. 당신이 어떤 일에 단지 좌절만 느낀다면 우울에 빠지는 일이 거의 없다. 그러나 좌절을 느끼고 자신에게나 타인에게나 독단적으로 이런 좌절은 절대로 있어서는 안 되며 그런 일이 존재한다면 정말 끔찍하다고 생각한다면, 당신은 분노를 느끼면서 동시에 울적해질 것이다. 왜냐하면 일이 그처럼 나쁘게 되어서는 안 되는데 실제로 운이 나쁜 상황이 존재하기 때문이다. 당신은 그러한 일들에 대해 아무런 힘도 행사하지 못한 채, 참을 수 없다고 쉽게 결론을 내리게 될 것이기 때문이다. 그러나 당신이 좌절에 대해 욕설을 하고 분노하는 대신 그 상황을 극복하기 위한 일에 초점을 맞출 수 있다. 그리고 당신의 분노 행동이 아무런 보탬도 되지 않는다고 판단할 수 있다. 그렇게 되면 당신은 분노하지도 않고 우울에 빠지지도 않게 될 것이다.

정신신체적 반응이 나타난다.

화를 내거나 참게 되면 고혈압, 심장병, 위궤양과 같은 정신신체적 질병을 앓게 된다. 화를 참으면 이런 질병을 앓게 된다고 알고 있지만, 화를 내어 발산하는 것도 역시 신체적인 고통과 역기능을 나타낸다는 연구결과가 많다.

대학살을 불러일으킨다.

앞에서 언급한 것처럼, 분노에 의해 야기된 전쟁은 태고적부터 무수하게 발생했고, 지금도 여전히 존재하고 있다. 최악의 전쟁 형태는 학살이다. 학살은 적의 집단을 의도적으로 정복하여 그 집단을 가능하면 완전히 박멸시키려는 행위다. 우리는 이 면에서 히틀러를 떠올리게 된다. 그의 계획은 독일에서 전 유태인과 집시들을 박멸하고, 나아가서는 전세계를 박멸하려는 것이었다. 실제로 어떤 민족 전체를 박멸하는 시도는 고대에서부터 현대에 이르기까지 존재해 왔다. 그리고 엄밀하게 따져 보자면 자기네의 눈으로 볼 때 상대방 집단의 소수 몇 사람만이 잘못했을 뿐인데도 불구하고, 그 집단 전체에 대해 분노로 발전하여 잔인한 학살이 진행된다. 이러한 예는 원한이나 분노가 얼마나 큰 손실을 가져오는가 잘 보여준다. 이러한 사실을 깨닫게 되면 분노를 다스리는 데 도움이 될 것이다.

♥

귀인이론을 이해하라

누군가가 우리를 부당한 방식으로 대했을 때 우리는 그 사람에게 책임을 전가하며 동기를 전가시키는 경향이 있다. 우리는 그들의 이유나 동기를 탓하며 화를 낸다. 최근 들어서 많은 사회심리학자들이 인간의 감정과 행동을 이해하는 데에는 귀인이론이 이용될 수 있다고 했다. 예를 들면, 진(Russell Geen)과 스토너(David Stonner)는 남자 대학생들을 대상으로 하여 폭력영화를 보여준 후 자신들에게 욕설을 하는 사람들을 벌할 수 있게 하는 실험을 했다. 한쪽 실험에서는 피험자들에게 애타심에서 싸움이 벌어질 것이라고 설명했고 다른 집단에서는 복수심에서 비롯된 것이라고 설명했다. 그 결과 싸움이 복수심에서 연유한다고 가르쳤던 집단의 피험자들이 훨씬 더 크게 화를 내며 징벌적인 행동을 보였다.

만약 당신을 공격한 사람에게 매우 심술궂고 보복적인 동기가 있는 것이라고 간주한다면, 그렇게 간주하는 당신은 혹시 책임전가의 습성이 있지 않는가 하고 일단 의문을 품어보기 바란다. 그리고 그런 습성이 있다는 것이 발견되면 그것을 버리도록 스스로에게 압력을 가해보라. 그리고 상대방이 당신을 공격한 이유를 다른데에서 찾아보도록 노력하라. 내가 당신과 아파트를 함께 사용하고자 한 약속을 취소했다고 한 예로 다시 돌아가 보자. 당신은 다음과 같이 가정할 수 있다.

- 나는 정말로 당신을 골탕먹이려 했다.
- 나는 당신과 아파트를 함께 쓸 수 없을 거라는 사실을 이미 알고 있으면서 당신을 속였다.
- 나는 이제 당신과의 협상을 악의적으로 끌어가려고 고집하고 있다.
- 나는 당신에게 끼친 손해에 대해 보상할 의도가 전혀 없다.

자, 이 지점에서 잠시 멈춰서서 내가 진정으로 악의적인 동기를 가지고 있는지 검토해 보라. 우리의 거래를 취소할 수밖에 없었던 불가피한 이유들이 있을 수는 없었는지를 잘 생각해 보라. 가령 다음과 같은 것들이다.

- 나는 당신과 함께 사는 것의 이점에 관해서 나중에야 신중하게 생각해 보고서 심경의 변화를 일으켰다.
- 나는 정말 약속을 지키고 싶었지만 약속을 지킬 형편이 되지 못했다.
- 나는 당신이 어쩐지 나에게 불공평하게 대했다는 생각이 들어서 그런 것 때문에 아파트를 함께 쓰고 싶지 않았다.
- 나의 생활조건이 엄청나게 변화했기 때문에, 처음의 약속대로 나간다면 나의 생활에 상당한 지장이 있을 것이 예상된다.

이런 것들을 잘 음미하고, 당신이 어디에 동기를 전가시키고 있는지 알아보라. 세상 사람들은 수시로 당신을 좌절시키고, 속상하게 하고, 부당하게 대할 것이다. 그러나 그들이 개인적으로 지독한 유감을 품고 홀대한 경우는 드물 것이다. 또한 고의적으로 앙심을 품고 나쁘게 행동한 경우도 아주 드물 것이다. 또한 아무런 이유도 없이 당신에게 나쁘게 행동하지는 않았을 것이다. 그들은 당신에게 불공평하게 대하고 있다는 사실을 충분히 잘 알고 있으면서도 계속해서 그런 행동을 하고 있는 것이다.

많은 경우, 그들은 정신적으로 심각한 혼란을 겪고 있으므로 당신에게 어쩔 수 없이 부당하게 행동하는 것이다. 또 자기가 당신에게 나쁜 대우를 하고 있다는 사실도 깨닫지 못하고 있다. 혹은 당신을 괴롭히지 않고서는 자신의 기본적 문제가 해결될 수 없다고 믿고 있다. 가능하다면 그들의 진정한 동기와 태도들을 찾아내 보라. 그리고 당신이 혹시나 억지로 침소봉대하여 생각하고 전가를 하고 있지 않은지 감시하라!

낭만주의와 비현실주의를 격파하라

낭만주의와 유토피아적인 환상은 그 나름대로 장점이 있다. 그것은 당신이 삶에서 뭔가를 기대하게 해주고, 어떤 대상에 낭만적으로 몰두하다 보면 멋있고 흐뭇한 경험을 하게 된다. 그런데 문제는 당신이 낭만적인 소망을 갖는 것이 아니고 그 낭만적 소망을 과격한 요구나 명령으로 부풀린다는 데 있다. 만약 존스 양이나 스미스 양이 당신을 열렬히 사랑하고 계속 당신과 낭만적인 관계를 가져줄 것을 원한다면 그것은 좋다! 그러나 만약 당신이 무슨 일이 있어도 그녀와 기어코 낭만적인 관계를 맺어야 하고 그런 관계가 영원히 지속되어야만 한다고 고집한다면, 그것은 경계해야 한다!

《성감대에 관한 논쟁》의 저자인 뱅기스(Ingrid Bengis)는 자신을 남성 혐오자라고 고백하면서 다음과 같이 현명하게 지적하고 있다. "내가 열여섯 살 때 모든 냉소주의자는 '실망한 이상론자'들이라고 논하였다. 나는 여기에다가 모든 남성 혐오자들은 아마도 '실망한 낭만주의자'들일 것이라고 첨가하고 싶다. 내가 바로 그런 사람이다."

그러므로 당신이 낭만주의를 키우는 것은 얼마든지 좋다. 차원 높은 관계와, 상상 속의 관계와 영원한 관계를 추구하라. 그러나 강요하지는 말라. 고집하지도 말라! 당신이 원하는 낭만적 관계가 당신에게 필수적인 것은 아니다. 그리고 당신이 이 점을 믿게 된다면, 진정으로 믿게 된다면, 당신과 떠들썩한 낭만적인 관계를 맺고 싶어 하지 않는다고 해서 그 사람을 증오하는 일은 하지 않을 것이다.

열등감을 극복하라

많은 학자들이 지적한 바와 같이, 적대감은 열등감을 보상하여 주는 것으로 보인다. 왜냐하면 다른 사람을 증오하는 것이 자신을 비하하는 것보다 더 낫기 때문이다. 볼프강(Martin Wolfgang) 등과 같은 작가들은 우리 사회에는 적대감을 표현하고 힘을 사용하는 것이 멋있고 남성다운 행위라고 간주하는 특정의 하위문화가 있다고 지적했다. 그 결과 이러한 집단에 속한 사람들은 자신의 열등감을 은폐하고 보상하기 위한 수단으로 폭력을 사용하는 미성숙한 경향을 보인다. 만약 이 이론이 타당성이 있다면, 분노와 폭력의 문제에 대한 하나의 해결책은 이처럼 미성숙한 인격의 사람들이 보다 성숙하게 행동할 수 있도록 도와주는 일일 것이다. 이는 바로 REBT를 통해서 할 수 있으며, 앞의 몇 장에서 제시했던 분노에 관한 원리를 적용하면 된다.

만약 당신이 불안감과 열등감에서 야기되는 분노를 제거하고 싶다면, 이 책의 앞부분을 반복해서 읽고 자기비하를 척결하는 방법을 배워보라. 당신은 출세도 하지 못한 소외계층의 삶을 살고 있는지도 모른다. 당신은 분명히 "하층"계급에 속하기 때문에 여러 가지 불리한 점을 안고 있고 다른 많은 사람들보다 분명히 뒤떨어질지 모른다. 그건 참으로 안 된 일이다! 얼마나 불운한가! 그것은 너무도 부당하다! 그러나 설령 세상 사람들의 기준에 미치지 못하여 당신이 무시받고 있다 하더라도 자신을 저급한 인간이며 어떤 즐거움도 누릴 가치가 없는 인간으로 평가할 필요는 없다.

당신이 자신을 무조건적으로 수용할 수 있게 되면 될수록 당신이 살아 있다는 자체와 행복을 추구하는 것을 선택했으므로 자기의 "열등감"을 분노로 보상하려는 경향은 점점 없어질 것이다. 이 말은 당신이 정당한 이유가 있는데도 사회적 부정에 대항해서 싸우지 말라는 말은 아니다. 당신은 싸울 수 있다. 그러나 당신 자신의 삶을 향상시키고자 원할 때 당신의 "힘"이나 "남성다움"이나 "고상함"을 증명하기 위해서 투쟁에 뛰어들 것이 아니라, 사회정의를 진정으로 부르짖고 향상된 삶을 진정으로 추구하고자 할 때에만 투쟁하라. 그렇다면 폭력을 정당화하는 사람이란 어리석게도 자신을 비하하는 사람이라는 해답이 나오지 않는가?

친밀성을 높이는 의식적 행동을 활용하라

말러(Peter Marler)는 동물과 인간의 행동을 연구하면서, "공격의 가능성을 감소시키는 데 중요한 요소는 친밀성이다"라고 관찰하고 있다. 그는 낯설다는 것이 갈등과 투쟁을 자극하고, 익숙한 동료의식이 평화로운 공존을 가져오는 것 같다고 지적하고 있다. 그가 관찰한 바에 따르면, 어떤 동물은 상대방과 친숙해지기 위하여 서로의 앞에서 뒷발로 뛰어다니거나 멋있는 모양을 내는 의식적인 행동을 한다.

로렌즈(Konrad Lorenz)는 서로 다른 사상을 가진 사람들이나 국가간에도 개인적인 우정을 증진시키면 적대감을 감소하는 데 커다란 효과가 있다고 하였다. 아미르(Yehuda Amir)는 인종간 접촉에 관한 문헌을 검토한 다음에, "인종집단의 구성원들 사이에 접촉이 있으면 있을수록 집단 상호간의 태도에 변화가 오며, 이러한 사회적 접촉과 상호 수용이 증가할수록 편견은 감소한다"는 것을 관찰했다. 도이취(Morton Deutsch)는 인간사에서 협력적이고 우호적인 과정은 건설적인 갈등 해소를 가져온다고 했다. 그 이유는 협력의 과정을 통하여 각 개인의 흥미를 이해하고 되고, 피차의 소망을 모두 반영하여 해결책을 찾아내는 것이 바람직하다는 인식을 하게 되기 때문이라고 했다. 또한 협력과 우호를 통하여 서로의 유사점과 공통 이익을 발견하게 하고, 차별성과 적대감을 감소시켜 주는 신뢰의 태도를 갖게 한다.

당신은 타인과 대단히 친밀한 관계를 맺어봄으로써 그들에게 느끼는 분노를 감소시킬 수 있다. 낯선 사람들과 안면을 익히면 익힐수록 당신은 그들에게서 위험을 덜 느끼고, 그들도 당신에게서 위험을 덜 느낄 것이다. 이는 꼭 그 사람과 밀접한 연관을 가지라는 말은 아니다. 왜냐하면, 당신과 밀접한 관계에 있는 친구나 배우자나 친척들이 난폭하게 행동하는 경우도 있기 때문이다. 우리는 다른 사람들에게는 사려깊고 정당한 행동을 '하는 것이 좋겠다'고 너그럽게 생각하면서도, 정작 친밀한 사람들에게는 그런 행동을 꼭 '해야만 한다'고 비합리적으로 요구하는 경향이 있다. 범죄심리학자들은 말하기를 살인과 폭력은 오히려 상당히 친밀한 관계에 있는 사람들 사이에서 발생한다고 한다. 그러나 당신과 절친한 사람들은 실수도 할 수 있는 인간적인 사람이라는 것을 기대하도록 자신을 끊임없이 교육시키라. 그리하면 그 친밀함 때문에 그들을 과도하게 증오하는 일은 없을 것이다.

공정한 싸움을 하라

《창조적인 공격성》이라는 저서에서, 바하와 골드버그는 가까운 사람과의 관계에서 '공정한 싸움'을 하는 아홉 단계의 프로그램을 제시하고 있다. 공정한 싸움이란 무슨 말이든지 제한없이 마음대로 하라는 것이 아니고, 주장적인 의사소통을 하기 위하여 통제된 기법이다. 당신은 상대방에게 정식으로 싸움을 요청하고 리허설을 하면서, 불평을 이야기하고 그것이 어떻게 당신에게 부정적으로 영향을 주었는지를 설명한다. 당신이 불평한 것을 그대로 상대방이 반복해서 당신에게 말해 보도록 하며, 그의 당신에 대한 불평을 그대로 다시 말한다. 이어서 상대방에게 변화하기를 요청하고, 상대방이 그에 대한 반대의견을 이야기하면 상대방의 의견을 주의깊게 검토한 후, 당신의 견해를 다시 이야기하고, 고치겠다든지 혹은 고치지 않겠다든지에 대한 합의를 한다. 다음에 다시 만나서 합의한 사항을 당신과 그 상대방이 잘 지켰는지 지키지 못했는지를 확인하는 것이다.

공정한 싸움은 다음과 같은 특징을 가지고 있다. 제한된 방식으로 싸우는 데 동의하고, 상대방의 말을 주의깊게 듣고, 대답하기 전에 상대방의 견해를 다시 한 번 반복해서 말해 보고, 두 사람이 변화를 바라는지 아닌지에 대해 합의하고, 이 합의사항을 재진술해 보는 것이다. 공정한 싸움이란, 많은 사람들이 흔히 하듯이 상대방의 말은 무조건 '듣지 않고 자기쪽의 주장만 고집하며' 분열적인 방식을 사용하여 싸우는 것이 아니다. 창조적 경청을 주장한 고든(Thomas Gordon)의 말처럼 신사적으로 재진술의 방법을 사용하여 싸우는 것이다.

물론 공정한 싸움이 모든 문제를 해결하여 주는 것은 아니다. 창조적 경청을 주장한 고든의 말처럼, 경우에 따라서는 두 사람 사이의 차이점만을 끝없이 노출할 뿐이며, 논쟁이 끝없이 이어지거나 혹은 부분적인 합의로 끝나게 될 수도 있다. 그러나 적어도 분노를 만들어 내는 당위적 사고는 제거할 수 있을 것이다. 당신이 공정한 싸움을 하기로 동의했다는 것은 당신 뜻만을 고집할 필요는 없다는 것에 동의하였다는 말이기 때문이다. 또한 상대방의 말에 귀기울이겠다고 합법적으로 합의한 것은, 지나친 요구를 철회하고 상대방에게도 그의 운명은 그가 조절할 수 있는 권리를 부여한다는 데 동의했다는 뜻이 된다.

바하와 골드버그의 방법에 의하면, 공정한 싸움을 분석하는 과정에서 당신과 상대방이 지닌 비난의 양식을 살펴보게 되어 있다. 피차간에 어떻게 비합리적으로 자기패배적인 분노를 생성해 왔는가를 이해할 수 있게 된다면, 당신은 화를 내는 동기를 이해하게 될 것이다. 그러므로 그 기법 안에는 이성적 요소가 들어 있으며, 피차간에 열을 올릴 필요가 없다는 느낌과 생각에 이르게 해줄 것이다. "공정한 싸움은 '이기고 지는' 방식을 탈피하기 위하여 고안된 것이며, 서로에게 편안한 해결과 학습경험을 가져다 주는 절차이다"라고 말한다.

약물이나 술을 삼가하라

약물중독자나 알코올 의존증 환자들은 쉽게 화를 내는 경향이 있다. 그들은 과도한 혼란상태 때문에 약물과 술을 남용하는 경우가 많다. 예를 들면, 알코올 의존증 환자들은 자신의 분노를 통제하거나 위장하기 위해서 심하게 술을 마시며 술의 효과를 빌어서만 자신을 표현할 수 있다고 느낀다. 그러므로 적개심은 그들이 술을 마시게끔 몰아간다.

그와 동시에 약물과 알코올은 분노를 상승시킨다. 어떤 사람들은 마리화나나 페노바르비탈(수면제)같은 약물을 복용하게 되면 보통 때보다 화를 더 내지 않게 된다. 그러나 이런 약물을 복용한 후심신이 이완되고 수면을 취할 수 없도록 방해를 받게 되면 몹시화를 내게 된다. 암페타민 역시 분노나 불쾌감을 증가시키는 경향이 있다. 어떤 사람들은 이런 물질을 다량 섭취했을 때 매우 적대적인 행동을 보인다. 알코올은 분노나 불쾌감을 불러일으키게 한다. 술을 마셨다는 믿음만으로도 섭취한 알코올 분량과는 상관없이 몹시 공격적으로 행동하게 된다고 랑(Alan R. Lang)은 실험결과를 발표했다.

당신이 아주 심각한 적개심의 문제를 지니고 있다면 당신의 약물섭취나 음주 행동을 점검해 보라. 이 말은 당신이 꼭 절대적인 금주론자가 되라는 말이 아니다.

❤

분노에 대해 강화를 주지 말라

솔즈헤니친(Aleksandr I. Solzhenitsyn)은 만약 우리가 폭력에 대해 아무런 징벌도 가하지 않게 되면 폭력이 영원히 지속되도록 장려하는 꼴이 된다고 지적한다.

"유괴나 다른 모든 형태의 테러리즘은 무서워 대항하지 못함으로써 오히려 열 배나 확산되어 왔다. 이런 테러리즘에 대하여 우리가 단호한 태도를 보여준다면, 테러리즘은 사라질 것이다. 이 점을 기억해야 한다."

이 점은 자기분노에도 들어맞는 말이다. 만약 당신이 타인에 대해 화를 내고 공격적으로 행동하고서도 스스로 아무런 제재를 가하지 않는다면, 또는 폭력적인 행동을 하고서도 자기가 강하고 멋있게 행동했다는 식의 잘못된 '지식'으로 강화한다면, 스스로 화를 내는 성향을 더욱 부채질하게 될 것이다. 그러나 단호하게 이와 같은 넌센스는 탈피하는 것이 좋다고 주장하라. 그리고 분노가 폭발할 때마다 신속하고 과감하게 자신에게 벌칙을 내린다면 분노를 줄이는 방향으로 자신을 조건화시킬 수 있을 것이다. 외부로 향하는 분노나 내부로 향하는 분노는 모두 당신에게 해를 준다. 이와 같은 유치한 성향에 대해 자신에게 벌칙을 부과할 수 있다. 분노란 유익할 것이 없으며 분노를 타파하도록 노력하는 것이 더 낫다는 것을 알 수 있게 된다.

※

실수 가능성의 철학을 지니라

모든 인간은 실수할 가능성을 지니고 있으며, 이 점이야말로 기본적이고 불변의 특성이라는 점은 아무리 강조해도 지나치지 않다. 물론 인간은 변화하고 향상할 수 있다. 그러나 인간의 발전에도 한계점이 있다. 인간이란 언제나 영원히 공정하고 정당하고, 도덕적이고, 옳고, 적절한 행동만을 할 수는 없다.

사람들이 간과하고 있는 특성이 또 하나 있다. 그것은 사람들은 타인의 실수 가능성을 기꺼이 수용할 줄 알고 그들의 엄청난 죄도 용서할 줄 아는 훌륭한 능력을 가지고 있다는 점이다. 나와 귤로(John M.Gullor)가 저술한 《살인과 암살》이라는 책 속에서 소개된 사건은 그 좋은 사례가 된다.

몇년 전에 필라델피아에서 한 젊은 청년이 4세의 소녀를 성폭행하고 살해했다. 소녀의 아버지는 펜실베이니아 대학의 홀드(Anatol Hold) 교수였다. 그는 필라델피아 신문에 유명한 편지를 썼다. 편지에서 그는 살인자가 재판에 회부되고 심리적인 치료를 받기 희망하며, 사형이라는 벌을 받게 하고 싶지는 않다고 말하였다. 그가 죽은 딸을 애도하고 그리워하는 것은 말로 다 표현할 수 없지만, 이 살인자가 극도로 정신적 혼란을 겪고 있고 커다란 열등감과 무가치감으로 인해 그런 행동을 했다고 보기 때문에 교수의 양심상 그런 비참한 처지에서 죽기를 바랄 수 없다고 했다. 홀드 교수는 이렇게 쓰고 있다.

"마지막으로 나는 재판이라는 기계적 장치에 관하여 말하고 싶다. 내가 만약 그 청년을 살해현장에서 붙잡았다면 나도 그를 죽이려 했을 것이다. 그러나 이미 저질러진 일을 돌이킬 수는 없는 이상, 나는 그를 돕고 싶을 뿐이다. 원시인과 같은 복수심이 우리를 지배하게 할 수는 없다. 차라리 그런 일을 저지른 그를 돕고 싶은 것이 나의 심정이다."

이와 아주 유사한 경우를 뉴욕에 있는 이슬립 주립병원의 정신건강 치료자인 스투레(Joseph Sturek)에게서 볼 수 있다.

열두 살된 그의 딸 제니퍼가 잔인하게 죽어 있는 것을 아들과 친구들이 발견했을 때 극도로 비통했다. 살인범은 이웃에 사는 열다섯 살난 소년으로 밝혀졌다. 그는 이렇게 말했다.

"우리는 그 소년을 용서해야 한다. 그는 심리적으로 병들어 앓고 있는 것이다. 죽은 내 딸도 우리가 그를 용서해 주기를 바랄 것이다. 그 소년의 부모는 자기네 아들이 무언가 잘못되어 가고 있다는 것을 알아차리고 신속하게 상담이나 심리치료를 받도록 조처했어야 했다. 나는 그 소년의 부모에 대해서도 매우 안타깝게 느낀다. 그들이 좋은 사람이건 나쁜 사람이건 간에 그들도 지금 심한 고통을 겪고 있을 것이기 때문이다."

스투레가 그 소년의 부모에 대해 좋은 사람이니 나쁜 사람이니 하는 표현을 쓴 것은, 그 사람이 지닌 특성을 가지고 그 사람의 전체를 평가하는 표현이라는 점에서 REBT의 견해와는 맞지 않는다. 분명히 사람들은 좋은 특성과 나쁜 특성(그들 자신과 타인들에게 도움이 되는 특성이냐 해가 되는 특성이냐의 의미에서)을 가지고 있지만, 우리는 일률적으로 좋은 사람이니 나쁜 사람이니 하고 규정할 수 없다. 그러나 분명히 그는 자기 딸의 살인범으로 추정되는 자에 대해서도 용서할 수 있는 가능성(비록 그의 잘못된 행동은 용서할 수 없지만)을 수용하고 있다.

당신은 이와 같은 자비를 당신 자신이나 타인들에 대해 베풀 수 있을까? 그렇다! 할 수 있다. 만약 당신이 복수와 보복의 심리를 가지고 있다는 점을 자각하고 인간의 실수도 포용하는 철학으로 교체한다면 그리고 복수와 보복이 얼마나 당신과 주변 사람들에게 해악을 끼치는가를 알고, 그것이 갈등과 다툼을 없애기 보다는 더욱 강화시킨다는 것을 깨닫는다면 가능하다. 할로우(Harry Harlow) 박사는 인간과 영장류는 선천적으로 사랑과 미움의 경향성을 모두 타고 나는 것은 사실이지만 초기에 형제나 성인 보호자들에게서 사랑과 친밀성을 많이 느끼게 되면 나중에는 너그러운 마음과 화를 덜 내는 행동을 보이게 된다고 했다.

　인간의 공격성이 강한 생물학적 뿌리를 지닌 것은 사실이다. 그러나 그 말은 그러한 공격성이 무성하게 번창하도록 방치하라는 뜻은 아니다. 당신의 자녀나 학생들의 경우를 보라. 그들은 또래들과 사교적으로 잘 어울리며, 당신이 처음부터 그들에게 교육을 잘 시킨다면, 그들이 타인의 행동을 수용하고 용서하는 것을 배우고 공격성은 발달시키지 않도록 할 수도 있다. 그러나 기적적인 효과는 기대하지 않는 것이 좋다. 왜냐하면 투쟁과 복수를 향한 타고난 강한 기질은 쉽사리 없어지지 않기 때문이다. 우리가 개와 고양이 혹은 고양이와 쥐 등과 같이 선천적으로 적대적인 동물들이 평화스럽게 살도록 훈련시킬 수 있다면(분명히 그것은 가능한 일인데), 이와 마찬가지로 '선천적으로' 적대적인 인간들도 훨씬 덜 공격적으로 행동하도록 할 수 있다. 왜 그러한 노력을 하지 않는가?

　에프란(Michael Efran)과 체이네(J. Allan Cheyne)는 "사람들은 사소한 사회적인 만남을 통해서도 쉽게 논쟁하게 되고, 매일 매일의 만남 속에서도 불쾌하고 스트레스를 주는 사건들이 많이 일어난다. 도처에 있는 이러한 사건들은 사람들에게 과거보다 더 심한 '현대생활의 스트레스'로 작용한다"고 지적한다. 당신은 매일의 삶 속에서 '스트레스 쌓이는' 일상적 만남을 줄일 수도 있을 것이다. 그러나 이 방법은 당신이 상당히 사회적으로 위축된 생활을 해야 한다는 점에서 분명한 한계가 있다. 일상적인 모임을 줄이게 되면 스트레스도 줄어 들겠지만, 사회적으로 만족스러운 경험을 할 기회도 따라서 줄어들 것이기 때문이다.

또 다른 해결방법은 사회적 스트레스에 대한 당신의 태도를 바꾸는 것이다. 사회적 만남에서 잘 해야만 된다는 생각을 버리고 사회적인 좌절을 겪지 않아야 한다는 욕구를 버리도록 노력한다면, 당신은 매일 일어나는 불쾌한 일들을 보다 수용(인정하기까지는 못하더라도)할 수 있게 될 것이다.

그 결과 이 일상적인 스트레스가 발생한 때에 비교적 평온한 마음으로 반응할 수 있게 될 것이다. 우리가 이 책을 통하여 꾸준히 지적하고 있는 것처럼, 사회적인 만남에서 당신이 잘못 행동할 권리를 충분히 인정하고, 또 그와 같은 만남에서 타인이 당신에게 실망을 안겨줄 권리도 가질 수 있다고 인정한다면, 당신이 그러한 스트레스를 주는 만남에서 의연하게 자기를 지킬 수 있을 것이다.

어린이나 부하의 학대를 반격하라

근년에 우리는 아동학대의 문제(부모나 부모 대리인이 아동에 대해 엄격한 훈육을 하는 것을 넘어서서 그들을 신체적으로 학대하고 심지어 때려죽이기까지 하는 문제)에 관심을 기울여 왔다. 아동을 학대하는 부모나 성인은 자신의 인생에서 극한 좌절이나 열등감을 많이 느낀 사람들이다. 그들은 삶의 좌절을 겪을 때 그들의 자녀에게 분풀이를 하여 희생시키는 것으로 풀이된다. 찰튼(Ginde Chalton)은 "부모들이 참기 힘든 자신의 압박감 때문에 아이들을 대상으로 가하는 스트레스의 산물이 아동학대이다"라고 지적하였다.

그러나 아동학대의 사건만을 살펴보지 말라. 성인들간에도 이와 같은 부당한 처우가 빈번히 일어난다. 예를 들면, 교수는 학생들을 불공평하게 대할 수 있다. 상급자, 관리, 감독, 경찰관이나 군인도 역시 그의 부하를 학대할 수 있다. 검열관도 독재를 행사할 수 있다. 연인관계에서도 상대방 쪽에서 마음이 불안한 나머지 안절부절하며 자신에게 신경증적으로 의존하고 있다는 것을 알고 나서는 그 상대에게 히틀러처럼 잔인하게 군림할 수도 있다. 신체적으로나 지적으로 강한 성인들이 힘없는 사람들을 야만적으로 학대하는 경우가 종종 있다.

강자가 약자를 희생시키는 현상이 만연된 이유는 무엇일까? 다시 말하지만, 이것은 자기가 명령할 수 있는 대상들에게 힘을 휘두름으로써 심한 열등감을 외면하려 하거나 보상받으려 하기 때문이고, 또 자신이 경험하는 끊임없는 스트레스와 좌절을 해소하기 위하여 더욱 호전적이고 학대적인 행동을 취하고 즐기려 하기 때문이다.

만약 사회적으로 열등한 사람이나 소외계층에 있는 사람이 지위가 상승된다면 그리고 그들이 더 이상 자신을 비하하지 않는다면, 좌절감을 위장하기 위하여 폭력이라는 수단에 의지하고 싶은 유혹을 갖지 않을 것이다. 그러나 그와 같은 사회적인 해결책은 요원하다. 그리고 우리가 그러한 발전을 이루지 못한다면 "강한 자"에 의한 "약한 자" 학대는 영원히 계속될 수밖에 없다는 말일 것이다.

그렇다면 그러한 시기가 올 때까지 우리는 속수무책으로 방관한 채 기다려야 한다는 말인가? 미국이나 스웨덴과 같은 복지국가에서는 사회적 부조리가 현저하게 감소하여 여러 가지 형태의 사회보장적 법률(예를 들면 최저임금제, 사회적 보장제, 빈곤한 자에 대한 보조 등)이 제정되었다. 그리고 러시아나 중국과 같은 나라에서는 지난 수세기 동안에 걸쳐 경제적 평등이 눈에 띄게 증가하였다. 그

러나 아직도 수많은 나라들이 인도주의적인 평등의 면에서 만족할
만한 수준에 도달하기란 요원하며, 여전히 부정과 불평등은 상당
부분 존재한다.

　그러면 어떻게 할 것인가? 에픽테투스(Epictetus)가 이미 2000년
전에 설파했고 오늘날 REBT의 철학이 보여주는 바처럼, 우리는 현
존하는 사회적 불평등에 대해서 매우 좌절하고 불만을 느끼고 있
으니 만큼 최선을 다하여 개선하도록 우리 자신을 동기화시켜야
한다. 그리고 가만히 앉아 무작정 불평만 할 것이 아니라 우리가
변화시킬 수 있는 것은 변화시키며, 변화시킬 수 없는 것은 수용하
는 확고한 노력을 계속해야 한다.

당신의 역공심리를 제어하라

　누군가가 당신에게 화를 내거나 부당하고 비이성적인 요구를 했
을 때 대개는 역공하기가 쉽다. 인류의 역사는 그와 같은 예를 수
없이 보여준다. 피차가 역공을 일삼기 때문에 수많은 논쟁과 불화,
심지어 국가간의 전쟁까지 발생하는 것이다. 당신쪽에서 역공하지
않도록 하기 위해, 당신이 사용할 수 있는 몇 가지의 규칙을 나열
해 보겠다.

　공격자들도 그들 나름대로의 어떤 견해가 있다는 사실을 가정하라.
　당신의 견해가 그들의 견해보다 좀더 '정당한' 것일 수 있다. 그
러나 그렇다고 해서 그들의 견해가 터무니없이 틀린 것은 아닐 것
이다. 당신의 마음 속에서 그들의 입장이 되어 생각해 보도록 노력
하라.

당신은 반대자들에게 정당한 이유가 없다고 판단할지 모르나 그들은 분명히 자기들이 옳다고 생각한다는 것을 명심하라.

그들이 자신의 견해에 정당성이 없다는 것을 완전히 알고 있다면, 그들이 '옳다'고 외치는 것을 위하여 투쟁하려고 하지 않을 것이다. 비록 그들이 현혹되어 있을지는 모르나 그들은 신념을 확신하고 있다. 이 점을 인정하라. 그리고 그들이 '그릇된' 견해를 가지고 있다는 점을 당신이 알려줄 수만 있다면 그런 노력도 해 볼 만하다. 그들이 믿는다는 사실에 대해 당신 스스로 인정하도록 하고, 가능하다면 당신이 보기에 그들이 '틀린' 견해를 가지고 있다는 사실을 알려줄 수도 있을 것이다.

때로는 크로포드(Ted Crawford)가 고안한 순환논쟁 단계와 같은 창조적 경청 태도를 사용해 보라.

당신은 상대방의 입장을 진정으로 잘 알고 있다고 생각할지 모른다. 그러나 당신이 상대방의 입장을 잘 이해하고 있다는 것을 보여주기 위하여 그 사람이 말한 내용에 대한 당신의 해석을 그에게 다시 말해 보고, 그런 연후에 당신이 그의 말을 제대로 해석했는지 그에게 확인해 본다. 상대방의 견해를 당신이 똑바로 이해했다고 느껴질 때까지 점검하고 반복해 보는 것이다. 당신은 이러한 절차를 당신의 친구와 직장 동료와 가족이나 심지어는 당신의 적수와도 사용해 볼 수 있다. 적어도 그들의 반대의견이 어떤 것인가 알고 있다는 사실을 그들에게 보여주고 나서, 당신의 확고한 신념을 내세우며 그들과 논쟁을 계속해 보라.

때로는 REBT방법을 당신을 비난하는 사람에게 적용해 보라.

예를 들어, 당신이 약속에 늦었다는 이유(당신이 알기로는 정확한 시간에 왔는데)로 남자친구가 당신을 혹평한다면, 당신은 다음과 같이 말할 수 있다.

"글쎄, 나는 당신 생각과는 달라요. 당신은 나와 9시에 만나기로 약속했다고 하지만, 내가 9시 약속을 해놓고 10시에 온 것은 아니에요. 설령 당신이 옳고 내가 틀렸다고 합시다. 가령 만날 시간이 9시인 줄을 알면서도 10시에 나타나 당신에게 많은 불편을 주었다고 합시다. 그래요. 그 경우에 나는 분명히 잘못된 행동을 하였어요. 그러나 그렇다고 하더라도 왜 당신은 그토록 속상해 하고 필요 이상으로 나를 비난하는 거죠? 그래요. 내가 잘못했어요. 분명히 내게 문제가 있어요. 그러나 당신 자신에게 이렇게 말하고 있지는 않습니까? '그녀는 늦어서는 절대 안 돼! 그녀는 실수를 할 권리가 없어! 그녀가 그런 행동을 하다니, 벌레같은 인간이야!' 만약 이런 말을 독백하고 있었다면 당신 역시 문제를 가지고 있는 것이 아닐까요? 그리고 내가 얼마나 형편없는 행동을 했는가, 그와 같이 행동하다니 내가 얼마나 벌레같은 인간인가 라고 비난하는 데 귀중한 시간을 허비하지 않는 것이 좋지요. 차라리 부질없이 화를 내고 있는 당신을 통제하고 마음을 조절해 보려고 노력하는 것이 더 좋지 않을까요?"

그러나 이렇게 말할 때에는 신중을 기해야 한다. 당신의 친구나 친지와의 관계에서 이런 식으로 논쟁하게 되면 오히려 역공을 받을 수도 있다는 점을 유념하기 바란다. 그러나 경우에 따라서는 아주 유용한 효과를 발휘할 수도 있다.

누군가가 당신을 아주 부당하게 공격했을지라도, 그 사람의 잘못을 꼭 지적해야만 하는 것은 아니며, 반드시 "강력한" 반대의견을 표명해야 하는 것은 아니다.

물론 당신의 견해를 피력하고 싶고, 당신의 견해와 상대방의 견해의 장점에 대해서 논할 수는 있을 것이다. 그러나 이것이 필수적인 것이라고 생각하지는 말라! 오히려 당신의 상대로 하여금 논쟁에서 '승리하도록' 허용하는 사람이 참으로 힘이 있는 승자가 아니겠는가! 그 일이 부당하다 할지라도 '승리'에 연연하지 않고, 보다 건설적이고 유용한 일을 해 나가려고 노력하는 것이 더 지혜롭다. 당신의 삶의 목표는 당신의 적수나 세상에게 당신이 옳고 힘이 있다는 것을 보여주는 데 있는 것은 아니다. 인생에서 당신이 원하는 것을 성취하고, 원치 않는 것을 피해가는 방향으로 노력하는 것이 더 중요하다. 논쟁에서 다른 사람이 일시적이나마 승리하도록 허용하는 것이 삶의 목표를 성취하는 데 도움이 된다는 사실을 명심하기 바란다.

보복심을 갖지 않도록 경계하라!

시간과 정력이 낭비되는 지리한 논쟁 끝에 드디어 당신이 졌거나 이겼다 하더라도, 당신의 적수에게 초점을 맞추는 일은 절대 하지 말라. 복수나 보복을 하게 되면 그 상대에게 영원히 감정적으로 집착하게 한다. 또한 엄청난 양의 시간과 에너지를 소비하게 되고, 당신이 보다 건설적인 목표를 추구하지 못하게 방해하며, 쓸데없이 분통을 느끼고, 또 다른 복수를 불러일으키고 불화를 연장시키며, 당신의 적수에게 당신이 힘있는 사람이라고 확신시키기보다는 부족하고 지겨운 사람이라는 느낌을 갖게 할 것이다. 논쟁에 끼어들지 않았던 제3자들까지도 당신을 좋지 않게 보는 결과를 가져올 것이다. 복수나 보복이 있기에 당신의 인생이 지루하지 않을지 모르나 그로 인하여 얻는 손실은 지대하다.

당신의 적수가 뽐낸다든지 어처구니 없는 요구를 할 때에도 성을 내거나 지나치게 좌절감을 느낄 필요는 없다.

만약 상대방의 요구를 주의깊게 살펴 본다면, 당신은 그 속에서 합리적인 어떤 측면을 발견할 수 있을 것이다. 우선, 당신의 적수는 당신이 동의하지 않을 것을 빤히 알면서도 마지막의 타협안을 미리 계산하고 고의적으로 과장할 수도 있다. 또 당신이 어떤 태도나 소망을 가지고 있는지 잘 알지 못했을 수도 있다. 혹은 그들의 요구가 비현실적이라는 사실을 알지 못하고 있을 수도 있다. 그들은 자신의 생각에만 집착해 있고 기어코 그것을 성취해야만 한다는 느낌만이 강하기 때문에, 자신들이 취하는 행동의 결과가 어떤 영향을 미치는지에 대한 안목이 없어 궁극적으로 손해를 볼 수도 있다.

일리노이 대학의 학장인 헨리(David D. Henry)는 그 대학의 저항 집단에 속한 학생들로부터 "요구"와 "협상 불가능한" 요청을 처리하는 과정에서, "요구"라는 용어가 비효과적이라는 점을 발견하였다. "나는 '요구'라는 단어를 들을 때마다 기분이 상했다. 그래서 나는 '요구'를 '제안'이라는 말로 바꾸었다. 그러자 학생들의 '요구'에 훨씬 더 잘 대처할 수 있게 되었고, '협상 불가능한' 요청도 협상할 수 있게 되었다."고 그는 말했다.

이처럼, 당신이 상대방의 견해를 이해하려고 진정으로 노력하고, 그의 '요구' 속에서 협상 가능한 점을 찾아보고, 이성적인 생각을 가지고 적개심을 느끼지 않으면서 노력한다면, 당신은 그 사람에 대해 화를 내는 일이 줄어들 것이고 그 결과 그가 당신을 적대적으로 공격하는 일이 줄어지는 방향으로 변화시킬 수도 있을 것이다. 인간은 다분히 다른 사람의 '요구'에 대항해서 격렬하게 투쟁하려는 내적인 경향성을 가지고 태어나지만, 또한 자기가 한 '요구'를 상대방이 신중하게 고려하는 것 같으면, 싸움을 줄이고 타협하려는 내적인 경향성도 가지고 있다는 점을 명심하자. 인간은 천성적으로 한편으로는 투쟁하려 하면서 또 한편으로 타협하려는 경향성을 가지고 있는 것이다. 그러므로 주장하기 보다는 당신의 적수들에게 타협하려는 기회를 더 주도록 하라!

비폭력의 철학을 가지라

어느덧 현대는 폭력의 철학이 인류를 지배하게 되어 버렸다. 자기의 뜻을 실현하기 위하여 적수와 전투를 하지 않고, 계획적이고 실질적인 비폭력의 방법으로 관철한 예는 극히 드문 사례가 있을 뿐이다. 간디가 비폭력 투쟁으로 영국이 인도의 통치를 포기하게 했던 경우가 그 한 예이다. 나치와 같은 경우에는 비폭력적 접근이 효과가 없었으나 비폭력이 위대한 장점을 지니고 있다는 사실을 깨닫는 것은 중요하다.

라쉬(C. Lasch)가 지적한 것처럼, 인도의 비폭력이나 무저항주의는 기본적으로 사람들 속에 인간성의 일부로, 어느 정도의 '예의'가 내재하고 있을 것이라는 점을 전제하고 있다. "그러므로 적의 집단을 예의가 없는 사람들이라고 처음부터 단정하는 것은 그들을 마치 비인간적이라고 비난하는 것과 같다. 이것은 무저항주의자가 교만하게 도덕성을 강요했던 태도와 일치한다."고 그는 말했다.

에릭슨(E. Erikson)은 간디의 비폭력적 접근을 아주 훌륭하게 묘사하고 있다. 간디의 진가는 적에 대한 폭력이 결국은 자기 자신에 대한 폭력과 같은 것이 된다는 사상에 있다고 그는 지적했다. 마틴 루터 킹도 이 생각에 똑같이 동의하며, "도덕적인 이유뿐만 아니라, 실용적인 이유에서도 비폭력은 나의 민중들에게 자유를 가져다 주는 유일한 길이다. 폭력적인 전투에서는 수천 명의 사상자가 발생하리라는 사실을 직시하지 않을 수 없다."고 말했다.

데밍(Barbara Deming)은 비폭력이라는 힘든 저항방법이 보여주는 냉정하고 실제적인 결과를 다음과 같이 지적하고 있다.

내가 믿기로는 비폭력과 비협력주의는 결국에는 막강한 힘을 지닌다. 왜냐하면 그것은 적에게 양손을 모두 내미는 것이기 때문이다. 한 손으로는 적의 삶을 충격적으로 흔들어 놓는다. 적이 지금까지 해오던 행동을 그저 계속할 수는 없게 만든다. 다른 한 손으로는 적을 진정시키고 그의 행동을 통제할 수 있게 된다. 우리가 우리의 권리뿐만 아니라 진정한 인간적인 권리도 존중해 주었고, 그를 파괴시키는 것이 우리의 목적이 아니며 단지 정의를 원하는 것일 뿐이라는 사실을 그에게 확산시키기 때문이다. 비폭력을 사용하게 되면 폭력에 대하여 맹목적으로 반응하는 것같은 방식으로 그가 우리에게 반응하지 않도록 만든다. 우리는 그가 우리의 행동이나 불만에 대해 의문을 던져보고, 진정한 문제가 무엇이며 이 투쟁을 지켜보는 사람들이 어떻게 생각할까에 대해 생각해 보도록 만든다. 또한 자신의 진정한 관심사가 무엇이며, 자기가 변화함으로써만 이 모든 것을 성취할 수 있는 것은 아닌지에 관해서도 생각해 보도록 만든다.

당신이 살아가는 동안 야만적인 군중에 대항해서 언제나 비폭력적인 저항으로 일관해야 할 필요성은 없을지 모른다. 그러나 원한다면, 당신의 부하나 동료나 감독자들에게 비폭력의 신념을 가지고 있으며, 결코 그들에게 물리적인 공격을 취하지 않을 것이라는 점을 보여줄 수도 있다. 블록(Walter Block)과 같은 자유주의자처럼, 당신의 원칙을 선언할 수 있다. 즉 당신은 어떤 사람의 행동도 비도덕적이라고 비난하지 않으며 상대방의 적대적 행위에 대해서 역공하지 않을 것이며, 당신의 자유론에 위배되는 행동에 대해서는 소극적인 저항의 형식을 취할 것이라고 선언할 수 있다.

그러나 나는 이러한 견해를 전적으로 옹호하지는 않는다. 만약 강도가 나를 공격했을 때 저항하지 않으면 상해를 당할 것이 분명하다고 느껴지면 번개처럼 도망갈 것이다. 그리고 그것이 여의치 않을 때에는 나를 보호하기 위하여 반격하던지 어떤 조처를 취할 것이다. 나는 그러한 행동을 분노하지 않고서 효과적으로 해낼 것이다.

베즈(Joan Baez)는 그녀의 비폭력주의에 관하여 다음과 같이 말하고 있다.

"폭력에 의지하는 모든 노력이 사라진다면 당신은 참된 방안을 탐구하려는 마음을 갖게 될 것이다. 그리고 어느 누구도 다른 사람을 해칠 권리가 없다는 사실을 인정하지 않을 수 없을 것이다. 이것을 나는 혁명이라 부르고 싶다. 이것은 모든 사람은 평등하며, 적은 존재하지 않는다는 사실을 깨닫게 된다는 것을 의미한다."

헨토프(Nat Hentoff)가 그녀에게 "당신은 아돌프 히틀러 같은 사람을 적이라고 생각하지 않습니까?"라고 질문했을 때 그녀는 이렇게 대답했다.

"아니오, 그도 역시 인간이었어요. 그러나 그가 인간인 것을 인정한다는 것은, 당신이 그를 좋아해야 한다거나 그의 명령을 수행해야 한다는 것을 의미하는 것은 아닙니다. 문명화된 사회에서라면 사람들은 그의 명령을 따르지 않을 것입니다. 그들은 히틀러가 인격적으로 붕괴된 인간이며 심리적인 상처로 고통을 겪고 있는 사람이고 정신치료적인 도움이 필요한 사람이라는 것을 알 수 있을 것입니다. 적이라는 단어는 우리 모두가 인간이라는 사실을 이해하는 데 방해가 됩니다. 물론 그러한 지점에 이르기까지는 사람들 속에서 어떤 고정된 신조나 사상을 세척해 내는 엄청난 노력이 필요할 것입니다. 이러한 혁명이 가능하려면, 우익은 그들의 깃발을 집어던지고 좌익은 총의 위력을 과시한 포스터를 찢어버려야 합니다."

나는 베즈의 의견에 동의한다. 당신에게 심각하게 반대하는 사람을 '적'이라고 칭하지 않고 산다는 것은 가히 혁명적 견해를 취하는 것을 의미한다. 당신이 그와 같은 견해를 취하도록 스스로를 이끌어 갈 수 있다면, 당신의 적대감은 엄청난 수준으로 줄어들 것이다. 그러나 그녀가 지적했던 것처럼, 이것은 당신이 비현실주의자라는 것을 의미하지는 않는다.

카우프만(Harry Kaufman)과 페쉬바하(Seymour Feshbach)의 실험

은 이 견해가 옳다는 것을 확인시켜 주었다. 그들은 사람들이 징벌적인 대화보다 건설적인 대화에 노출되는 경험을 하면 할수록 파괴적인 행동이 상당히 줄어든다는 것을 발견했다.

이러한 사실은 만약 히틀러와 같은 사람을 비난하지 않고 건설적인 태도로 대한다면, 당신이 더 실질적으로 그러한 사람들 스스로가 행동을 수정하도록 도울 수 있다는 것을 가르쳐 준다.

당신은 어떠한 경우이든 비폭력의 철학을 선택하기로 결단할 수 있다. 비폭력을 선택한 사람들은 개인적인 고통과 생명의 위험을 무릅쓰고서라도 자신의 적대감을 감소시키며, 사람들에게 훌륭한 인간적 모범을 보여주기 위해서 분별 있게 행동하는 것이다.

이처럼 다른 인간을 위해 자신을 희생하는 것이 무의미한 것으로 보여지는가? 전적으로 그런 것만은 아니다. 왜냐하면 당신의 삶의 목적 중의 하나는 사회적인 집단 속에서 행복하게 살며 다른 사람들이 행복하게 살 수 있도록 돕는 일일 것이다. 그러므로 약간의 자기희생은 그러한 삶의 목적이나 가치에 부합하는 것이다.

증오가 가지는 아이러니를 인식하라

증오는 질투와 같이 강렬하게 당신의 에너지를 소모시키며, 당신을 사로잡고 생을 지배한다. 증오의 감정은 좌절을 경험함으로써 맛보게 되는 패배감이나 씁쓸한 곤혹감 이상의 감정이다. 그리고 증오심은 마치 자기에게 오로지 관심을 보이는 행위인 것같은 착각을 느끼게 해준다. 표면적으로 당신은 자기의 상황에 몰두하면서 분노의 감정을 나타냄으로써 겉으로는 당신이 원하는 것을 성취하고 원치 않는 것을 배제하려고 노력하는 것으로 보인다. 그러나 이는 얼마나 큰 착각인가!

'나는 잘 해야만 하고 다른 사람들의 인정을 받아야만 한다. 만일 그렇지 못하다면 얼마나 끔찍한가!'라는 비합리적 신념에 의해서 야기된 불안감은 자기지향적이기보다는 타인지향적으로 만들어준다. 증오의 감정도 똑같은 결과를 가져온다. 당신에게 부당하게 행동한 사람들 때문에 끊임없이 괴로워한다는 것은 그들을 당신의 관심의 중심에 모신다는 뜻이다. 그리고 정작 당신 자신에 관해서는 관심을 쏟지 못한다. 당신은 인생에서 만족감을 느끼며 살고 싶어하겠지만 실제로는 당신이 그들을 변화시키거나 그들이 겪을 상처나 그 가능성을 생각하고 내심으로 기뻐하는 일에 마음을 쏟고 있다.

이와 같은 타인지향적인 사고가 당신에게 끼치는 영향을 자각하기 바란다. 그러한 증오가 마치 당신에게 도움이 되는 것인냥 착각한 것이 얼마나 손해인가를 깨닫도록 하라. 그리고 나서 당신의 중요한 관심사로 쉽게 되돌아가는 것이 낫다. '그들이 나에게 손해를 끼친 이 마당에 내 자신의 인생을 행복하게 하기 위해서 내가 할 수 있는 일은 무엇인가?' 올센(Ken Olsen)이 지적한 것처럼, '미움이란 타인의 행동을 통해서 우리 자신을 벌하고 파괴시키는 수단이다.' 이것은 얼마나 아이러니인가! 그 아이러니를 당신의 뇌리에 여러 번, 아주 여러 번 깊이 새겨두고 있다는 것을 자각하라. 그리하여 상대방에 대한 적개심이 사라지고 자기에 대한 관심사로 당신의 에너지를 전환할 때까지 인식하도록 하라.

인간의 가치를 명심하라

만약 당신이 자신을 인류의 일원으로 간주하며, 모든 인간은 존재한다는 이유만으로도 생존할 권리와 행복할(그리고 필요없는 고통으로부터 자유로울) 권리가 있다는 사실을 지각하면서 타인에게 인간적으로 대하는 길이 바로 당신이 즐겁게 살 수 있는 길이라는 것을 지각한다면, 비록 그들이 당신에게 인색하게 대하더라도 그에게 화를 내며 벌하려는 경향을 훨씬 줄일 수 있을 것이다. 이것은 당신이 타인을 돕고 희생하기 위해서 길을 완전히 포기하라는 것을 의미하는 것이 아니다. 당신이 인간주의적인 가치관을 획득하면 할수록 타인에 대하여 더 너그럽게 행동하게 될 것이라는 말이다.

인간주의적인 철학을 획득하기 위해서는 당신이 남에게 부당한 대우를 받기를 싫어하듯이 남들도 그러하다는 것과 타인에게 배려하면 당신의 일이 더 잘된다는 점을 명심하라. 남들이 나에게 좋지 않게 대함에도 불구하고 내쪽에서 선의로 행동하는 것은 가히 혁신적이며 자신의 인격성장에 유익하다. 인간은 남이 잘못되어 가는 것을 내심으로 즐기는 경향이 있기는 하지만, 남을 도우려는 경향도 또한 있지 않은가! 우리가 반드시 플로렌스 나이팅게일이나 성 프란시스처럼 살지는 않더라도, 이 세상을 조금만 더 살기 좋은 곳으로 만들려고 노력한다면, 거기서 진정한 만족감을 발견할 수 있을 것이다.

씨이겔(Bernard J. Siegel)은 타오스 인디언족이나 유태인족은 강력한 '방어적 집단'을 형성한다고 언급했다. 그들은 집단에 파괴적으로 작용할 가능성이 있는 행동을 통제하기 위하여 평화적인 가치관을 주입시키고 구성원을 엄격하게 통제한다. 그와 같은 집단은 주변세계의 적대적인 환경에서 살아남고 자기네 종족 안에서는 평화를 유지한다. 그러나 이러한 방어적인 수동성은 불리한 점을 가지고 있다. 자기네 종족의 내부적인 평화를 추구하다 보면 자기 종족 이외의 집단에는 호전성과 편집증을 표출하게 된다. 그러나 그것은 자기의 종족을 다른 종족에게서 유리시키는 단점이 있지만, 동족간에 대한 분노 감정과 행동을 의도적으로 자제할 수 있는 가능성을 보여준다.

희생자의 고통에 초점을 맞추라

우리가 화를 내는 한편으로 자신의 감정폭발을 즐기는 경향이 있다. 그리고 상대방 쪽에서 우리의 노여움을 잘 다스려서 결국에는 피차간에 좋게 될 것이라고 생각한다. 그러나 이러한 일은 결코 일어나지 않는다! 상대방은 당신의 노여움을 심각하게 받아들여서 당신이 언어적으로 신체적으로 학대한 정도에 따라 신체적으로 정신적으로 극심한 고통을 느낄 수 있다.

그리고 우리가 언어적으로 혹평을 하면 상대방은 그것을 가슴깊이 새겨들어 영원히 사무친 원한의 감정으로 남을 수 있다.

피해자 쪽에서는 아무런 감정도 없다거나 당신이 화를 내게 되면 오히려 이득이 있다는 식으로 착각하지 말기 바란다. 당신이 노여움을 노골적으로 표현했기 때문에 그들에게 미치는 상해가 어떠한 것인지를 가능한 한 생생하게 연상해 보라. 그리고 나서 그러한 표현을 삼가도록 하라.

물론 당신이 노여움을 표현한 것에 대해서 지나치게 자학하는 쪽으로 나아가는 것도 좋지 않다. 당신의 행위가 제아무리 '썩어 빠진' 것이라 하더라도 당신 자신이 썩어빠진 사람은 아닌 것이다. 다만 당신이 분통을 터뜨린 것만은 분명히 비인간적인 결과를 초래해서 타인에게 커다란 상처를 주게 된다. 그들이 무례한 행동을 한다 할지라도 당신의 표적이 되어 고통을 감수해야 하는 것은 아니라는 것을 명심하라. 그리고 설령 당신의 노여움을 사서 고통을 받게 된다고 해서 그들의 무례한 행동이 반드시 줄어드는 것은 아니라는 것 또한 명심하라.

타인과의 관계를 고려하라

대인관계에서 당신이 조금만 화를 참게 되면 그들과 훨씬 더 원만하게 지낼 수 있는 장점이 있다. 그럼에도 불구하고 당신은 이 점을 쉽사리 망각한다. 예를 들어 당신은 자녀에게 예의범절을 가르치는 일에 초점을 맞춘 나머지, 기어코 자녀를 올바르게 길러내야만 한다고 자신에게 고집한다. 그러다가 자녀가 나쁜 짓을 하게 되는 날이면 당신은 불같이 노여워하여 소리를 지르게 된다. 그 결과 자녀와의 관계는 악화되고 자녀들이 변화하기는 하나 대개는 더 나쁜 방향으로 변화한다.

지노트(Haim Ginott)는 이러한 문제와 연관하여 일곱 살 난 소년의 사례를 들고 있다. 그는 선물 받은 장난감총을 잘못하여 부순다음 놀란 나머지 그 총을 숨겼다. 나중에 아버지가 총의 파편을 발견하고는 총을 어디에 숨겼는지를 말하라고 다그쳤으나 그 아이는 계속 모른다고 했다. 아버지는 이렇게 말했다. "너는 총을 부쉈어! 내가 제일 미워하는 것은 거짓말쟁이야!" 그리고 그는 아들을 호되게 때렸다. 그러나 지노트 박사는 이렇게 지적하고 있다.

그 아버지가 형사처럼 심문하는 태도 대신에 이렇게 말하는 것이 아들에게 더 도움이 되었을 것이다.

> "내가 사준 새 총이 부서진 걸 보았다."
> "오래가지 못했구나."
> "참으로 안 됐구나. 그것은 매우 비싼 것이었는데."

그 소년은 여기에서 아주 귀중한 교훈을 배울 수 있었을 것이다.

> "아빠는 이해하시는구나. 그러니까 내 고민을 아빠에게 이야기할 수 있겠다. 선물로 주신 총을 좀더 조심해서 가지고 놀았어야 하는데."

그러므로 당신은 이 점을 명심해야 한다. "만약 내가 화를 내고 그 분노를 다른 사람에게 표현하면, 그들과의 관계가 적대적으로 되고 그들이 더 나쁘게 행동하도록 부추기는 셈이 된다. 만약 내가 그들의 부족한 행동을 수용하고 그들에게 그런 행동을 그치도록 강요하지 않는다면, 나는 그들과 좀더 잘 지낼 수 있게 되고, 또한 내가 바라는 행동을 잘 가르칠 수 있는 효과를 거두게 된다. 내가 화를 적게 낼수록 나는 그들에게 '바른 길'을 가르칠 수 있는 교사가 된다."

분노가 가지는 건설적인 측면과 파괴적인 측면을 식별하라

많은 권위자들이 지적하는 바와 같이, 분노는 건설적인 측면도 가지고 있다. 어느 정도의 분노와 좌절과 분개가 없다면 우리를 괴롭히는 불쾌한 자극을 제거하기 힘들 것이며, 어떤 면으로는 인류의 발전이 중단될 것이다. 울프(H. H. Wolff) 역시 다음과 같이 지적했다. "우리는 타인들에 대한 공격성을 여러 분야에서 건설적으로 사용한다. 예를 들면 경쟁을 위하여, 권리를 지키기 위하여, 정체감을 발달시키기 위하여 가치체계와 이상의 보존을 위하여 공격성을 사용할 뿐 아니라, 자기보존, 기본적인 신체적 욕구와 성적인 정복과 소유를 위하여도 사용한다."

하이만(Paula Heimann)과 발렌슈타인(Arthur Valenstein)은 분노의 건설적인 측면을 다음과 같이 언급했다. "모든 아이들은 활동적이고 자기주장과 지배력을 향해서 돌격하려는 경향을 가지고 있다. 그것이 반드시 신경증적인 특질을 나타내거나, 파괴성을 지닌 오만불손한 충동이라고는 볼 수 없다."

로젠버그(Albert Rothenberg)는 분노와 적대감을 구별했다. "분노는 상호간에 의사소통을 하게 해주는 면이 강하다. 그러므로 분노는 다소간의 위험성이 있고 쉽게 불안감으로 연결되는 면이 있음에도 불구하고, 건설적인 가능성을 많이 지니고 있다고 본다. 만약 우리 자신에게서 불안감을 제거할 수 있다면, 우리는 분노 감정을 매우 건설적으로 활용할 수 있을 것이다."라고 가정하고 있다.

트리쉬만(Albert E. Trieschman)이 밝힌 것처럼, 어린아이들은 때때로 화를 터트리는 것을 문제해결의 수단으로 활용한다. 아이들은 감정적으로 위기에 처했을 때 이에 대처할 수 있는 더 나은 수단을 쉽게 발견하지 못하기 때문이다. 이처럼 어린이들이 무례한 말과 협박을 하는 것은 자기가 무엇인가를 할 수 있다는 느낌을 갖기 위한 원시적인 노력을 나타낸다. 자기의 신체에 대한 통제감을 상실한 후에 어린이들은 마치 자기가 어떤 선택권을 가진 것처럼 대안을 제시한다. 어린이들은 통제감의 상실을 보상하기 위하여 자기의 환경(부모의 감정까지도 포함하여)을 자기가 조종할 수 있는 것처럼 행동한다.

일상적으로 당신이 분노를 느낄 때는 대체로 당신은 자기의 방식을 고집하고, 불쾌한 자극을 제거하고, 다른 사람을 통제하려 하며, 자신의 신체적·정서적 건강을 보존하기를 원한다. 좋다! 당신이 원하는 것을 원해서는 안 된다는 이유가 어디에 있겠는가? 그러나 그와 동시에 당신이 명심해야 할 점은 다른 사람들도 당신과 똑같은 소망을 가지고 있다는 사실이다. 당신이 그런 것과 마찬가지로 그들도 역시 원하는 것을 택할 권리가 있다. 당신과 그들의 욕구가 양립할 수 없다면 피차간에 모두 원하는 바를 얻을 수 없다는 점은 분명하다. 그러므로 당신이 느끼는 적대감이나 공격적인 감정 속에 들어 있는 파괴적인 측면과 건설적인 측면을 잘 구분해야 한다.

당신은 자기 자신의 권리도 인정하고 다른 사람에게도 똑같은 권리를 부여할 수 있다. 당신은 상대방의 권리를 가차없이 무시하면서 그들에게는 당신의 권리를 인정해야만 한다고 요구하지 않는다면, 당신이 강렬하게 나옴으로써 야기되는 파괴적인 측면을 최소화하고 건설적인 측면을 훨씬 더 수용할 수 있을 것이다.

협조적인 견해를 가지라

REBT의 관점에서는 경쟁이란 나쁜 것이므로 그것을 회피해야 한다고 가르치지 않는다. 그와 반대로 REBT에서는 당신이 한 인간으로서 원하는 것을 갖고 싶고, 다른 사람보다 더 많은 것을 획득하고 싶으며, 다른 사람을 희생해서라도 어떤 것을 손에 넣고 싶어한다는 것을 가정하고 있다.

우리는 경쟁이라는 것을 직업적이거나 사무적인 일과 관련지어 생각하기 마련이다. 경쟁이란 누군가의 사랑이나 인정을 획득하고 싶을 때에도 역시 적용된다. 가령, 당신이 어떤 이성과 친밀한 관계를 맺기를 원하는데, 다른 사람이 역시 그 사람과 똑같이 친밀한 관계를 희망한다고 해보자. 당신이 선택한 그 사람은 시간적으로나 취향으로 보아서 단 한 사람과만 친밀한 관계를 유지할 수 있다. 당신은 그 경쟁에서 물러나겠는가? 하나밖에 없는 그 '행운의 당첨'을 얻기 위해서 경쟁자와 분노하며 싸울 것인가? 강박적으로 그 경쟁에서 이기기 위하여 전략을 짜고 구상을 할 것인가? 당신은 어떻게 하겠는가?

REBT에서 제시하는 답변은 이러하다. 그 경쟁에서 이기고 당신이 원하는 바를 성취하기 위해서 할 수 있는 한 최선을 다해 노력하라. 그러나 당신이 반드시 이겨야만 하며, 만약 패배하면 당신은 바보이고 그 경쟁자는 악한 녀석이라고 생각하지는 말라. 당신이 원하는 것을 얻기 위하여 힘껏 노력하는 것은 좋다. 그러나 기어코 이겨야 한다고 절대적으로 고집하지는 마라. 그러면서 동시에 보다 협력적인 견해를 가졌을 때의 이점에 대하여도 생각해 보라. 때로는 당신과 당신의 적수 두 사람이 모두 완전한 승리는 거두지 못하더라도 두 사람이 함께 분명히 '승리'할 수도 있다. 그리고 당신은 그 사람이 부분적으로 어느 정도 만족할 수 있도록 돕는 데서 즐거움을 느낄 수도 있다. 당신이 추구하는 목표가 사랑이건, 돈이건, 직업적인 성공이건간에 매사에 당신이 원하는 대로만 되라는 법은 없다. 다른 사람과 함께 나누며, 협동하여 계획을 세움으로써 피차간에 모두가 서로 양보하면서 원하는 것을 획득하고, 당신의 적수에 대해서도 우호적인 감정을 갖는 것을 삶의 목적으로 삼아 볼 만하지 않은가! 그렇게 되면 당신의 경쟁심은 상당히 완화될 것이다.

경쟁에서 이긴다는 것이 반드시 이득만이 있는 것이 아니고 어떤 면으로 손실도 있다는 것을 기억해야 한다. 경쟁은 시간과 노력을 소비한다. 경쟁은 다른 사람들에게 적대감을 불러 일으킨다. 승부에 지나치게 집착하게 한다.

어떤 협회나 경영자들이 산업적 이권을 놓고 경쟁하게 되면, 파업이나 공장폐쇄의 결과로 이어져 일반 대중과 같은 제3자들이 고통을 겪는다. 좀더 넓은 사회적 맥락에서 보자면, 극단적인 경쟁이 지속되면 어느덧 대내적인 갈등이나 국가간의 전쟁으로 이어지기가 쉽다.

REBT의 관점에서 보면, 당신이 인간관계에서 한쪽으로만 편향된 연대감을 가지려는 욕구를 지니는 대신 단지 그런 것을 희망사항으로만 생각하도록 당신 스스로를 훈련시키기 바란다. 그리고 당신이 소수의 사람들과 협력하는 것이 아니라 지역사회의 많은 사람들과 협조하는 미덕을 가지려고 노력할수록, 그만큼 당신은 경쟁심과 적대감을 덜 느끼게 될 것이다.

물론, 당신은 협조하는 것을 즐겨하지 않을 수도 있다. 그러나 당신은 협조와 경쟁의 태도 중 한 가지를 선택할 수는 있다. 당신이 선천적으로 경쟁적인 성격을 가지고 태어났거나 자라는 과정에서 경쟁심이 길러졌다고 해서 영원히 경쟁적이어야 된다는 법은 없다.

분노를 극복하기 위하여 전환적인 방법을 사용하라

REBT의 입장에서는 적대감이나 정서적인 혼란이 당신의 사고나 생각이나 신념과 철학에서 나온다고 보기 때문에, 자신이 스스로 생각을 변화시킬 수 있도록 돕고자 한다. 물론 일시적으로나마 혼란스러운 생각에서 잠시 벗어날 수 있도록 해주는 여러 가지의 방법이 있다. 이완, 명상, 게임, 정서적 친애, 신체적 운동과 기타 여러 가지의 쾌락추구형의 기분전환 방법들이 있다. 몇몇 연구자들이 보여준 것처럼, 심지어 분노 자체도 당신을 적개심에서 전환시켜줄 수 있다. 예를 들면 어떤 나라의 국민이 다른 나라의 국민에게 매우 분노를 느낌으로써 자기들 상호간에 느끼는 강한 적개심을 잠시 잊는 수가 있다.

어떤 종류의 전환적인 오락은 분노를 완화시킬 뿐만 아니라 치료의 효과를 가져오는 것도 있다. 만일 당신이 적극적으로 자기를 표현하지 못하는 자신을 미워하고 분노를 느낀다면 체스나 축구를 해보든지, 정치적인 견해를 다른 사람에게 납득시키는 게임 등에 참가함으로써 당신의 비주장성을 극복할 수 있다. 그 결과 자기비하와 자기증오의 "원인"을 상당히 제거할 수 있다. 그러나 이것은 참된 의미에서 훌륭한 치료법이라고는 볼 수 없다. 당신은 다시 비주장적으로 되돌아올 가능성이 높기 때문이다. 다시 자신을 비하하며 결국은 당신을 '억압하는' 타인에게 매우 분노를 느끼게 될 수 있기 때문이다. 그러나 적어도 부분적인 치료의 효과는 있다.

토취(Hans Toch)는 난폭한 사람들이 타인들을 비난함으로써 자기비난을 위장하려는 현상이 있다는 데 착안하여 연구했다. 그는 전환적인 활동이 이들에게 도움이 되었다고 말하고 있다.

> 그와 같은 사람들에게 과외활동에 참여하거나 비슷한 문제를 가진 사람들끼리 클럽을 만들어 활동하도록 했다. 그리하여 폭력에 관한 집단토론을 하고, 폭력과 관련된 게임을 실시하고 풍자나 연극을 만들었다. 그 결과, 파괴적인 행동이 나타나지 않고 그들의 자기확신을 충족시켜줄 행동 패턴이 형성되었다.

만약 당신이 쉽게 적개심을 느끼고 폭력을 사용하려는 경향이 있다면, 이와 같이 보다 건설적인 방법으로 충동을 전환시키거나 승화시킬 수 있는 가능성을 모색해 볼 수 있다. 때로는 연극적인 형태의 경쟁을 시도해 봄으로써 어느 정도의 만족감과 자기표현을 성취할 수 있을 것이다. 폭력적인 수단을 사용하면 수월하게 욕구를 즉각적으로 만족시켜 줄 수는 있겠지만 다른 중요한 면을 희생시키는 위험이 내포되어 있다. 그러므로 이처럼 제한적이고 연극적인 표현을 시도해 보면 당신의 자제력은 증가할 수 있다. 이런 종류의 전환적 방법이 당신의 적대감 문제를 완전하게 해결해 줄 수는 없을 것이다. 그러나 어떤 측면에서는 분명히 도움이 되는 방법이다.

우울증을 방지하는 방법들을 적용하라

심리학 서적에서는 분노를 통하여 우울증을 감출 수 있고 우울증을 통하여 분노를 감출 수 있다는 점이 과장되어 있는 것 같다. 그러나 모든 분노가 우울증의 (외부적) 표현이고 모든 우울증이 분노의 (내부적) 표현인 것은 아니다. 그럼에도 불구하고, 당신이 자기연민에 빠진 나머지 우울증으로 나타날 때 그러한 자신에 대하여 심각하게 분노를 느끼는 때가 종종 있다. 그때 당신은 당신에게 고통을 주는 끔찍한 세상과 타인들을 비난하게 된다.

이러한 경우에 REBT를 통하여 당신의 분노 감정 밑에 깔려 있는 우울의 감정을 다루어 볼 수 있다. 먼저 선행사건이 무엇인가를 알아보라. 분명히 당신은 A지점에서 어떤 실패를 경험했을 것이다. 그로 인해 누군가로부터 인정을 받지 못했을 것이다. 그러나 실패했거나 거부당한 감정 그 자체는 우울증과 같지 않다. 실패했다는 이유로 자신을 비하하거나 자기에 대한 커다란 연민을 느낀 연후에야 우울증의 상태에 이르게 된다. 그리고 사람들이 당신을 거부한다는 이유로 이 세상을 비난했을 것이다.

REBT의 공식에서 보자면, B지점에서 당신은 자신에게 '나는 실패를 좋아하지 않아. 성공해서 사람들에게 인정을 받았으면 참 좋았을 것인데……. 실패하고 거절당하다니 얼마나 불운한가!'와 같이 말할 수도 있을 것이다. 이와 같은 합리적인 신념을 갖게 되면 당신은 유감스럽고 슬프며 다만 좌절된 감정만을 느끼게 될 것이다.

그러나 당신은 비합리적인 신념의 독백을 할 수도 있다. '내가 실패를 하고 거부를 당하다니, 얼마나 끔찍한가. 나는 내가 원하는 것을 이제 결코 얻을 수 없을 거야! 나는 이제 끝장이다. 아무 희망도 없구나! 나는 앞으로 영원히 내가 소망하는 것을 성취할 수 없을 것이다!'

이 지점에서, 당신은 바람직하지 않은 정서적 결과(C)인, 우울증을 느끼기 시작할 것이다. 이쯤되면 당신은 논박(D)으로 들어와 다음과 같이 질문을 던져보라. '실패하고 거부를 당했다고 해서 무엇이 나를 끔찍하게 만드는가? 내가 원하는 것을 앞으로 영원히 얻지 못할 것이라는 증거가 어디 있는가? 설사 앞으로 계속해서 실패를 하고 거부를 당한다 하자. 어떻게 그것은 곧 내가 영원히 아무 희망이 없는 썩어빠진 인간이라는 뜻과 같다는 말인가?'

논박의 인지적인 결과(cE)에 해당하는 답변은 다음과 같다. '실패하고 거부당했다고 해서 끔찍할 것은 아무것도 없다. 단지 불편하고 좀 괴로울 뿐이다. 내가 지금 실패했다는 사실로 미루어보다 앞으로도 계속해서 실패할 것이라는 의미는 아니다. 심지어 내가 원하는 것을 결코 얻을 수 없고 또 계속해서 더 많이 거절을 당하는 최악의 상황이 닥친다고 하자. 그것은 내가 어떤 바람직하지 않은 특성을 가졌다는 말은 될지 모르나 내가 전적으로 썩어빠진 인간이라는 말은 아니다.'

당신이 이와 같은 방법으로 ABCDE공식을 풀어나가게 되면, 당신이 어떠한 경우에 처하건간에 매우 걱정스럽고 유감스럽고 불쾌한 감정을 느낄 수는 있으나, 우울증에 빠지는 일은 결코 없을 것이다. 당신이 느끼는 우울감정을 분노로 합리화하거나 위장할 필요를 느끼지 않게 될 것이다. 그리고 설령 실패하고 거부당했다고 해도 자신을 벌레 같은 인간으로 비하하지 않게 되므로, 당신을 거부한 당사자를 멸시하지도 않게 될 것이다.

의연하라

당신이 일반적으로 마음이 여리고 상처를 받기 쉬운 사람이라면 자기비하나 열등감과 무능감을 쉽게 느끼게 된다. 그리고 이러한 감정은 격렬한 분노와 연관되어 있다. 그러므로 의연하라. 자신이나 타인에게 명령적인 태도를 지녔다는 사실은 당신의 불같은 성질에서 나타난다. 당신이 이 명령적인 태도를 생활방식으로 선택했다는 것을 인식할 수 있다면, 당신은 또한 당신의 그 선택에 대해서 재평가해볼 수 있으며 그것을 변화시킬 수 있는 능력도 가지고 있을 것이다.

이러한 종류의 부적절한 감정은 B지점에서 독백을 통하여 느끼게 되는 것이다. 어떤 좌절적 상황(A지점) 앞에서 당신이 약점이나 열등감과 무능감을 가지고 있다고 믿으며 그런 당신은 못난 인간이라는 것을 확신하는 것에서 비롯된다고 본다.

REBT의 관점에서 본 해결책은 이렇다. 우리 인간은 얼마든지 실패할 수 있으므로 그 실패 때문에 자신을 썩어빠진 인간으로 평가하는 것은 부당하다는 것을 스스로에게 확신시키라는 것이다. 실패는 분명 불운한 일이지만, 당신은 이러한 불운에도 불구하고 이성적으로 행복하게 살 능력을 가지고 있다.

이러한 식으로 REBT를 사용하면, 당신은 자기비하감을 극복할 수 있고, 이 비하감 때문에 필연적으로 수반되는 분노의 감정도 뿌리뽑을 수 있다.

집단훈련이나 워크숍에 참여하라

당신은 상담과 관련된 집단훈련이나 워크숍에 참여해 봄으로써 사람들과 관계를 잘 맺는 방법을 효과적으로 배울 수 있다. 요즈음 많은 단체들이 주로 바하의 이론에 입각하여 고안된 투쟁적 훈련 과정을 제공하고 있다. 이러한 집단훈련이 만일 화를 내지 않고 차분하게 인도하는 리더에 의해 진행된다면 유익할 것이다. 그러나 그것도 한계를 가지고 있다. 그 워크숍에서는 당신을 주장적으로 변화시켜 준다는 이름 아래 당신을 보다 적대적으로 느끼고 행동하게 만들 수도 있다. 오히려 합리적이고 행동주의적 이론에 입각한 주장훈련이 '투쟁'이라는 단어가 들어가는 집단훈련이나 워크숍보다도 훨씬 더 유익할 것이다.

캐건(Norman Kagan)에 의해 고안된 인간관계 훈련 같은 것도 사교기술을 향상시켜 주고 언쟁적인 습관을 감소시켜 줄 것이다. 벡커(W. Becker)나 딩크마이어(Don Dinkmeyer)나 고든(Thomas Gordon) 등에 의해 개발된 부모역할 훈련도 당신이 자녀와 어떻게 효과적으로 관계를 맺을 것인가를 잘 가르쳐 준다. 이들은 또한 아동 학대의 예방효과도 있다. 뉴욕 등지에 있는 합리적 생활연구소와 같은 기관에서는 사람들과 보다 화를 내지 않고 관계를 맺는 법을 특별히 교육하고 있다. 이와 같은 종류의 세미나나 워크숍이 있는 지 찾아보라.

그러나 다시 한 번 말하지만, 심리운동적 독일계 정신분석적 치료에서 사용하는 '창조적 표출'의 방법을 채택하는 '성장센터'와 같은 곳은 경계해야 한다. 왜냐하면 그러한 곳에서는 '자기주장성'을 매우 공격적인 방식으로 증가시키도록 가르치는 수가 많다고 보기 때문이다.

만약 당신이 이 책에서 제시된 여러 가지 기법도 사용했고 위와 같은 집단훈련 과정이나 워크숍에도 참여해 보았으나 여전히 자기 패배적인 분노에서 헤어나지 못한다고 느끼면, 당신은 집중적인 개인치료나 집단치료를 받는 것을 고려해 보는 것이 좋다. 당신에게는 REBT, 인지행동적 치료, 아들러 학파의 개인심리학, 켈리 (George Kelly)의 고정역할 시연 등이 매우 도움이 될 것이다. 이러한 치료법은 대체로 인지적인 요소를 강조하며, 화를 터뜨리게 되는 자신의 기본 관념을 깨닫게 하고 그것을 변화시키도록 도와주는 접근들이다. 뉴욕에 있는 REBT 연구소나 미국의 몇몇 도시에 있는 합리적 생활연구소와 미국 여러 지역에 있는 아들러 심리학 협회 등의 조직을 통하여 당신의 문제를 도와줄 적절한 치료자를 만날 수 있을 것이다.

분노까지도 수용하기

이 책은 우리를 늘상 괴롭히는 분노, 기타 좋지 못한 감정을 제거하는 길을 당신에게 분명하게 가르쳐 주었으리라고 믿는다. 그러나 인간이란 실수하기 마련이므로 때때로 예전의 습관으로 돌아가서 자기패배적인 태도를 갖게 되곤 할 것이다. 따라서 우리는 당신이 이처럼 옛 습관으로 되돌아가 다시 화를 낼 때 어떻게 대처할 것인가에 관하여 고찰해 보는 것이 좋을 것 같다.

당신이 이 책에 소개된 여러 가지 기법을 성공적으로 숙달하였다고 하자. 그런데 어느 날 당신의 상사가 아주 불쾌하고 어리석은 행동을 했고, 당신은 그와 한판 대결해 보고 싶은 감정을 느꼈다. 다행히 당신이 그의 면전에 한 방 날리기 전에 바로 사무실을 나가버렸고, 그가 나간 후에도 당신은 마음을 진정시키는 데 무려 30분이나 걸렸다. 당신이 이와 같은 상황에서 분노를 어떻게 하면 좀더 잘 다룰 수 있을지에 대하여 이야기해 보자.

❦

화가 날 때는 그것을 인정하고 수용하라

첫째로, 당신이 상사에 대하여 분통이 터졌다는 사실을 부인하거나 합리화하지 말고 충분히 시인할 수 있어야 한다. 그리고 바로 당신 상사가 당신의 울화를 불러일으킨 것이 아니고 당신이 스스로를 분노하게 만들었다는 것과 당신이 어리석었다는 것을 인정해야 한다. 물론 그런 상사의 행동을 좋아해야 할 필요는 없다. 그러나 상사의 불손한 행동을 보고 화를 터뜨린 것은 당신 자신이다. 당신이 화를 낼 필요가 없다는 말이다.

둘째로, 당신은 자신을 수용하면서 화가 난 감정까지도 함께 수용해야 한다. 당신이 화를 냈다는 것은 잘못된 것이라는 점은 인정해야 하지만, 당신 자신을 나쁜 인간이라고 단정할 필요는 없다. 인간은 잘못된 행동을 할 뿐만 아니라, 자신이 범한 실수를 인식할 줄도 안다. 그리고 자기가 잘못된 행동을 했다는 사실을 다시 새로운 선행사건으로 삼아가지고 그런 행동을 한 자신을 호되게 꾸짖는다. 그러나 우리는 실수할 권리와 부적절하게 분노를 느낄 권리도 가지고 있다. 그렇게 했다고 해서 당신이 벌레나 쓰레기같은 인간이 되는 것은 아니다. 당신은 단지 어리석은 행동을 한 사람일 뿐이지, 어리석은 사람이 아니다.

스스로에게 다음과 같이 말하라. '상사 때문에 내가 화를 내다니…… 참으로 손해나는 행동을 했구나. 그러나 나는 화를 쉽게 낼 수도 있는 법이다. 나는 또한 어리석은 행동을 할 수도 있는 인간적 권리를 가지고 있다. 나의 행동은 분명히 잘못된 것이었으나,

그렇다고 해서 나 스스로를 썩어빠진 인간이라고 보는 것은 부당하다.' 달리 표현하면, 당신의 행동은 용납하지 말되 당신 자신은 용납하라. 화를 내는 일이 당신에게 득이 되기보다는 해가 된다는 사실을 충분히 인식하라. 당신의 분노를 살펴보고 왜 그것이 해가 되는지를 생각해 보라. 화를 내면 소화불량이 되고 복통을 일으킨다. 또 상사와의 관계 개선에 전혀 도움이 되지 않으며, 당신이 화를 내고 있다는 것이 상사에게 전달되어 관계가 악화된다. 당신의 혈압을 높여준다. 어떻게 하면 당신이 일을 더 잘 하고 상사를 기쁘게 해줄 수 있을까에 초점을 맞추기 보다는 그 사건에 압도당하게 한다.

분노는 여러 가지 면에서 당신의 효율성을 떨어뜨린다. 만약 당신이 화가 난 것은 사실이지만 자신은 신이 아니고 인간일 뿐이라는 사실을 수용하게 된다면 그러한 사실을 쉽사리 인식할 수 있을 것이다. 이와 반대로 당신이 분노를 느낀다는 이유로 자신의 됨됨이 전체를 비하한다면, 당신은 화가 나 있다는 것을 부인하고, 억압하고, 변명하게 될 것이다. 그리고 결국에 가서는 화가 났던 상황에 만족스럽게 대처하지 못하게 될 것이다. 분노는 분명히 좋지 않은 감정이기는 하지만 교정 가능한 것이다! 그런 시각으로 분노를 보도록 노력하라.

스스로 어떤 내용의 독백을 하기에 분노에 휩싸이게 되는가를 검토하라. 다음부터는 그 내용과는 다른 독백을 할 수 있도록 결심하고, 머릿속에서 그것을 반복해 보라. 아마도 당신은 이렇게 요구하고 있는 자신을 발견할 것이다. "상사는 나에게 지성인답게 행동해야 한다. 그가 이런 나의 요구를 충족시켜 주지 못하면 얼마나 끔찍한가! 그는 내가 원치 않는 행동을 할 권리가 없어! 그의 어리석음을 나는 참을 수 없어! 그는 죽어야 마땅해!"

이제 논박을 위한 D지점에서 스스로에게 이렇게 질문해 보라.

"상사가 그렇게 불손하고 어리석은 행동을 한 것이 왜 그리 끔찍한가?"
"그가 그렇게 행동할 권리가 없다는 근거는 무엇인가?"
"그의 어리석음을 견딜 수 없다는 것을 증명해 보라."
"나를 만족시키기 위해 그는 죽어 마땅한 버러지같은 인간이라는 것이 과연 사실인가?"

당신은 다음과 같이 답변할 수 있을 것이다. "상사가 그렇게 불손하고 어리석은 행동을 한 것이 끔찍하다는 증거는 아무것도 없다. 그것은 단지 속상하고 불편할 뿐이다. 그는 그렇게 행동할 권리를 가지고 있다. 그는 비록 잘못된 행동을 했고, 나는 그의 행동이 싫지만, 분명히 그의 어리석음을 견뎌낼 수는 있다. 내가 설령 잘못된 행동을 해서 그를 불쾌하게 했다고 해서 내가 버러지 같은 인간이 아닌 것은 확실하듯이, 그도 역시 마찬가지다."

그 상황을 ABCDE의 방식으로 접근함으로써 당신이 상사에게 느끼는 분노 감정에 대하여 책임감을 느끼게 된다. 당신이 화가 나 있다는 사실을 솔직하게 인정하면서 동시에 화를 내는 것이 그릇된 처사라는 것을 분명히 인식하는 것이다. 자신을 분노하게 만든 과정을 잘 이해했다. 그러므로 앞으로 다시 화를 터뜨리게 되는 것을 방지하기 위하여 당신이 할 수 있는 일이 무엇인가를 깊이 생각해 보려고 노력했을 것이다. 그것이 가장 중요한 점이다. 당신은 분노의 본질을 이해함으로써, 경우에 따라서는 화를 내면서도 여전히 성공적인 삶을 살 수 있다. 인간이란 천성적으로 과식하기 쉽고 치과에 가기 싫어하듯이, 그렇게 쉽게 분노할 수 있다는 것을 진정으로 이해하고, 화를 내는 자신을 수용하며 그것을 반박하는 방법을 잘 익힘으로써 분노와 함께 성공적으로 살 수 있다.

챠니(Israel Charny)는 "정신치료자가 내담자에게 할 수 있는 가장 큰 공헌은, 누구에게나 분노와 살생의 감정이 있을 수 있다는 점과 더불어 타인에 대한 폭력을 외부적인 행동으로 표현하는 일이 불가피하게 자신을 방어해야 하는 경우를 제외하고는 용납될 수 없다는 점을 자각하고 수용하도록 가르치는 일이다."라고 지적한다. 이 말에 나도 동의한다. 챠니는 계속해서 이렇게 말하고 있다. "한 방 때려주고 싶은 감정을 느끼는 것은 잘못된 것이 아니다. 심지어 죽이고 싶은 기분이 드는 것도 인간적인 것이다." 당신의 상사가 당신에게 나쁘게 행동했을 때 그를 때려주거나 심지어 죽이고 싶은 기분이 드는 것은 인간적인 것이고 자연스러운 감정이라는 데 나도 동의한다. 그러나 당신의 감정이 일방적으로 과잉 일반화되어, 그가 당신에게 나쁘게 행동할 권리가 없으며 그런 행동을 했으니 마땅히 뺨을 한 대 맞아야 한다거나 죽어야 한다고 생각한다면, 그것은 잘못된 것이다. 그는 당신을 무시할 수 있는 권리를 분명히 가지고 있다. 그러므로 당신이 느끼는 분노가 아무리 인간적인 것이라 하여도, 그것이 어리석고 잘못된 것이라는 점은 인식해야 한다. 그러면서도 여전히 당신의 바보같은 행동과 함께 당신 자신을 수용하라는 것이다.

화를 돋우는 사람에게 효과적으로 대하는 방법은 다음과 같다

당신의 부글부글 끓어오르는 감정을 비교적 무난하게 해소하고, 또한 당신에게 화를 돋우는 사람이 자기의 행동을 반성해 보고 수정할 수 있도록 도와주는 몇 가지의 실질적인 절차가 있다. 예를 들면 다음과 같다.

분노의 대상이 되는 사람들에게 "너-전달법" 방식이 아닌 "나-전달법"으로 당신 자신을 표현해 보도록 노력하라.

만약 당신의 상사가 당신에게 근무시간 외에 일을 시키고 그에 대한 보상을 해주지 않을 때, 그에게 다음과 같이 말해서는 안 된다. "부장님께서 근무시간 외에도 일을 시키다니, 그건 부당하군요! 어떻게 그럴 수가 있어요? 도무지 이해가 안갑니다!" 그와 같은 진술은 상대방이 형편없는 행동을 했다고 비난하는 것이며, 그런 행동에 대해 상사쪽에서 전적으로 책임져야 하며 결코 그런 행동을 해서는 안 된다는 가정을 담고 있다.

"제가 초과수당도 받지 않으면서 시간외 근무를 해야 하니까 기분이 좋지 않군요. 이런 일이 공정한지 의문이 듭니다. 저는 이것이 부당하다고 생각하는데, 부장님은 어떻게 보는지 궁금합니다." 이와 같은 "나-전달법"은 당신이 느끼는 감정과 당신의 생각을 매우 외교적이고 객관적으로 상대에게 알려준다. 그러한 방식으로 말을 하게 되면 당신이 엄청나게 화가 나 있는 것이 아니라 다만 불쾌하게 느끼고 있다는 것을 나타내 준다.

잘못된 행동을 하고도 그러한 자신의 행동을 자각하지 못하는 사람들에게 분노를 느낄 때에는 권위주의적으로 말하지 말라. 그 대신에 다음과 같이 말하라.

예를 들면, 어떤 직원이 항상 지각을 한다고 할 때 당신은 다음과 같이 말하지는 말라. "어떻게 당신은 항상 늦기만 하는가요? 지각하는 것을 도저히 참을 수가 없으니 앞으로 조심하시오!"

당신은 이렇게 말할 수 있다.

"당신이 여기에 입사했을 때 누군가가 일러 주었을지 모르겠는데, 여기서는 지각에 대해서 매우 엄격한 규칙이 있습니다. 누구든지 단 몇 분이라도 계속해서 지각을 한다면 상사로부터 지적을 당하게 되어 있고, 그 후로도 그 것을 고치지 않으면 벌칙을 받게 되어 있어요. 이 규칙은 오래 전부터 지켜 오고 있습니다. 당신도 이것을 지키는 것이 좋을 것입니다. 요즈음 당신이 자주 지각하는데, 그 점에 관해 이야기하려고 당신을 불렀습니다."

한 반에 있는 친구가 당신이 숙제한 것을 빌려달라고 습관적으 로 요청하여 화가 난다면, 이렇게 말할 수 있을 것이다. "아마도 너는 숙제의 규칙에 대하여 별로 개의치 않고 가볍게 생각하는 것 같구나. 그러나 나는 개인적으로 숙제를 규칙적으로 하지 않으면 수업시간에 공부했던 것을 잘 이해하지 못하겠더구나. 자기 스스 로 복습해 봐야 공부를 잘 할 수 있다고 생각해. 그래서 내가 너에 게 숙제를 복사하라고 빌려주는 것이 너에게 도움이 되지 않고, 오 히려 너 스스로를 잘못 길들이는 것이라고 느껴져. 그렇기 때문에 나는 너에게 숙제를 빌려주지 않겠어." 이와 같은 반응이 "이것 봐, 이 친구야. 우리 반에서 아무도 숙제를 빌리는 사람은 없어. 절대로 안 될 말이야!"라는 식으로 으스대며 핀잔을 주는 것보다 훨씬 더 낫다.

누군가가 당신을 모욕하여 화가 났을 때 그에 대해 즉각 반격하고 상대 방을 똑같이 모욕하는 행동을 삼가한다면, 당신은 훨씬 더 훌륭한 삶을 살 수 있을 것이다.

즉각적으로 보복적인 반격을 가하면 일시적으로 기분이 좋아질 지는 모르나 인격적 성장에는 손해다. 당신이 반격하게 되면 이상 하게도 당신은 화가 더 나게 되고, 상대방의 원한을 사게 된다. 그 러므로 당신의 가장 좋은 반격은, 상대방이 모욕을 준 사항에 대하 여 동의를 표명하거나 무시하거나 부분적으로 동의하는 것이다. 또는 상대방의 말을 심각하게 받아들이지 않는다거나 타당하지 않 게 생각한다고 의연하게 의견을 밝히는 것이다.

예를 들어, 만약 당신이 아는 사람이 당신의 옷차림을 가지고 비웃었다고 할 때, 다음과 같이 반격할 수 있다.

"그래요, 내 웃옷이 야하게 보일 수도 있겠군요."
"당신은 내 옷차림을 좋아하지 않는군요."
"내 자켓이 야하게 보이는 것 같군요. 하지만 나는 재미있고 매력적인 차림이라고 생각해요."
"당신의 말이 무슨 뜻인지 알겠고, 아마 다른 사람들도 당신의 생각에 동의할지 모르죠. 하지만 나는 이런 문제가 별로 중요하다고 생각지 않아요."
"야한 옷차림이 무엇인지에 대해 우리는 분명히 생각이 서로 다르군요."
"당신은 이 옷을 야하다고 생각하는 것 같지만, 요즘에는 누구나 이런 색깔의 옷을 입어요. 당신은 요즘 사람들과는 좀 다르군요."

이러한 식으로 반격을 하면, 당신은 자기의 입장을 지키면서도 상대방에게 적대감이나 모욕을 주지 않게 된다. 이런 식으로 반응을 하면서 설령 당신이 분노를 느낀다 하여도, 이내 당신은 진정되고 분노는 감소될 것이다. 이런 식으로 행동하면 당신은 결코 인격적 품위를 잃지 않을 것이다. 상대방이 여전히 당신을 잘못 행동한 사람이라고 생각한다 하여도, 그것은 그의 문제일 따름이다. 당신은 모욕을 당한 것으로 느낄 필요가 없다.

펜스터하임(Herbert Fensterheim)과 베어(Jean Baer)가 지적한 바와 같이, 누군가가 당신을 모욕하여 화가 났을 때 비굴한 태도를 취하라거나 자기비하적인 반응을 하라는 말은 아니다.

당신의 웃옷에 대한 취향을 누군가가 비판했을 때 그와 맞서는 것을 피하기 위해서 당신이 "그래요. 아마 사람들은 내가 이런 상의를 입은 것을 별로 좋지 않게 보리라고 생각해요."라거나, 혹은 "올해는 사람들이 모두 이런 옷을 입었더군요. 그래서 나도 이 옷을 샀어요."라고 반응할 필요는 없다. 당신이 저자세로 나오면 사람들은 계속해서 당신을 무시하는 경향이 있고 오히려 이용하려 할 것이다. 나의 저서인 《신경증 환자와 살아가는 방법》에서 나는 단호하고도 친절한 태도에 관해서 역설했다. 여기서 '단호하고도 친절한 태도'란 단호하지 않은 친절도 아니고, 친절하지 않은 단호함도 아니다. 그리고 다른 사람들이 당신을 어떻게 생각하든지 간에 자신의 인격적 조화를 유지하는 것이다.

때로는 적에게 신체적으로 대항하여 싸우는 것이 그를 피하여 달아나는 것보다 더 용기있다. 이와 마찬가지로 당신이 받은 모욕에 대하여 풍자적이고, 비열하고, 비판적으로 반격하는 것이 더 낫다고 생각될 때가 있을 것이다.

거친 뒷골목 패거리와 맞부딪쳤을 때에는 싸움을 각오하고라도 당신의 입장을 지키지 않으면 안 되듯이, 당신 쪽에서 불친절로 답하지 않으면 그 집단의 성원들은 당신을 얕잡아 보고 자기들의 희생자로 삼아서 두고두고 당신을 괴롭힐 것이다.

펜스터하임과 베어는 그와 같은 상황에서 당신이 어떻게 반응할 것인가에 대하여 좋은 예를 제시하고 있다.

- 그 상황에서 도망가려고 할 것이 아니라 답변을 꼭 제시해 보도록 노력할 것
- 좋은 반격의 방법을 생각할 시간적 여유를 가질 것
- "나-전달법" 대신에 "너-전달법"을 사용할 것
- 상대방에게 당신의 잘못이 무엇인지 더 자세하게 설명해 달라고 요청하지 말 것
- 가령, "도대체 나의 행동 중에서 그토록 비난받아야 하는 점이 어떤 것입니까?" 혹은 "오늘 이토록 비판적인 이유가 무엇입니까?"와 같은 말은 항상 적용하기 보다는 어쩌다 한 번씩

만 사용해 보라고 권하고 싶다.

분노를 처리하는 과정이나 화를 돋운 사람들에게 반응하는 과정에서, 자신에게 완벽주의적인 기대를 가지고 생각하지 말아야 한다.

당신은 때때로 무력하고 비효과적으로 반격하거나, 너무나 화가 난 나머지 완전히 흥분하고 격노하여 통렬하게 반응할 때가 있을 것이다. 당신은 얼마든지 그럴 수 있다. 당신이 화가 났을 때마저 언제나 자신을 품위있게 가다듬고 울 수만 있다면 얼마나 좋을까? 그러나 당신은 가끔씩은 분통을 터뜨리고 어리석게 행동하지 않을 수 없을 것이다.

그러한 경우에는, 당신의 분노뿐만 아니라 그런 행동을 한 당신의 연약함도 함께 수용하도록 노력해 보라. 당신이 어리석은 행동을 한 것은 당신이 다만 인간이라는 사실을 보여줄 따름이다. 레오나르도 다빈치도 뉴튼도 아인슈타인도 자주 어리석은 행동을 했다. 그리고 당신도 마찬가지다.

당신은 변화될 수 있고 화내는 습관을 줄일 수 있다는 가능성을 자각하라. 적대감을 완전히 없앤다는 것은 결코 이루어질 수 없는 일이나, 당신이 지금보다 더 약하게 분노를 느끼도록 할 수는 있다.

열심히 노력해 보고, 쉽게 포기하지 말라. 분노하지 않고 말하는 방법을 스스로 연습해 보고, 연습한 대로 실제로 친지들에게 말해 보도록 노력하라. 만약 당신이 적대감을 훨씬 덜 느낀다는 것을 보여준다면, 적대감이 진정되고 점차 사라지는 현상을 상대방의 반응을 통해서도 느낄 수 있게 될 것이다.

당신이 분노를 느낄 때는, 이를 당신 자신과 타인에게 모두 알리도록 하라. 물론 항상 그렇게 하라는 것은 아니다. 만약 당신이 당신 학교의 교장선생님이나 당신이 가르치는 학생 중의 한 사람에게 극도로 화가 났을 때는 그 분노를 표현하지 않는 것이 더 나을 것이다. 그러나 당신의 친구나 친척과 같이 비교적 솔직한 관계에서는 화가 났다는 사실을 알리는 것이 좋다. 당신이 얼마나 화가 났는가를 그들이 알도록 하라. 그리고 당신이 스스로를 분노하게 했으며, 이 과정에서 자신의 행복을 방해하고 있다는 사실을 깨닫도록 한다. 그렇게 알리고 시인하는 과정을 통해서, 당신은 가슴 속에 화를 품게 되어 응어리가 맺히게 하는 과정을 면할 수가 있다. 가슴에 화를 품게 되면 후일에 화병을 다스리기 위해서 훨씬 더 많은 시간과 에너지를 소비하게 될 것이다.

화가 날 때는 오히려 문제해결적인 태도로 임하라

경우에 따라서는 화를 내면서도 그런대로 잘 살아가기 원한다면, 당신이 분노를 제거하려고 했던 때와 같은 노력을 하면 된다. 당신이 정서적인 혼란에서 벗어나고 싶다거나 어느 정도는 고민을 안은 채로 행복하게 살 수 있기를 원할 때에는 제발 "합리적인 과정"을 거치기 바란다.

이러한 예를 호오크(Paul A. Hauck)가 쓴 《좌절과 분노의 극복》이라는 책에서 찾아볼 수 있다. 호오크 박사는 적대적인 감정이 누적되는 것을 피하는 방법을 제시하고 있다. 당신이 여전히 화를 곧잘 내면서도 또한 행복하게 살기 원할 때 이 방법을 적용해볼 수 있다.

당신이 울분을 느끼는 경우마저도 분노에 대한 정당성은 인정될 수 없다고 그는 말했다. 왜냐하면 모든 분노 속에는 정당함이 포함되어 있기 때문이다.

"분노란 처음부터 당신의 생각이 전적으로 옳고 상대방은 전적으로 틀렸다고 생각하기 때문에 발생한다. 이 말은 어떤 사물의 특성에 대해 분노를 느끼는 경우에도 똑같이 적용된다. 가령 당신은 타이어가 찌그러지자 화를 내며 타이어를 발로 찼다면, 당신은 이 세상을 향하여 '타이어는 찌그러질 권리가 없다. 내 타이어가 터지다니 더럽고 재수없는 속임수로구나. 이 따위 타이어는 발로 채여 마땅하다.'고 외치고 있는 것이다."

당신이 화를 터뜨릴만한 정당한 이유가 있다는 것도 깨닫고 동시에 어리석음도 충분히 인정한다면, 타이어를 발로 차는 행동을 그만둘 수 있을 것이다. 그리고 또한 타이어를 발로 차는 화풀이를 인간으로서 누구나 범하게 되는 오류의 한 부분으로서 유머러스하게 수용할 수 있을 것이다.

호오크 박사는 당신이 어떤 대상에 화가 났을 때는 그 사람이 실패한 부분 자체에 주목해 보라고 촉구한다. 그리하여 비난 일변도로 상대방을 헐뜯지 말고, 상대방이 범한 실패의 요인을 제거하려는 방향으로 노력하라고 말한다. 다시 말해서 문제해결 지향적이며 합리적인 태도를 가져보라고 지적하고 있다. 그는 REBT의 관점에 입각하여, 당신의 인생에서 그르친 일이 일어날 때면, 그것이 누구의 잘못이었든지간에 불문에 붙이고 문제중심적이 되어보는 것이 훨씬 더 낫다고 말한다. 그러나 그는 여기서 한걸음 더 나아가, 당신이 분노를 느낄 때 결함을 찾는 자세로 임하는 것도 합리적인 태도라고 지적하고 있다.

"만일 어떤 결함이 있는지를 알지 못한다면, 당신이 그 상황을

변화시키기는 어려울 것이다. 그래서 결함지향적이 되어 보는 것
도 좋은 것이다. 이것은 비난지향적인 태도와는 결코 같지 않다."

당신이 분노를 경험한다면, 그 상황에는 아마도 어떤 심각한 결
함이 내재해 있다는 사실을 당신에게 알려주는 셈이다. 그리하여
당신이 이 결함을 제거하거나 최소화하는 데 주목하고 노력할 수
있도록 도와주는 것이다. 이러한 의미에서, 만일 당신이 그 분노를
통하여 당신과 타인의 결함과 세상의 결함을 찾아보는 편이 낫다.
문제지향적인 태도를 가지고 이러한 결함을 수정하기 위하여 진지
하게 생각해 보려 한다면, 당신은 분노를 건설적으로 활용하고 그
것과 더불어 살아갈 수 있다.

똑같은 맥락에서, 호오크 박사는 "모든 것을 용서하되, 아무것도
망각하지 않는 것이 요체이다"라고 지적한다. 이것은 훌륭한 말이
다. 아파트를 함께 쓰기로 한 약속을 지키지 못한 나를 용서하고,
나의 비열한 행동까지도 한 인간으로 함께 수용함으로써, 아마도
당신은 이와 유사한 일이 다시 일어나지 않도록 방지하게 될 것이
다. 그리고 앞으로 혹시 그러한 일이 재발하게 되면 보다 효과적으
로 처리할 수 있게 될 것이다. 다시 말하지만 만약 당신이 이렇게
만 될 수 있다면, 당신은 때에 따라서는 화를 내기도 하면서 무난
하게 살아갈 수 있게 될 것이다. 당신이 화가 난 경험을 통하여 내
가 어찌하여 실패했는가를 평가해 보고 이어서 어떤 노력을 시도
할 수 있는가를 알아보게 될 것이다. 그 결과로 분노를 줄이고 보
다 문제해결적으로 될 수 있을 것이다.

또한 호오크 박사는 전환적 기법의 하나로 열까지 세는 것이 분
노를 다루는 데 도움이 될 것이라고 추천한다.

"이 방법은 진부하게 들릴지 모르나, 분명히 효과가 있다. 물론
그 방법이 당신이 화를 내지 않도록 예방해 주지는 못한다. 그러나

열까지 세는 동안은 분노를 통제하기에는 충분한 시간이며, 생각을 정리할 수 있는 시간이 될 것이다."

정말 그렇다. 그리고 이와 유사하게, 앞의 행동적 방법을 설명한 장에서 제시한 여러 가지 다른 전환적 기법들을 사용해 볼 수 있다. 전환적 기법을 사용하게 되면 속상한 일은 적어지며 때로는 화를 내면서도 얼마든지 성공적으로 살아갈 수 있도록 해줄 것이다. 이와 같은 방법들이 일시적으로 분노를 억제할 뿐이며 진정한 치유는 되지 않는다. 화를 내는 장본인은 당신이며, 전환기법은 하나의 방편에 불과하다는 사실을 알고 있으면 된다. 당신은 열까지 세는 동안 걷거나 TV를 켜거나 혹은 숨을 돌리는 시간을 가지고 적개심을 가라앉힘으로써 행복하게 살 수 있는 길을 터득하는 것이다.

결론적으로 말해서 이 책에 제시된 모든 방법은 분노의 감정을 느끼면서도 보다 더 잘 살아갈 수 있는 방법과 고통을 적게 느낄 수 있는 방법을 터득하도록 도우려는 것이다. 분노를 경험하는 과정에서 당신은 기본적으로 그 감정을 만들어낸 이가 바로 당신 자신이라는 것과 결국은 당신의 사고방식을 분노하지 않는 경로로 변화시킬 수 있다는 것을 인식하게 될 것이다. 그리고 전환적 기법을 사용하여 그 농도를 감소시킬 수 있는 길로 들어설 수 있으며, 분노를 일으킨 사람들에 대하여 속상해 할 것이 아니라 문제점을 해결하는 데 초점을 맞추는 것이 더 현명하다는 것도 깨닫게 될 것이다. 또한 분노의 감정과 행동을 줄이도록 훈련시킬 수 있으며, 분노가 당신을 지배하기는 하지만, 당신이 그 분노를 변화시키고 지배할 수 있는 힘을 가지고 있다는 것을 확실하게 깨달을 수 있을 것이다. 이런 깨달음이 있게 되면 비록 적대감을 느끼는 경우라 할지라도 그 피해를 최소한으로 줄이고, 훨씬 풍요롭게 살아갈 수 있을 것이다.

당신이 이 정도의 수준으로 행동할 수 있게 되면 상당한 만족감을 느낄 것이다. 일생 내내 결코 화를 내서는 안 된다는 법은 없다. 때로는 당신은 분노의 감정을 느낄 때마저도 자신을 수용할 수 있을 것이며, 자기수용에서 당신은 많은 이익을 얻을 것이다. 그러나 이 단계에 도달하기 위하여 끊임없는 노력이 요청된다. 그리하여 가끔씩 분노를 느낄 때에도 결코 자기비하하지 않으며, 불쾌한 상황에 접하게 될 때에는 세상 사람들의 "지긋지긋한" 부당성을 탓하지 않고 다만 문제해결의 측면에 관심을 갖게 된다면, 당신은 더욱 더 차원높은 수준으로 진보하게 될 것이다. 화내는 일이 없이 세상과 사람을 용서하며 관대한 태도를 가지도록 노력해 보고, 당신 스스로 그 결과를 지켜보는 것도 좋은 일이 아닌가?

위의 ABCDE를 좀더 구체적으로 도시하자면 다음과 같은 용어로써 표시될 수 있다.

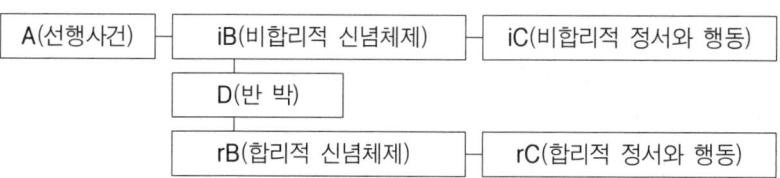

엘리스에 의하면, 모든 인간은 합리적인 상념과 비합리적인 상념을 동시에 향유하고 있다. 그런데 정신질환 내지 신경증으로 고통스러워하거나 반사회적 행동을 하는 사람들은 비합리적인 상념 내지 사고방식에 근거하여 행동하는 특성이 강하다. 그리하여 그에게 일어난 어떤 상황(선행사건)을 놓고 지나치게 자기를 탓하거나, 세상을 원망하는 습관(정서적 결과)에 젖어 죄책감, 불안, 분노,

적개심 등으로 괴로워한다.

이런 문제를 가진 내담자를 도와주기 위하여 REBT에서는 그가 가지고 있는 비합리적인 신념체제를 발견하고 논박함으로써 합리적인 신념체제로 바꾸어 주도록 시도한다. 그리하여 부당한 죄책감, 불안, 적개심과 같은 부정적 정서와 자기징벌적이고 자기패배적인 행동을 감소하거나 제거하는 데 목표를 둔다. 이런 의미에서 상담은 내담자의 그릇된 상념을 현실적이고 합리적인 것으로 교체하도록 재교육하는 것이라고 볼 수 있다.

REBT이론을 사용하는 카운슬러나 정신과 의사는 내담자가 어떠한 비합리적인 생각과 신념을 가지고 있는가 찾아내어 내담자에게 보여준다. 그리하여 내담자로 하여금 자기에게는 비합리적이고 자학적인 사고방식과 태도가 있다는 것을 분명하게 자각하고 인식하게 한다. 그리고 평소 무심코 취하는 행동과 생각을 일일이 검토하여 그 속에서 비합리성을 발견해 보도록 관심을 촉구한다. 다음에는 내담자의 상념이나 신념이 어떻게 심리적 고민과 정서적 혼란의 원인이 되고 있는가를 보여준다. 이어서 개인이 갖고 있는 비논리적인 상념들이 내면화된 자기독백 내지 자기대화의 내용과 어떻게 연결되고 있는가를 깨닫도록 인도한다. 이 과정에서 카운슬러는 내담자가 갖고 있는 머릿속의 비합리적 상념을 구체적인 문장으로 정확하게 표현해 준다. 마지막 단계에서는 이런 발견의 시간을 통하여 지금까지와는 다른 새로운 신념체제인 합리적이고 융통성 있고 효율적인 사고로 바꾸게 한다.

위와 같은 상담목표를 달성하기 위하여 REBT를 적용한 상담에서는 엘리스의 ABCDE의 전략을 내담자에게 설명하고 설득하며 적절히 가르치는 방법을 사용하고 있다. REBT 치료자들은 내담자에게 올바른 사고법을 주입시키고, 객관적이고 현실적인 정보를 제공한다. 동시에 내담자의 사고방식이 합리적인 방향으로 바꾸어졌는지 확인해 보고 넘어가야 하므로 가끔씩 내담자와 질문을 주고 받으면서 이를 알아보아야 한다. 그러한 의미에서 REBT는 강의법이라기보다는 일종의 소크라테스적 대화법이라고도 볼 수 있다. 구체적으로 사용되는 기법으로는 다음과 같은 것들이 있다.

- 상담시간에 ABCDE를 종이에 써서 내담자의 비합리적인 신념체제를 반박해 보도록 한다.
- 내담자의 실제 생활 속에서 일어나는 생각과 행동에 의문을 던져보고, 또 방어적 행동과 비방어적 행동을 변별하는 학습을 해보라고 한다. 그리하여 집에 가서 여러 가지 비합리적인 신념체제를 반박해 보도록 숙제를 내준다. 그리고 종이에 써 온 반박의 내용은 상담시간에 반드시 카운슬러와 함께 검토한다. 내담자가 옳은 방법으로 반박하고 있는가를 체크해 준다. 즉 인지적 검토의 과제물을 내담자에게 부과한다.
- 내담자가 두려워하고 있는 어떤 행동이 현실적으로 과연 공포를 유발할 만한 충분한 근거가 있는가를 확인해 보도록 실행적 숙제를 준다. 예컨대 내담자가 매력적인 이성에게 접근하는 것에 대하여 과도한 불안을 느낀다면 실제로 이성과 대화해 보는 시간을 가져보라고 지시한다. 이것은 일종의 둔감화 기법이다. 이처럼 실행적 숙제를 반복함으로써 "비합리적 사고→부적절한 정서→자포자기와 자책의 행동"으로 조건화된 내담자의 습성을 "합리적 사고→적절한 정서→새로운 행동"의 형태로 역조건 형성시켜 주는 것을 강화한다.
- 인지적인 재구성을 돕기 위하여 상담시간에 녹음된 면접내용의 테이프를 집에 가지고 가서 반복해서 듣도록 한다.

- 독서요법을 강조한다. 즉 REBT의 핵심사상이 담긴 여러 가지 책들(정신건강적 사고, 이성을 통한 자기성장, 화가 날 때 읽는 책)을 읽도록 과제를 준다.
- 상상의 기법을 활용한다. REBT에서의 치료적 상상은 노만 피일의 "적극적 사고"와 유사한 면이 없지 않다. 그러나 "적극적 사고"는 다르다. REBT에서는 부모의 방침에 따르지 않음으로써 불안한 내담자에게 "내가 부모와 사이좋게 지내는 모습을 그려보자"라는 식으로 사리에 타당한 근거도 없이 무조건 낙천적으로 상상하도록 유도하지 않는다. 그 대신에 "부모에 대한 내 생각을 바꾸는 모습을 상상해 보자. 그리고 방학을 맞아 부모님을 뵐 때 보다 합리적인 생각을 가지고 임하는 내 자신을 상상해 보자"라는 식으로 나온다. 즉, 비합리적인 신념체제를 공박하는 내용과 결합해서 상상해 보도록 지시한다.

추후지도

1. 어떤 새로운 목표를 세워나가고 싶은가?
   구체적으로 어떤 행동을 취하고 싶은가?

2. 바람직하지 못한 정서적 결과와 행동적 결과를 깨닫고 나서 얼마나
   재빨리 당신의 비합리적인 신념을 논박하게 되었는가?
   얼마나 적극적으로 논박했는가?
   만약 논박을 하지 않았다면, 그 이유는?

3. 상담자가 집단상담 시간에 당신에게 부과한 숙제는 구체적으로 무엇
   인가?

4. 그 숙제를 하기 위해서 어떤 일을 했는가?

5. 지난 주에 숙제를 하기 위해 몇 번이나 노력했는가?

6. 지난 주에 논박하기 위하여 몇 번이나 노력했는가?

7. 당신의 상담자와 집단상담 시간에 함께 토론해 보고 싶은 것이 있다
   면 무슨 내용인가?

〈부 록〉
과제물 작성의 예(합리적 자기조력표)

먼저 바람직하지 못한 정서적 결과(ueC)와 바람직하지 못한 행동적 결과(ubC)를 작성한 다음, A-B-C-D-E의 모든 칸을 채우시오.

사 례 1

A : 선행 사건 (혹은 경험)	B : 선행사건에 관한 신념체제	C : 선행사건에 대한 신념체제의 결과
	(rB) 합리적 신념 (소망사항)	**(deC) 바람직한 정서적 결과 (적절한 부정적 감정)**
	• 취직시험에 떨어진 것은 불운한 일이다. • 나는 취직시험에 떨어진 것이 좋지 않다. • 취직시험에 합격했었으면 좋았을걸. • 정말 속상하구나 • 내가 원하는 직장을 구하는 데 어려움이 있을 것 같다.	• 불쾌하다 • 걱정이 된다
		(dbC) 바람직한 행동적 결과(바람직한 행동)
		• 필요한 기술을 익히거나 열심히 공부한다. • 계속 직장을 구한다.
	(iB) 비합리적 신념체제 (요구나 강요)	**(ueC) 바람직하지 못한 정서적 결과(부적절한 감정)**
취직시험에서 떨어졌다.	• 내가 취직시험에 떨어졌으니 나의 인생은 끝이다. • 내가 떨어졌다는 사실이 다른 사람에게 알려진다는 것은 도저히 견딜 수 없는 일이다. • 나는 시험을 좀더 잘 치러서 반드시 합격했어야 했다. • 나는 이제 전혀 쓸모 없는 인간이다. • 나는 결코 내가 원하는 직장을 구할 수 없을 것이다. • 나는 앞으로도 취직시험에서 좋은 성적을 받지 못할 것이다.	• 무가치한 느낌이 든다. • 화가 치민다. • 불안해진다. • 절망감이 든다. • 적개심이 일어난다. • 우울해진다.
		(ubC) 바람직하지 못한 행동적 결과(바람직하지 못한 행동)
		• 합격할 가능성이 있는 시험도 포기한다. • 취직시험에 응하더라도 실력을 제대로 발휘하지 못한다.

D : 비합리적 신념체제에 대한 반박(의문문으로 진술하라)

- 취직시험에 떨어졌다는 사실이 왜 그렇게 끔찍한가?
- 나는 왜 내가 취직시험에 떨어졌다는 사실이 다른 사람에게 알려지는 것을 견딜 수 없는가?
- 시험을 더 잘 치러서 반드시 합격했어야만 할 분명한 근거라도 있는가?
- 취직시험에 떨어졌다고 해서 전혀 쓸모 없는 인간이라는 이유가 무엇인가?
- 내가 원하는 직장을 구하지 못할 이유가 도대체 무엇인가?
- 나는 앞으로의 취직시험에서 좋은 성적을 받지 못할 근거가 있는가?

↓

E : 바람직한 신념체제를 논박한 결과로 나타난 효과

(cE)인지적 효과(합리적 신념과 유사)

- 취직시험에 떨어진 것이 결코 즐거운 일은 아니지만 그렇다고 해서 내 인생에 파멸을 가져오는 것도 아니다.
- 취직시험에 떨어졌다고 해서 다른 사람들이 꼭 나를 싫어하는 것이 아니기 때문에 참고 견디지 못할 이유가 없다.
- 다른 사람이 시험에 떨어질 수 있다면, 나도 인간이기 때문에 시험에 떨어질 수 있다.
- 취직시험에 떨어졌다는 것은 내가 쓸모 없는 인간이기 때문이 아니고, 시험공부에 많은 노력을 경주하지 않았기 때문이다.
- 힘이 들지는 모르나, 내가 원하는 직장을 구하는 것이 불가능한 일은 아니다.
- 이번 시험에서의 미비점만 보완한다면, 앞으로의 취직시험에서 좋은 성적을 올리지 못할 이유가 없다.

(eE)정서적 효과(적절한 정서)

- 내 자신이 못마땅하지만 무가치함을 느끼지는 않는다.
- 걱정이 되나 불안하지는 않는다.
- 기분이 언짢지만 분노하지는 않는다.
- 마음이 다소 편안해진다.

(bE)행동적 효과(바람직한 행동)

- 취직시험을 몇 번 더 본다.
- 취직시험에 필요한 추가적인 훈련(교육)을 받는다.
- 취직에 필요한 정보를 수집한다.
- 취직시험을 위해 더 열심히 공부한다.

사 례 2

A : 선행사건
  (혹은 경험)

B : 선행사건에 대한 신념체제
  (rB)합리적 신념체제(소망사항)

→
- 부모님이 약속을 어긴 일은 나에게 불행한 일이다.
- 나는 부모님이 약속을 어긴 것을 좋아하지 않는다.
- 부모님들이 약속을 지켰더라면 좋았을 텐데.
- 화가 나는 일이다.
- 나는 다른 데서 돈을 융통해 보려고 노력할 것이다.

(C)선행사건에 대한 신념체제의 결과
(deC)바람직한 정서적 결과(적절한 부정적 감정)

좌절과 짜증, 슬픔과 유감스러움.
부모의 태도 변화를 돕기 위한 결심

(dbC)바람직한 행동적 결과(바람직한 행동)

부모의 마음을 돌려 용돈을 받으려고 계속 노력한다.
다른 방법으로 돈을 융통하려고 시도한다.

(iB)비합리적 신념체제(요구나 강요)

우리 부모님이
나에게 용돈을
주기로 약속했
는데 그 약속을
어겼다.

→
- 우리 부모가 그러한 방식으로 행동하는 것이 얼마나 지겨운 일인가!
- 나는 부모의 불공평한 행동을 참을 수 없다.
- 반드시 용돈을 주었어야 되었는데.
- 우리 부모가 마땅히 해야만 하는 도리를 하지 않았으므로 우리 부모는 몹쓸 사람이다.
- 사람들은 항상 나를 이렇게 불공평하게 대한다. 얼마나 끔찍한 일인가!

(ueC)바람직하지 못한 정서적 결과(부적절한 감정)

나는 화가 났다. 부모님을 증오한다. 울적해졌다.

(ubC)바람직하지 못한 행동적 결과
  (바람직하지 못한 행동)

부모님께 신경질적으로 소리친다. 다른 방식으로 용돈을 마련할 생각을 않는다. 뾰로통해하며 삐진다.

D : 비합리적 신념체제에 대한 반박(질문의 형태로 진술하라)

- 부모님이 용돈을 안주는 것이 왜 그렇게도 끔찍하단 말인가?
- 나는 부모님의 불공평한 대우를 왜 견뎌내지 못하는가?
- 부모님이 내게 반드시 돈을 줘야만 한다는 이유가 있는가?
- 부모로써 해야 하는 도리를 하지 못했다고 해서 내가 반드시 몹쓸 사람으로 대해야만 하는가?
- 내가 아는 사람들이 늘 나를 불공평하게 대하겠는가?
  그리고 나는 그런 상황을 항상 끔찍스럽다고 보아야만 할 것인가?

↓

E : 비합리적인 신념체제를 논박한 결과로 나타난 효과
(cE)인지적 효과(합리적 신념과 유사)

- 우리 부모님이 나에게 용돈을 주지 않으니까 단지 불편할 뿐이지, 지긋지긋한 것은 아니다.
- 나는 부모의 불공평한 대우를 비록 좋아하지는 않을지라도 견뎌낼 수 있다.
- 부모님이 약속을 지켰더라면 좋았겠지만, 반드시 지켜야만 한다는 근거는 없다.
- 부모님이 용돈을 주지 않는다고 해서 몹쓸 사람은 아니다. 단지 용돈을 주지 않은 행동 자체만 몹쓸 행동일 뿐이다.
- 사람들이 매번 나를 업신여기지는 않을 것이다. 설령 그들이 가끔씩 나에게 불공평한 대우를 한다 해도, 그것은 참으로 스트레스를 주는 처사일 뿐이지 그것 때문에 내가 멸망하는 것은 아니다.

(eE)정서적 효과(적절한 감정)

- 나는 짜증나고 성가시기는 하나 화가 나지는 않는다.
- 실망이 되고 걱정이 되지만 우울증에 빠지진 않는다.
- 나는 아직도 기본적으로는 부모님을 사랑하지만 부모님의 어떤 면은 싫어한다.
- 나는 돈을 벌 수 있는 다른 방법을 찾아보고 싶은 마음이 생겼다.

(bE)행동적 효과(바람직한 행동)

- 내가 실망했고 신경질이 났다는 점을 부모님께 이야기한다.
- 부모님이 변화하도록 설득을 시키려 한다.
- 나는 돈을 벌 수 있는 다른 방법을 연구한다.

■ 과제물

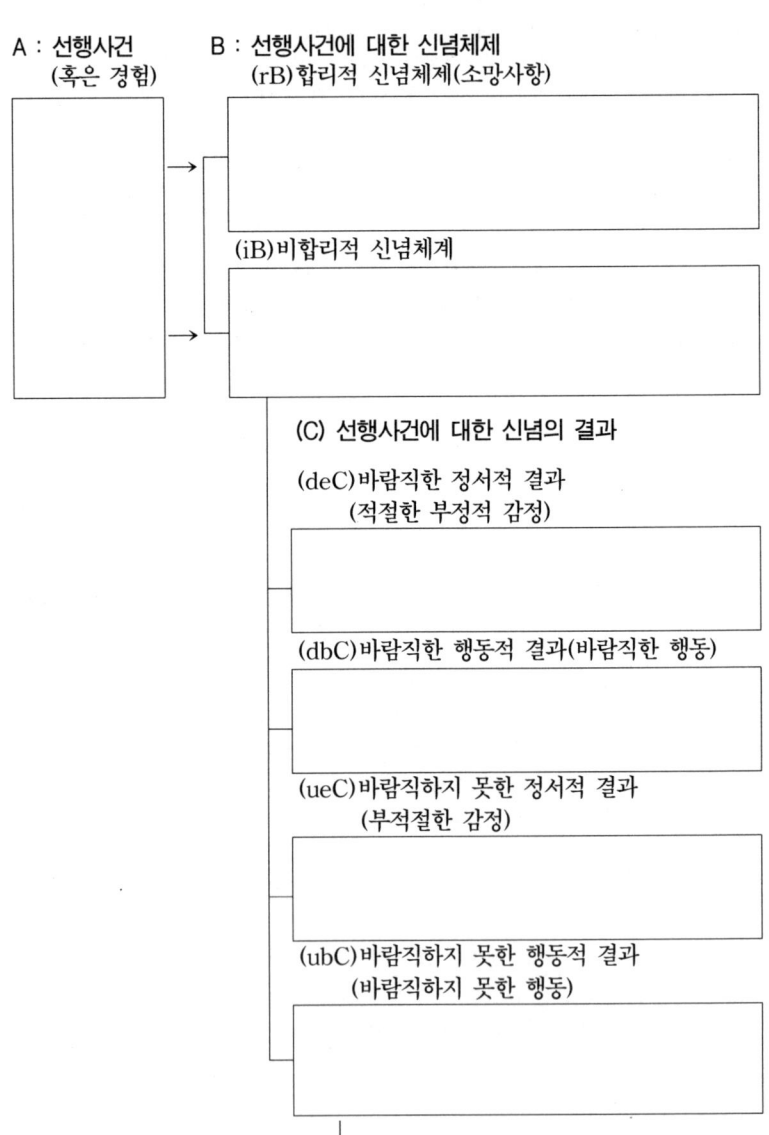

A : 선행사건
　(혹은 경험)

B : 선행사건에 대한 신념체제
　(rB) 합리적 신념체제(소망사항)

(iB) 비합리적 신념체계

(C) 선행사건에 대한 신념의 결과

(deC) 바람직한 정서적 결과
　(적절한 부정적 감정)

(dbC) 바람직한 행동적 결과(바람직한 행동)

(ueC) 바람직하지 못한 정서적 결과
　(부적절한 감정)

(ubC) 바람직하지 못한 행동적 결과
　(바람직하지 못한 행동)

D : 비합리적 신념체제에 대한 반박(질문의 형태로 진술하라)

↓

E : 비합리적인 신념체제를 논박한 결과로 나타난 효과

(cE)인지적 효과(합리적 신념과 유사)

↓ ↑

(eE)정서적 효과(적절한 감정)

↓ ↑

(bE)행동적 효과(바람직한 행동)

과제물

1. 또 다른 목표를 세워보고 싶다면 어떤 것이 있는가?
2. 구체적으로 어떤 행동을 강구하고 싶은가?
3. 당신의 바람직하지 못한 정서적 결과와 행동적 결과를 깨닫고 나서 곧바로 당신의 비합리적인 신념을 찾아서 논박하려고 조처했는가?
4. 숙제를 실천하기 위해서 무슨 일을 했는가?
5. 지난 주에 숙제를 실제로 몇 번이나 했는가?
6. 지난 주에 비합리적 신념을 몇 번이나 논박했는가?
7. 당신의 카운슬러와 집단상담 시간에 논의해 보고 싶은 것이 있다면 무슨 내용인가?

역자소개

홍경자(洪京子)

약 력
이화여자대학교 심리학과 졸업 및 동대학원 교육심리학 석사
미국 The University of Mississippi 교육심리 및 상담학과 졸업 철학박사(1982)
현 전남대학교 사범대학 교육학과 교수
AP 한국본부 사무총장

저서 및 역서
성장을 위한 생활지도(탐구당, 1986).
현대상담, 심리치료의 이론과 실제(공저, 중앙적성출판사, 1995).
청소년 집단상담(공저, 청소년 대화의 광장, 1996).
청소년 인지상담(공저, 청소년 대화의 광장, 1998).
인성교육(공저, 문음사, 1998).
청소년·부모·가족 상담(공저, 한국청소년상담원, 2000).
자녀와의 대화, 이렇게 해보세요(비디오, 서울시 교육청, 1997).
만남과 성장(공저, 한국상담·심리치료학회 편, 학지사, 2001).
마음따라 몸따라(Brenner, 1994, 한국심리교육출판부).
이성을 통한 자기성장(Ellis, 탐구당, 1984).
정신건강적 사고(Ellis & Harper, 이문출판사, 1993).
화가 날 때 읽는 책(Ellis, 학지사, 1995, 공역).
현실요법(Glasser, 중앙적성출판사, 1984).
현실요법 카운슬링 사례집(Glasser, 형설출판사, 1989).
나를 사랑하기(McKay & Fanning, 교육과학사, 1996, 공역).
현대의 적극적 부모역할 훈련 부모용 지침서(Popkin, 중앙적성출판사, 1995).
십대의 적극적 부모역할 훈련 부모용 지침서(Popkin, 중앙적성출판사, 1996).
현대의 적극적 부모역할 훈련 지도자용 지침서 및 비디오(Popkin, 한국심리교
  육센터, 1995).

십대의 적극적 부모역할 훈련 지도자용 지침서 및 비디오(Popkin, 한국심리교육센터, 1996).

적극적 부모의 하이웨이-Mind Map과 녹음테이프(Popkin, 중앙적성출판사, 2000).

상담의 과정(학지사, 2001)

외 기타 다수

김선남

약 력

전남대학교 사범대학 교육학과 졸업

서울대학교 대학원 교육학과 졸업(교육학 석사)

전남대학교 대학원 교육학과 졸업(교육학 박사)

광주광역시 청소년 상담실 전임상담요원

한국심리학회공인 상담심리전문가

현재 서울대학교 대학생활문화원 특별상담원

이화여대, 외국어대, 단국대 출강

저서 및 역서

불교적 심리치료(1992)

청소년 비행관련 변인간의 인과관계(1994) 외 논문 다수

공역 : Gagné, 인지심리와 교수-학습(교육과학사, 1993).

저자 Albert Ellis는 미국에서 가장 잘 알려진 심리학자로서 합리적-정서적 행동치료 요법(Rational Emotive Behavioral Therapy: REBT) 또는 합리적-정서적 치료이론이라고 하는 독특한 심리치료의 이론을 창안한 사람이다. 뉴욕에 있는 그의 연구소와 수많은 시청각 자료와 그의 저서를 통하여 세계적으로 각양 각층의 사람들이 심리적인 문제에 대한 도움을 받고 있다.

화가 날 때 읽는 책

1995년 5월 20일 1판 1쇄 발행
2023년 1월 20일 1판 14쇄 발행

지은이 • 알버트 앨리스
옮긴이 • 홍경자 · 김선남
펴낸이 • 김 진 환
펴낸곳 • (주) **학지사**

04031 서울특별시 마포구 양화로 15길 20 마인드월드빌딩 5층

대표전화 • 02) 330-5114   팩스 • 02) 324-2345

등록번호 • 제313-2006-000265호

홈페이지 • http://www.hakjisa.co.kr
페이스북 • https://www.facebook.com/hakjisabook

ISBN 978-89-7548-048-8 03180

정가 **8,000원**

┃ 출판미디어기업 **학지사**

간호보건의학출판 **학지사메디컬** www.hakjisamd.co.kr
심리검사연구소 **인싸이트** www.inpsyt.co.kr
학술논문서비스 **뉴논문** www.newnonmun.com
원격교육연수원 **카운피아** www.counpia.com